海洋水面船舶先进控制理论与方法

祝贵兵　著

中国水利水电出版社
www.waterpub.com.cn
·北京·

内 容 提 要

本书系统深入地总结作者多年来在水面船舶运动控制理论、方法等方面所取得的主要研究成果，内容涵盖全驱动与欠驱动水面船舶的轨迹跟踪控制问题，设计方法包括 Backstepping、动态面控制技术、有限时间等。在此基础上，结合参数自适应技术、观测器技术、自适应神经网络技术等，提出船舶运动自适应状态反馈和输出反馈控制策略，形成一套先进的水面船舶运动控制理论与方法。

本书可供船舶与海洋工程、交通运输工程、控制科学与工程等学科的研究生和自动化、航海技术、轮机工程等专业的高年级本科生使用，也可供相关领域的学者和工程技术人员参考。

图书在版编目（CIP）数据

海洋水面船舶先进控制理论与方法 / 祝贵兵著. -- 北京 : 中国水利水电出版社, 2024.5（2024.11 重印）
ISBN 978-7-5226-2492-1

Ⅰ. ①海… Ⅱ. ①祝… Ⅲ. ①海船－船舶操纵－控制系统 Ⅳ. ①U674

中国国家版本馆CIP数据核字(2024)第109748号

策划编辑：石永峰　责任编辑：鞠向超　加工编辑：刘瑜　封面设计：苏敏

书　名	海洋水面船舶先进控制理论与方法 HAIYANG SHUIMIAN CHUANBO XIANJIN KONGZHI LILUN YU FANGFA
作　者	祝贵兵　著
出版发行	中国水利水电出版社 （北京市海淀区玉渊潭南路 1 号 D 座　100038） 网址：www.waterpub.com.cn E-mail：mchannel@263.net（答疑） sales@mwr.gov.cn 电话：（010）68545888（营销中心）、82562819（组稿）
经　售	北京科水图书销售有限公司 电话：（010）68545874、63202643 全国各地新华书店和相关出版物销售网点
排　版	北京万水电子信息有限公司
印　刷	三河市德贤弘印务有限公司
规　格	170mm×240mm　16 开本　12.5 印张　203 千字
版　次	2024 年 5 月第 1 版　2024 年 11 月第 2 次印刷
定　价	72.00 元

前　言

进入二十一世纪，海洋再次成为世界关注的焦点。在经济与技术的发展和推进过程中，海洋经济已经成为我国经济发展的战略要地，同时也顺应世界经济发展潮流。作为当今海洋经济发展的重要载体，水面船舶的研究与开发再次被推向了一个新高度。另外，随着海上贸易不断增多，船舶的安全性、经济性及舒适性也进一步得到重视，这迫使船舶运动控制问题得到关注。当今，智能航运已经被提高到了国家战略层面，而水面船舶作为智能航运发展的有机载体已经凸显其重要性。船舶的自主控制是实现高度无人化、自主化的必经之路，因此如何安全、精确地实现水面船舶的自主控制是当前所面临的机遇与挑战。

近年来，随着海洋工业向深海方向发展，船舶运动控制问题引起了相关研究团队的高度重视。本书研究水面船舶实际航行过程中的问题，针对由风、浪、流等引起的外部环境扰动，由建模技术、船舶操纵环境等引起的船舶模型参数摄动等引起的参数不确定、动态不确定等，传感设备的测量不确定性，推进系统的物理约束，以及突发性故障等引起的全驱动与欠驱动水面船舶的轨迹跟踪控制设计难题，提出船舶运动自适应状态反馈和输出反馈控制策略，形成一套先进的水面船舶运动控制理论与方法，研究内容较为系统全面。本书汇聚了作者多年来的研究成果，撰写过程中充分吸收了国内外船舶运动控制理论研究的前沿成果，以期成为该领域在校本科生与研究生、相关科技工作者及工程技术人员的参考书籍。

本书共 9 章。第 1 章为绪论；第 2 章为船舶运动数学模型与基础理论；第 3 章为输入饱和约束下 MSV 鲁棒自适应跟踪控制；第 4 章为具有预定义性能的 MSV 自适应神经输出反馈跟踪控制；第 5 章为基于复合学习的船舶动态事件触发跟踪控制；第 6 章为基于神经网络扰动观测器的欠驱动船舶有限时间跟踪控制；第 7 章为基于事件触发复合学习欠驱动 MSV 有限时间跟踪控制；第 8 章为基于单参数学习的欠驱动水面船舶有限时间跟踪控制；第 9 章为输入饱和下欠驱动船舶自适应神经容错跟踪控制。

本书获得浙江省自然科学基金项目（LY21E090005）、舟山市科技局项目（2022C41006）、浙江海洋大学人才基金项目的资助。研究生喻淑兰、吴晨、李俊辉等参与了本书内容的部分研究工作及书稿的整理、校对工作。另外，本书在撰写过程中还得到了武汉理工大学马勇教授、浙江海洋大学潘宝峰博士等的帮助与支持，在此对他们表示由衷的感谢。

由于作者水平有限，书中不妥之处在所难免，恳请读者批评指教。

祝贵兵

2023 年 7 月于浙江海洋大学

目　　录

第 1 章　绪　　论

1.1　Backstepping 设计方法概述

1.1.1　Backstepping 简介

所谓 Backstepping，是取 step back 的意思，即在由若干积分器串联组成的控制系统中，状态反馈控制器通过积分器后推到控制输入的起始处。

Backstepping（反步法）是一种用于稳定非线性系统的系统控制设计方法，涉及虚拟控制输入和实际控制输入的递归设计。其基本设计思想是将复杂的非线性系统分解成不超过系统阶数的子系统，然后单独设计每个子系统的部分 Lyapunov 函数，在保证子系统具有一定收敛性的基础上获得子系统的虚拟控制律，在下一个子系统的设计中，将上一个子系统的虚拟控制律作为这个子系统的跟踪目标。相似于上个子系统的设计，获得该子系统的虚拟控制律；以此类推，最终获得整个闭环系统的实际控制律，且结合 Lyapunov 稳定性分析方法来保证闭环系统的收敛性。

1995 年，Krstic，Kanellakopoulos，Kokotovic 等人在 *Nonlinear and Adaptive Control Design*[1]一书中第一次比较系统地阐述了这一设计方法。该书着重在理论上分析了这种设计方法的原理，主要包含了状态、输出反馈的参数自适应、协调函数及模块设计等。Backstepping 设计方法通常应用于机械和电气系统，现已扩展到各个领域，包括海洋航行器[2]、机器人[3]、网络物理[4]等系统。事实证明，该方法可解决传统线性控制技术可能无法满足的复杂控制场景。

1.1.2　积分器 Backstepping

考虑如下非线性系统：

$$\dot{x}_1 = f(x_1) + x_2 \tag{1-1}$$

$$\dot{x}_2 = u \tag{1-2}$$

$$y = x_1 \tag{1-3}$$

式中，x_1，$x_2 \in \mathbf{R}$ 是系统的状态变量；$u \in \mathbf{R}$ 是系统的控制输入；$y \in \mathbf{R}$ 是系统输出，$f(x_1) \in \mathbf{R}$ 是光滑的非线性函数。假设 $f(x_1)$ 已知，且 $x_1 = 0$ 时 $f(x_1) = 0$。

设计目标：设计状态反馈控制器，镇定原点($x_1 = 0, x_2 = 0$)，即系统在平衡点($x_1 = 0, x_2 = 0$)全局稳定。

由式（1-1）～式（1-3）组成的系统可以看成两个 SISO 系统的串联，x_1 为输出，x_2 为虚拟输入；对于子系统（1-2），x_2 为输出，u 为输入。系统结构图如图 1.1 所示，这是一个纯积分器环节，所以称积分器 Backstepping。由于系统有两个状态变量，所以有两步递推设计。

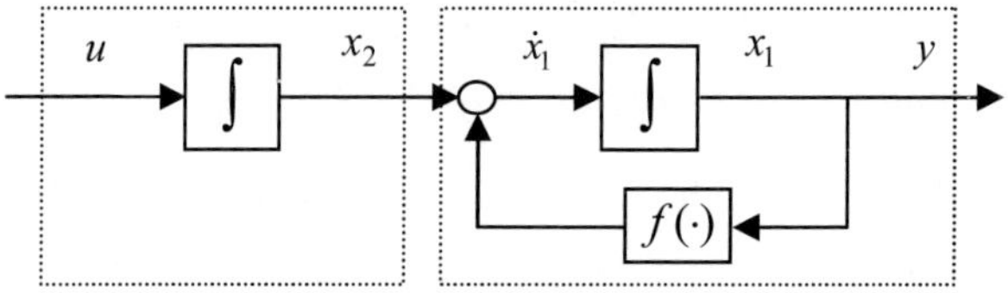

图 1.1　系统结构图

根据设计要求，建立坐标变换 $\boldsymbol{Z} = \beta(\boldsymbol{X})$。这里 $\boldsymbol{Z} = [z_1, z_2]^{\mathrm{T}}$，$\boldsymbol{X} = [x_1, x_2]^{\mathrm{T}}$，$\beta(X): \mathbf{R}^2 \to \mathbf{R}^2$ 是两个坐标空间的映射。如果 $\beta(\boldsymbol{X})$ 在 $\mathbf{R}^2$ 上连续可微，则 Backstepping 坐标变换是全局微分同胚的；如果 $\boldsymbol{Z} = \beta(\boldsymbol{X})$ 的逆变换 $\boldsymbol{X} = \beta^{-1}(\boldsymbol{Z})$ 只存在 $\mathbf{R}^2$ 的一个子空间中，则 Backstepping 坐标变换是局部微分同胚的。

根据式（1-1）～式（1-3）组成系统的结构，下面开始 Backstepping 的两步递推设计。

步骤 1：对于子系统（1-1），考虑存在这样一个光滑的反馈控制变量 $x_2 = \alpha(x_1)$，能够达到镇定子系统（1-1）的目的，即 $y = x_1 \to 0$。根据 Backstepping 框架和设计目的，以及坐标变换 $\boldsymbol{Z} = \beta(\boldsymbol{X})$，定义误差变量 $z_1 = x_1$，$z_2 = x_2 - \alpha(x_1)$。这里 x_2 为子系统（1-1）的虚拟输入，$\alpha(x_1)$ 即为子系统（1-1）的状态反馈镇定控制器，且满足 $\alpha(0) = 0$。根据误差变量和式（1-1），有

$$\dot{z}_1 = f(x_1) + \alpha(x_1) + z_2 \tag{1-4}$$

设计虚拟控制律 $\alpha(x_1)$ 为

$$\alpha(x_1) = -k_1 z_1 - f(x_1) \tag{1-5}$$

式中，k_1 是设计参数且满足 $k_1 > 0$。

将式（1-5）代入式（1-4），可得

$$\dot{z}_1 = -k_1 z_1 + z_2 \tag{1-6}$$

步骤 2：根据 $z_2 = x_2 - \alpha(x_1)$ 与式（1-2），可得

$$\dot{z}_2 = u - \dot{\alpha}(x_1) \tag{1-7}$$

根据式（1-1）与式（1-5），有

$$\dot{\alpha}(x_1) = -\left(k_1 + \frac{\partial f(x_1)}{\partial x_1}\right)[f(x_1) + x_2] \tag{1-8}$$

设计实际控制律为

$$u = -k_2 z_2 + \left(k_1 + \frac{\partial f(x_1)}{\partial x_1}\right)[f(x_1) + x_2] - z_1 \tag{1-9}$$

式中，$k_2 > 0$，是设计参数。

将式（1-9）代入式（1-8），可得

$$\dot{z}_2 = -k_2 z_2 - z_1 \tag{1-10}$$

选取如下 Lyapunov 函数：

$$V = \frac{1}{2} {z_1}^2 + \frac{1}{2} {z_2}^2 \tag{1-11}$$

对 V 求时间导数，并利用式（1-6）与式（1-10），可得

$$\dot{V} = z_1 \dot{z}_1 + z_2 \dot{z}_2 = z_1(-k_1 z_1 + z_2) + z_2(-k_2 z_2 - z_1) = -k_1 z_1^2 - k_2 z_1^2 \tag{1-12}$$

由式（1-11）与式（1-12），可得 $\dot{V} \leqslant 0$。由 Lyapunov 第二法可得，系统在平衡点($z_1 = 0,\ z_2 = 0$)渐近稳定。由于 $z_1 = x_1$，即 $\alpha(0) = 0$，$x_2 = z_2 + \alpha(0) = 0$，所以系统在($x_1 = 0,\ x_2 = 0$)点是渐近稳定的。

结论：如果上述积分器 Backstepping 中所有假设都是全局的，V 是径向无界的，那么系统在($x_1 = 0,\ x_2 = 0$)点是全局渐近稳定的。

1.1.3 自适应控制器 Backstepping

不确定项的存在给非线性系统设计带来了极大的挑战。当不确定项满足匹配条件时，即该不确定项与控制律 u 出现在同一个方程中时，可以利用 Backstepping 方法中的非线性阻尼项来设计“静态的”控制器，也可以利用自适应 Backstepping

来设计“动态的”自适应控制器[1]，实现系统的在线控制，减少在线控制时间，以保证系统状态和控制律的有界性。但是当不确定项不满足匹配条件时，即该不确定项与控制律 u 不出现在同一个方程中时，自适应 Backstepping 显示出了其优越性。特别是当不确定项为未知确定参数形式的时候，自适应 Backstepping 是最合适的设计方法，它既能保证闭环系统始终保持有界，又能使跟踪误差趋近于 0。

考虑如下非线性不确定系统：

$$\dot{x}_1 = \theta^{\mathrm{T}} f(x_1) + g(x)x_2 \tag{1-13}$$

$$\dot{x}_2 = u \tag{1-14}$$

式中，x_1，$x_2 \in \mathbf{R}$，均为系统状态；$f(x_1) \in \mathbf{R}^{p\times 1}$，为已知非线性光滑函数，$\boldsymbol{\theta} \in \mathbf{R}^{p\times 1}$，是未知常数向量；$g(x_1) \in \mathbf{R}$，为已知非线性光滑函数，且对于 $\forall x_1 \in \mathbf{R}$，$g(x_1) \neq 0$；$u \in \mathbf{R}$ 是系统控制输入。

控制设计前，定义误差变量 $z_1 = x_1$ 与 $z_2 = x_2 - \alpha(x_1, \hat{\boldsymbol{\theta}})$。这里 x_2 为子系统（1-13）的虚拟输入，$\alpha(x_1,\ \hat{\boldsymbol{\theta}})$ 即为子系统（1-13）的状态反馈镇定控制器。

步骤 1： 根据误差变量和式（1-13），有

$$\dot{z}_1 = \boldsymbol{\theta}^{\mathrm{T}} f(x_1) + g(x)[z_2 + \alpha(x_1, \hat{\boldsymbol{\theta}})] \tag{1-15}$$

为子系统考虑如下 Lyapunov 候选函数 $V_1 = \dfrac{1}{2} {z_1}^2$。对其求时间的导数，有

$$\begin{aligned}\dot{V}_1 &= z_1\{\boldsymbol{\theta}^{\mathrm{T}} f(x_1) + g(x)[z_2 + \alpha(x_1, \hat{\boldsymbol{\theta}})]\} \\ &= z_1 g(x) z_2 + z_1[\boldsymbol{\theta}^{\mathrm{T}} f(x_1) + g(x)\alpha(x_1, \hat{\boldsymbol{\theta}})]\end{aligned} \tag{1-16}$$

设计虚拟控制律 $\alpha(x_1, \hat{\boldsymbol{\theta}})$ 为

$$\alpha(x_1, \hat{\boldsymbol{\theta}}) = -g^{-1}(x_1)[k_1 z_1 + \hat{\boldsymbol{\theta}}^{\mathrm{T}} f(x_1)] \tag{1-17}$$

$$\dot{\hat{\boldsymbol{\theta}}} = \Lambda f(x_1) z_1 \tag{1-18}$$

式中，$k_1 \in \mathbf{R}$ 与 $\Lambda \in \mathbf{R}^{p\times p}$ 均为设计参数，$\hat{\boldsymbol{\theta}}$ 为 $\boldsymbol{\theta}$ 的估计值，其估计误差 $\tilde{\boldsymbol{\theta}} = \boldsymbol{\theta} - \hat{\boldsymbol{\theta}}$。

将式（1-17）代入式（1-16），可得

$$\dot{V}_1 = z_1 g(x) z_2 + z_1[-k_1 z_1 + \tilde{\boldsymbol{\theta}}^{\mathrm{T}} f(x_1)] \tag{1-19}$$

进一步，为子系统考虑如下增广 Lyapunov 候选函数：

$$V_\theta = V_1 + \frac{1}{2}\tilde{\boldsymbol{\theta}}^{\mathrm{T}} \Lambda^{-1} \tilde{\boldsymbol{\theta}} \tag{1-20}$$

对 V_θ 求时间的导数，并利用式（1-18）与式（1-19），可得

$$\dot{V}_\theta = z_1 g(x) z_2 - k_1 z_1^2 - \tilde{\boldsymbol{\theta}}^{\mathrm{T}} \Lambda^{-1} [\dot{\hat{\boldsymbol{\theta}}} - \Lambda f(x_1) z_1] = z_1 g(x) z_2 - k_1 z_1^2 \tag{1-21}$$

步骤 2： 根据 $z_2 = x_2 - \alpha(x_1, \hat{\boldsymbol{\theta}})$ 及式（1-14），可得

$$\dot{z}_2 = u - \dot{\alpha}(x_1, \hat{\boldsymbol{\theta}}) \tag{1-22}$$

根据式（1-17），有

$$\begin{aligned} \dot{\alpha}(x_1, \hat{\boldsymbol{\theta}}) = & -g^{-2}(x_1) \frac{\partial g(x_1)}{\partial x_1} [k_1 z_1 + \hat{\boldsymbol{\theta}}^{\mathrm{T}} f(x_1)] \dot{x}_1 \\ & -g^{-1}(x_1) \left[k_1 \dot{x}_1 + \dot{\hat{\boldsymbol{\theta}}}^{\mathrm{T}} f(x_1) + \hat{\boldsymbol{\theta}}^{\mathrm{T}} \frac{\partial f(x_1)}{\partial x_1} \dot{x}_1 \right] \end{aligned} \tag{1-23}$$

根据式（1-22），设计控制律

$$u = -k_2 z_2 - g(x) z_1 + \dot{\alpha}(x_1, \hat{\boldsymbol{\theta}}) \tag{1-24}$$

将式（1-24）代入式（1-22），可得

$$\dot{z}_2 = -k_2 z_2 - g(x) z_1 \tag{1-25}$$

进一步，为整个系统考虑如下 Lyapunov 候选函数 $V_2 = V_\theta + \frac{1}{2} z_2^2$，并求取时间导数，可得

$$\dot{V}_2 = -k_1 z_1^2 - k_2 z_2^2 \leqslant 0 \tag{1-26}$$

由 Lyapunov 第二法，系统在 $(z_1 = 0, z_2 = 0)$ 平衡点渐近稳定。由于 $z_1 = x_1$，即 $\alpha(0) = 0$，$x_2 = z_2 + \alpha(0) = 0$，所以系统在 $(x_1 = 0, x_2 = 0)$ 点是渐近稳定的。需要注意的是从式（1-23）可得，$\dot{\alpha}(x_1, \hat{\boldsymbol{\theta}})$ 中含有 $\dot{x}_1$ 的信息。另外，从式（1-13）可知，$\dot{x}_1$ 中含有未知参数 $\boldsymbol{\theta}$ 的信息，即 $\dot{x}_1$ 是不可用的，这就是所谓的“过参数化”的问题。这里仅仅呈现自适应的设计过程，解决过参数化问题的方法详见文献[1]。

1.2 船舶运动控制概述

1.2.1 船舶运动控制任务

根据工程实践，船舶运动控制是以不同的控制任务（目标）为导向，可以归纳成三个主要的控制任务[5]，即设定点调节、轨迹跟踪控制与路径跟踪控制。

（1）设定点调节：控制系统工程中使用的术语，指控制器随着时间的推移将特定过程变量（称为设定点）维持在所需值的能力。设定点表示控制器试图维持的受控变量（例如温度、压力或流量）的理想值或目标值。在调节过程中，控制器连续测量过程变量的当前值，将其与所需设定值进行比较，并对控制输出进行调整，以将过程变量保持在所需值。目标是最大限度地减少与设定值的偏差，并保持稳定、可预测和高效的系统性能。

（2）轨迹跟踪控制：船舶跟踪的速度和位置随时间变化，所需位置和速度为参考信号，相应的反馈控制器是轨迹跟踪控制器。轨迹跟踪控制可用于改变航线、改变速度和姿态控制。先进的制导系统根据预定义控制目标的动态模型计算最佳时变轨迹。如果将恒定设定点用作开环制导系统中低通滤波器（参考模型）的输入，则滤波器的输出将是位置、速度和加速度的平滑时变参考轨迹。

（3）路径跟踪控制：遵循独立于时间的预定义路径（无时间限制）。此外，沿路径的船舶在时间上没有限制。这对于在大陆之间的运输船舶或用于绘制海底地图的水下航行器来说是典型的控制任务。

在工程实践中，船舶动力定位[6]、靠泊控制[7]等均属于设定点调节问题的范畴；浅水域乘潮[8]、海上侦查与监测[9]、动态目标跟踪[5]等控制问题均属于轨迹跟踪控制问题的范畴；海上搜救[10]、海洋环境探测[11]等均属于路径跟踪的范畴。上述三种船舶运动控制任务简图如图 1.2 所示。

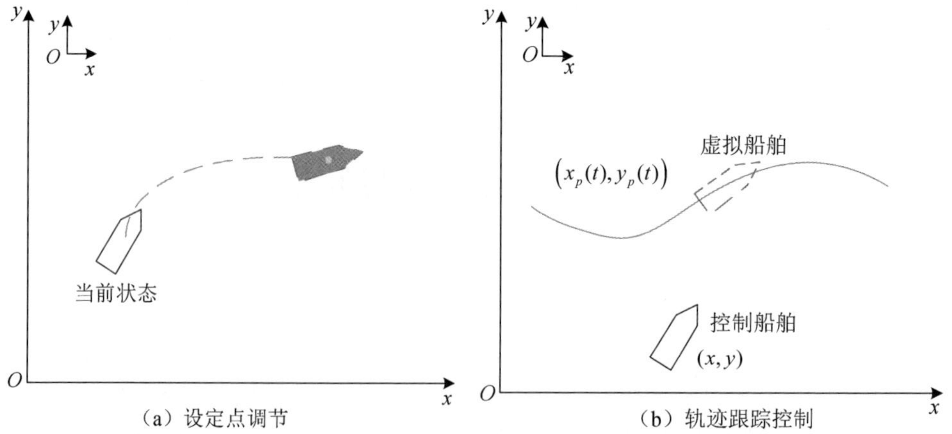

图 1.2（一） 船舶运动控制任务简图

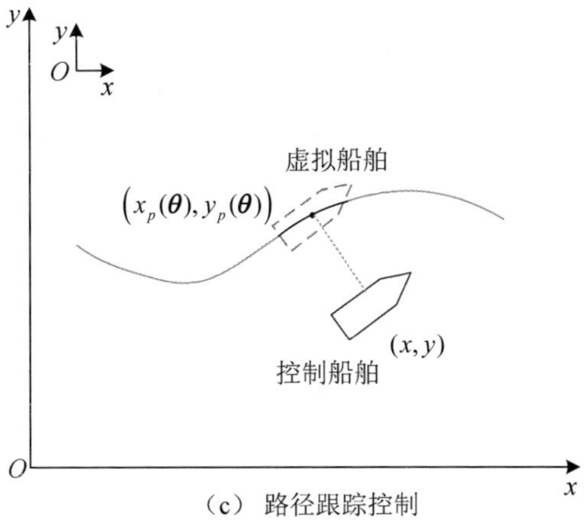

（c） 路径跟踪控制

图 1.2（二） 船舶运动控制任务简图

1.2.2 船舶运动控制技术分类

随着先进控制理论的快速发展，先进的控制技术相继报道并用于解决海洋船舶的控制问题，以提高海洋船舶与海洋工程团体所关注的海洋水面船舶的控制性能[12]，另外图 1.3 给出了海洋水面船舶运动控制系统分类。

1. 海洋水面船舶建模

在控制设计过程中，一个足够精确的船舶运动数学模型可使得控制设计和仿真研究更为有效，且也是整个研究过程中必不可少的部分。反过来，精确的船舶运动数学模型需要事先获得精确的数学模型结构和合理的系统参数。通常，标准船舶运动数学模型由运动学和动力学两部分组成。

对于海洋水面船舶的控制问题，一般不需要考虑乘客的舒适性或货物的稳定性。其主要目的仅仅是确保船舶尽可能精确地跟踪期望的轨迹或路径。基于这一特点，一般的六自由度模型可以简化为只考虑前进、横漂和航向等三个自由度的运动，而忽略其他的自由度运动以保持模型的简单性[13]。除了运动学模型外，海洋水面船舶的动力学模型也得到了广泛研究，主要原因是其动力学模型对于高级控制器设计至关重要。关于其运动学模型和动力学模型将在下一章节详细阐述。

- 控制系统
  - 无人艇模型
    - 运动学
    - 动力学
    - 模型简化
      - 低恒定浪涌速度
      - 动态定位和系泊
      - 附加质量重心重合
      - 平稳环境
    - 模型识别
      - 离线识别
      - 在线识别
  - 控制应用
    - 设定点调节
    - 轨迹跟踪
    - 路径跟踪
  - 实际问题
    - 干扰
      - 海流
      - 波浪
      - 风
    - 不确定
      - 动态未建模
      - 参数不确定
    - 欠驱动
    - 约束
      - 执行器
      - 状态输出
    - 故障
      - 执行器故障
      - 传感器故障
      - 通信故障
    - 验证
      - 仿真模拟
      - 实验

图 1.3 海洋水面船舶运动控制系统分类

虽然，用精确的运动数学模型代替海洋水面船舶的实物是研究海洋水面船舶运动控制的先决条件，但为了便于控制器设计，一些常见模型简化是不可避免的，也是必要的。主要原因是海洋水面船舶的发展面临着许多实际挑战，包括水动力现象（水动力和力矩），这些现象仍然没有得到完全理解。另外，由于建模技术等原因，建立海洋水面船舶控制所需的统一数值模型通常是十分困难的。除此之外，海洋水面船舶还存在固有的非线性、强耦合特性影响[5]。

2. 控制方法

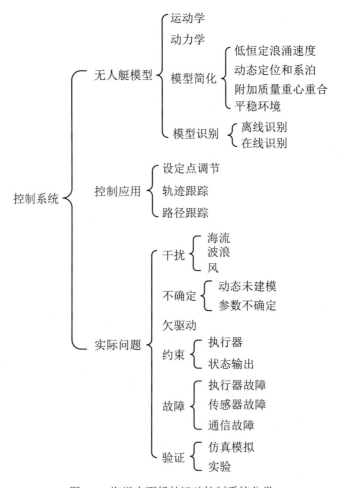

在实践中，可能因控制器的设计，也可能因环境扰动、不确定性（未建模动

态和参数)、执行器饱和、强耦合、欠驱动性和系统故障(传感器、执行器和通信链路的故障),海洋水面船舶在航行过程中会偏离预定路径。尽管已经出现很多有效的设计方法,但是对于具有强耦合、非线性特性的海洋水面船舶运动控制问题依然存在很多挑战。

在现有文献中,很多控制设计方法包括以下一种或多种方法的组合:自适应控制、Backstepping、级联控制理论、动态面控制(Dynamic Surface Contorl,DSC)、模糊逻辑控制、反馈线性化、增益调度、输入输出线性化、线性二次型调节器、线性二次型高斯(Linear Quadratic Gaussian,LQG)、李雅普诺夫直接法、拉格朗日乘子法、局部控制网络(Local Control Network,LCN)、模型参考自适应控制、模型预测控制、非线性模型预测控制、神经网络、鲁棒控制、强化学习、滑模控制、基于视觉的控制方法等。在实际应用中,由于众多因素的影响,海洋水面船舶控制方法很难依赖单一的控制设计技术。从控制与实践的角度来看,不同控制方法和技术的组合通常更有利于提高船舶运动控制系统的性能。

1.3 船舶跟踪控制现状

1.3.1 船舶航迹跟踪控制设计方法

为解决船舶的轨迹跟控制问题,Holzhuter[14]将船舶运动数学模型简化成线性形式,并将 LQG 反馈控制方法与前馈控制方法相结合,设计了一种航迹跟踪控制律,保证了闭环航迹跟踪控制系统的所有信号是半全局渐近稳定的。考虑到水面船舶固有的非线性特性,Sørensen 等人[15]将模型参考控制方法与修正的 LQG 反馈控制方法相结合,设计了一种非线性航迹跟踪控制律,并通过实船实验验证了所设计非线性跟踪控制律的有效性。杜佳璐等人[16]结合非线性状态观测器与非线性串级系统理论,提出了一种输出反馈航迹跟踪控制策略。假设船舶运动数学模型精确已知并忽略外部环境扰动,程金等人[17]采用多变量滑模控制方法,提出了一种航迹跟踪控制策略,并以一艘供给船为仿真对象验证了其有效性。受逆推设计技术[18]的启发,Fossen 等人[19]应用矢量逆推方法设计了一种非线性航迹跟踪控制律，保证了闭环航迹跟踪控制系统的所有信号是全局指数稳定的。针对欠驱动船舶的航迹跟踪控制问题，Pettersen 等人[20]采用积分逆推设计方法设计了一种航迹跟踪控制律，保证了闭环航迹跟踪控制系统的半全局指数稳定性；针对同样的问题，Jiang[21]采用 Lyapunov 直接方法设计了两种全局航迹跟踪控制律。考虑到船舶速度不可测的情况，Wondergem 等人[22]构造非线性状态观测器在线估计船舶速度，在此基础上，采用矢量逆推设计方法，提出了一种输出反馈航迹跟踪控制策略。

由于上述工作均假设船舶模型是精确已知的，这很难描述船舶的实际航行过程。实际航行过程中，船舶不可避免地会遭受环境扰动的影响，同时还会由于建模技术等造成船舶模型参数、内部动态难以精确获取，甚至无法获得。除此之外，由于船舶配备执行器的物理约束、航行环境约束等问题，均会给设计带来巨大的挑战。

1.3.2 船舶内外部不确定

对于航行中的船舶，遭受的不确定主要包括内部不确定和外部不确定，其中内部不确定包括模型参数不确定、未建模动态等，外部不确定主要是由风、流、浪等组成的海洋环境扰动。

假设船舶遭受外部恒值扰动，杜佳璐等人[23]采用带有积分器的逆推设计方法，提出了一种船舶航迹跟踪控制策略，使得最终的闭环航迹跟踪控制系统是一致全局渐近稳定的。考虑未知时变环境扰动，Godhavn 等人[24]将自适应技术与矢量逆推设计方法相结合，提出了一种自适应鲁棒航迹跟踪控制策略，其中一个参数自适应律用于在线估计扰动的上界；Alfi 等人[25]提出了一种 H_∞ 鲁棒航路点跟踪控制策略。针对存在未知时变环境扰动的全驱动水面船舶航迹跟踪控制问题，Donaire 等人[26]采用 Port-Hamiltonian 设计方法，设计了一种带有积分作用的无源跟踪控制律，理论分析与仿真结果表明了所设计的控制律能保证船舶跟踪误差的有界性；杨杨等人[27]采用扰动观测器实时估计未知时变环境扰动，并结合矢量逆推设计方法提出了一种全局鲁棒航迹跟踪控制策略；孙太任等人[28]采用扩张状态观测器实时估计未知时变环境扰动，并结合 Lyapunov 直接法，提出了一种全局鲁棒航迹跟踪控制策略。针对存在未知时变环境扰动的欠驱动水面船舶航迹跟踪控制问题，Do[29]设计一个扰动观测器在线实时估计未知时变环境扰动，在此基础上，利用逆推设计方法，提出了一种鲁棒航迹跟踪控制策略。与自适应扰动上界相比，基于扰动估计的方法保守性更低。需要说明的是，上述工作所提出的控制策略均要求船舶运动数学模型是精确已知的。

考虑到船舶自身的特性与环境扰动的影响，其模型参数不可避免地存在着不确定性。针对存在模型参数摄动的欠驱动船舶航迹跟踪控制问题，Ashrafiuon 等人[30]与谢文静等人[31]提出了一种滑模跟踪控制策略。针对模型参数未知的全驱动船舶航迹跟踪控制问题，Lee 等人分别采用 Lyapunov 直接法[32]和误差符号积分法[33]提出了两种全局航迹跟踪控制策略；Skjetne 等人[34]将自适应技术与矢量逆推设计方法相结合，提出了一种自适应航迹跟踪控制策略，实现了全局航迹跟踪控制。同时考虑参数不确定性与未知时变环境扰动，Skjetne 等人[35]、Witkowska 等人[36]与陈谋等人[37]将自适应技术和矢量逆推设计方法相结合，分别提出了一种自适应路径跟踪控制策略[35]与一种自适应航迹跟踪控制策略[36-37]。然而，在文献[35,37]中，船舶模型参数需要满足参数分解条件。同时考虑船舶模型参数摄动与未知时变环境扰动，肖冰与屈耀红等人[38-39]分别采用 Backstepping 和积分 Backstepping 设计方法，提出了两个基于不确定性观测器的鲁棒航迹跟踪控制策略，其中扰动观测器实时估计由船舶模型参数摄动部分与未知时变环境扰动组成的复合不确定项；Van[40]采用扰动观测器在线估计由船舶模型参数摄动部分与未知时变环境扰动组成的复合不确定项，结合自适应积分滑模控制方法，提出了一种鲁棒自适应航迹跟踪控制策略，实现了船舶航迹的渐近跟踪控制。然而，该控制策略要求船舶运动数学模型的部分先验知识。针对存在动态不确定性和未知时变环境扰动的船舶航迹跟踪控制问题，文献[41-45]将自适应神经网络/模糊技术与矢量逆推设计方法相结合，提出了鲁棒自适应神经网络[41-44]/模糊[45-46]航迹跟踪控制策略，其中神经网络与模糊逻辑系统用于在线逼近未知船舶动态和时变环境扰动组成的复合不确定项；针对同样的问题，文献[46]采用非线性扩张状态观测器在线重构由未知船舶动态与时变环境扰动组成的复合不确定项。为了解决穿梭油轮与浮式生产储油船的同步跟踪控制问题，文献[47]将人工势场法、自适应神经网络与 H_∞ 方法相结合，提出了一种自适应神经网络的协同跟踪控制策略。由于神经/模糊逼近技术需要在线估计神经网络/模糊系统的权重矩阵，这导致所提出控制策略的计算量异常大，并且计算量还将随着神经网络节点数或模糊逻辑系统的规则数增加而迅速增加。为了克服自适应神经网络/模糊导致的繁重计算量问题及避免逆推设计方法中对虚拟控制律的求导运算，文献[48]将最小学习参数（Minimal Learning Parameter，MLP）[49-50]技术与 DSC[51-52]方法结合，提出了一种鲁棒自适应神经航迹跟踪控制策略，所设计的自适应律只需在线估计神经网络权值的范数而非神经网络权值的本身，从而解决了由于自适应神经网络/模糊所导致的繁重计算量问题。另外，Bidikli 等人[53]采用误差符号积分的设计方法，提出了一种鲁棒航迹跟踪控制策略，保证了闭环航迹跟踪控制系统的全局渐近稳定性。虽然，该控制策略也可克服由神经网络或模糊逼近器而引起的繁重计算量问题，但要求环境扰动是三阶可导的，这限制了该控制策略的实用性。

1.3.3 执行物理约束

从工程实践的角度，船舶推进系统所配备的推进器均存在着不同程度的物理限制，其所提供的推进力是有限的。因此，船舶航迹跟踪控制律所计算的指令控制输入不可避免地会遭受输入饱和约束。如果在控制设计中忽略这一问题，所设计的控制律会导致系统的动态性能降低，甚至不稳定[54-55]。对于船舶跟踪控制问题，考虑输入饱和约束对航迹控制性能的不利影响十分必要。

针对输入饱和下的欠驱动船舶航迹跟踪控制问题，文献[56-57]分别通过反馈线性化和逆推设计方法提出了两种航迹跟踪控制策略，保证了闭环控制系统的全局一致稳定性；文献[58-59]分别采用模型预测控制（Model Predictive Control，MPC）和非线性 MPC 的设计方法，提出了欠驱动船舶的路径航迹跟踪控制策略与航迹跟踪控制策略；同时考虑输入饱和、船舶动态不确定性与未知时变环境扰动，文献[60]采用逆推设计方法，提出了一种自适应神经网络航迹跟踪控制策略，其中，神经网络用于在线逼近船舶动态不确定性，一阶辅助动态系统（Auxiliary Dynamic System, ADS）[61-64]用于处理输入饱和的不利影响，最后以一艘船模为仿真对象验证了所提出控制策略的有效性。文献[65]采用一种改进的 ADS 补偿输入饱和的不利影响。针对输入饱和约束下的全驱动船舶航迹跟踪控制问题，并同时考虑未知船舶模型参数和时变环境扰动以及执行故障，文献[66]采用 ADS 同时补偿输入饱和与执行器故障的不利影响；考虑存在未知时变环境扰动，文献[67]采用高斯误差函数[68]逼近输入饱和非线性，并利用神经网络在线重构由未知环境扰动与高斯误差函数逼近饱和非线性引起的误差所组成的复合不确定项。为了处理输入饱和的不利影响，文献[57]首先采用双曲正切函数[69]逼近非光滑的饱和非线性，然后将船舶运动数学模型增广成一个新的形式[70-71]。需要注意的是，文献[57]所提出的方法增加了控制设计的复杂程度，且无法补偿实际控制输入与指令控制输入之间的偏差；文献[60]所提出的方法要求被控对象的控制增益是已知的或能将控制增益转换成已知的。

1.3.4 输出受限

在狭窄航道、运河、分道通航区等受限水域中航行的船舶，其实际航迹必须始终保证在预定的受限区域内，否则将导致航行任务失败，甚至出现不可预料的安全事故。在这种情况下，设计者不得不考虑这一受限问题，即输出受限。对于输出受限的控制问题，现有的文献中已有很多有效的方法，如时域滚动优化[72]，人工势场[73]及障碍 Lyapunov 函数（Barrier Lyapunov Function，BLF）[74]等。相比之下，由于障碍函数可直接构造控制 Lyapunov 函数的优点，基于 BLF 的方法常被用于解决输出受限下的船舶航迹跟踪控制问题[75-77]。针对常值对称输出受限下的船舶航迹跟踪控制问题，Zhao 等人[75]提出了一种基于对称 BLF 的自适应神经网络航迹跟踪控制策略，解决了常值对称的输出受限问题；Jin[76]采用 tan 型 BLF 解决了时变对称的输出受限问题。针对非对称的输出受限下的船舶航迹跟踪控制问题，文献[77]提出了一种基于非对称 BLF 的自适应神经网络航迹跟踪控制策略。

在实践中，航行水域导致的航迹受限与执行器本身的物理限制导致的输入饱和约束同时存在，两者会同时影响航行安全，且在某种情况下，两者存在着相互恶化的作用。在整个控制设计过程中，需要同时考虑这两点。针对动态不确定性、未知时变环境扰动、输出受限与输入饱和约束下的船舶航迹跟踪控制问题，Tu 等人[78]综合自适应神经网络、辅助动态系统[61]与矢量逆推设计工具，提出了一种基于 log 型 BLF 的鲁棒自适应神经网络航迹跟踪控制策略，保证了船舶实际航迹始终处于对称的时变受限边界范围内。针对具有输入输出受限、模型参数不确定性与未知时变环境扰动的欠驱动水面船舶航迹跟踪控制问题，Ghommam 等人[79]综合利用自适应技术、辅助动态系统与指令滤波逆推设计方法，提出了一种基于对称 tan 型 BLF 的鲁棒自适应航迹跟踪控制策略，指令滤波用于避免对虚拟控制律的求导运算，辅助动态系统用于补偿输入饱和的不利影响，最后通过数值仿真与实验验证了所提出控制策略的有效性。针对输入受限和时变对称输出约束问题，文献[80]采用模型增广方法[70]处理输入饱和的方法，并利用 tan 型 BLF 解决了时变对称的输出受限问题；文献[81]采用 log 型 BLF 解决了时变非对称的输出受限问题。需要注意的是，文献[77]与文献[81]为了解决非对称的输出受限问题，其构造的 BLF 是分段连续的，这种情况下，设计者在控制设计中必须保证分段 BLF 的连续性和可导性；文献[80]所提出的控制方案只能保证船舶的实际航迹跟踪误差的范数在预先设定的受限范围内，而并不能保证每个跟踪误差分量均满足受限条件。

参 考 文 献

[1] KRSTIC M, KANELLAKOPOULOS L, KOKOTOVIC P. Nonlinear and adaptive control design[M]. New York: John Wiley& Sons Ltd, 1995.

[2] PENG Z, WANG D, LI T, Predictor-based neural dynamic surface control for distributed formation tracking of multiple marine surface vehicles with improved transient performance[J]. Sci. China Inf. Sci. 2016, 59, 92210.

[3] 孟传伟，陈辉堂，王月娟. 基于 Backstepping 的机器人鲁棒控制律设计[J]. 同济大学学报：自然科学版，2000，28（4）：443-447.

[4] ZHANG Q, HE D. Adaptive neural control of nonlinear cyber–physical systems against randomly occurring false data injection attacks[J]. IEEE Transactions on Systems, Man, and Cybernetics: Systems, 2023, 53(4): 2444-2455.

[5] FOSSEN T I. Handbook of marine craft hydrodynamics and motion control[M]. New York: Wiley, 2011.

[6] 胡鑫. 船舶动力定位非线性控制研究[D]. 大连：大连海事大学，2017.

[7] 张强. 船舶自动靠泊简捷非线性鲁棒控制[D]. 大连：大连海事大学，2018.

[8] 郭晨，汪洋，孙富春，等. 欠驱动水面船舶运动控制研究综述[J]. 控制与决策，2009，24（3）：321-329.

[9] SARDA E, QU H, BERTASKA I, et al. Station-keeping control of an unmanned surface vehicle exposed to current and wind disturbances[J]. Ocean Engineering, 2016, 127: 305-324.

[10] 胡云艳. 欠驱动水面无人艇的航迹跟踪控制研究[D]. 哈尔滨：哈尔滨工程大学，2011.

[11] 王常顺，肖海荣. 基于自抗扰控制的水面无人艇路径跟踪控制器[J]. 山东大学学报（工学版），2016，46（4）：54-59.

[12] CAMPBELL S, NAEEM W, IRWIN G W. A review on improving the autonomy of unmanned surface vehicles through intelligent collision avoidance manoeuvres[J]. Annual Reviews in Control, 2012, 36(2): 267-283.

[13] DO K D, PAN J. Control of ships and underwater vehicles: Design for underactuated and nonlinear marine systems[M]. Berlin: Springer, 2009.

[14] HOLZHUTER T. LQG approach for the high-precision track control of ships[J]. IET Control Theory and Applications, 1997, 144(2): 121-127.

[15] SØRENSEN A J, SAGATUN S I, FOSSEN T I. Design of a dynamic positioning system using model-based control[J]. Control Engineering Practice, 1996, 4(3): 359-368.

[16] CHENG J, YI J, ZHAO D. Design of a sliding mode controller for trajectory tracking problem of marine vessels[J]. IET Control Theory and Applications, 2007, 1(1): 233-237.

[17] DU J, YU S, ZHAO Y, et al. Semi-global output feedback tracking control for fully actuated ships[J]. Asian Journal of Control, 2011, 13(4): 570-575.

[18] KRSTIC M, KANELLAKOPOULOS I, KOKOTOVIC P V. Nonlinear and Adaptive Control Design[M]. New York: John Wiley, 1995.

[19] FOSSEN T I, BERGE S P. Nonlinear vectorial backstepping design for global exponential tracking of marine vessels in the presence of actuator dynamics[C]. In Proceedings of the 36th Conference on Decision and Control, San Diego, USA, 1997: 4237-4242.

[20] PETTERSEN K Y, NIJMEIJER H. Tracking control of an underactuated surface vessel[C]. In Proceedings of 37th IEEE Conference on Decision and Control, Tampa, USA, 1998: 4561-4566.

[21] JIANG Z. Global tracking control of underactuated ships by Lyapunov's direct method[J]. Automatica, 2002, 38(2): 301-309.

[22] WONDERGEM M, LEFEBER E, PETTERSEN K Y, et al. Output feedback tracking of ships[J]. IEEE Transactions on Control Systems Technology, 2011, 19(2): 442-448.

[23] 杜佳璐，王琳，姜传林．基于逆推方法的非线性船舶航迹跟踪控制[J]. 船舶工程，2010，32（1）：41-44.

[24] GODHAVN J M, FOSSEN T I, BERGE S P. Nonlinear and adaptive backstepping designs for tracking control of ships[J]. International Journal of Adaptive Control and Signal Processing, 1998, 12(8): 649-670.

[25] ALFI A, SHOKRZADEH A, ASADI M. Reliability analysis of H-infinity control for a container ship in way-point tracking[J]. Applied Ocean Research, 2015, 52: 309-316.

[26] DONAIRE A, ROMERO J G, PEREZ T. Trajectory tracking passivity-based control for marine vehicles subject to disturbances[J]. Journal of the Franklin Institute, 2017, 354(5): 2167-2182.

[27] YANG Y, DU J, LIU H, et al. A trajectory tracking robust controller of surface vessels with disturbance uncertainties[J]. IEEE Transactions on Control Systems Technology, 2014, 22(4): 1511-1518.

[28] SUN T, ZHANG J, PAN Y. Active disturbance rejection control of surface vessels using composite error updated extended state observer[J]. Asian Journal

of Control, 2017, 19(6): 1-10.

[29] DO K D. Practical control of underactuated ships[J]. Ocean Engineering, 2010, 37(13): 1111-1119.

[30] ASHRAFIUON H, MUSKE K R, MCNINCH L C, et al. Sliding-mode tracking control of surface vessels[J]. IEEE Transactions on Industrial Electronics, 2008, 55(11): 4004-4012.

[31] XIE W, MA B, HUANG W, et al. Global trajectory tracking control of underactuated surface vessels with non-diagonal inertial and damping matrices[J]. Nonlinear Dynamics, 2018, 92(4): 1481-1492.

[32] LEE D B, TATLICIOGLU E, BURG T C, et al. Adaptive output tracking control of a surface vessel[C]. In Proceedings of 47th IEEE Conference on Decision and Control, Cancun, Mexico, 2008, 1352-1357.

[33] LEE D B, TATLICIOGLU E, BURG T C, et al. Robust output tracking control of a surface vessel[C]. In Proceedings of American Control Conference, Seattle, USA, 2008, 544-549.

[34] SKJETNE R, FOSSEN T I, KOKOTOVIC P V. Adaptive maneuvering, with experiments, for a model ship in a marine control laboratory[J]. Automatica, 2005, 41(2): 289-298.

[35] SKJETNE R, OYVIND S, FOSSEN T I. Modeling, identification, and adaptive maneuvering of CyberShip II: A complete design with experiments[J]. IFAC Proceedings Volumes, 2004, 37(10): 203-208.

[36] WITKOWSKA A, SMIERZCHALSKI R. Adaptive backstepping tracking control for an over-actuated DP marine vessel with inertia uncertainties[J]. International Journal of Applied Mathematics and Computer Science, 2018, 28(4): 679-693.

[37] CHEN M, JIANG B. Adaptive control and constrained control allocation for overactuated ocean surface vessels[J]. International Journal of Systems Science, 2013, 44(12): 2295-2309.

[38] YIN S, XIAO B. Tracking control of surface ships with disturbance and uncertainties rejection capability[J]. IEEE/ASME Transactions on Mechatronics, 2017, 22(3): 1154-1162.

[39] QU Y, XIAO B, FU Z, et al. Trajectory exponential tracking control of unmanned surface ships with external disturbance and system uncertainties[J]. ISA Transactions, 2018, 78: 47-55.

[40] VAN M. An enhanced tracking control of marine surface vessels based on adaptive integral sliding mode control and disturbance observer[J]. ISA Transactions, 2019, 90: 30-40.

[41] ZHANG L, JIA H, QI X. NNFFC-adaptive output feedback trajectory tracking control for a surface ship at high speed[J]. Ocean Engineering, 2011, 38: 1430-1438.

[42] PAN C, LAI X, YANG S, et al. An efficient neural network approach to tracking control of an autonomous surface vehicle with unknown dynamics[J]. Expert Systems with Applications, 2013, 40(5): 1629-1635.

[43] DAI S, WANG M, WANG C. Neural learning control of marine surface vessels with guaranteed transient tracking performance[J]. IEEE Transactions on Industrial Electronics, 2016, 63(3): 1717-1727.

[44] WEN G, GE S S, PHILIP C C L, et al. Adaptive tracking control of surface vessel using optimized backstepping technique[J]. IEEE Transactions on Cybernetics, 2019, 49(9): 3420-3431.

[45] WANG N, ER M J. Direct adaptive fuzzy tracking control of marine vehicles with fully unknown parametric dynamics and uncertainties[J]. IEEE Transactions on Control Systems Technology, 2016, 24(5): 1845-1852.

[46] LIU L, WANG D, PENG Z. State recovery and disturbance estimation of unmanned surface vehicles based on nonlinear extended state observers[J]. Ocean Engineering, 2019, 171: 625-632.

[47] WEN G, GE S S, TU F, et al. Artificial potential based adaptive H∞ synchronized

tracking control for accommodation vessel[J]. IEEE Transactions on Industrial Electronics, 2017, 64(7): 5640-5647.

[48] ZHANG G, ZHANG X. Concise robust adaptive path-following control of underactuated ships using DSC and MLP[J]. IEEE Journal of Oceanic Engineering, 2014, 39(4): 685-694.

[49] YANG Y, REN J. Adaptive fuzzy robust tracking controller design via small gain approach and its application[J]. IEEE Transactions on Fuzzy Systems, 2003, 11(6): 783-795.

[50] YANG Y, FENG G, REN J. A combined backstepping and small-gain approach to robust adaptive fuzzy control for strict-feedback nonlinear systems[J]. IEEE Transactions on Systems, Man, and Cybernetics, Part A: Systems and Humans, 2004, 34(3): 406-420.

[51] SWAROOP D, HEDRICK J K, YIP P P, et al. Dynamic surface control for a class of nonlinear systems[J]. IEEE Transactions on Automatic Control, 2000, 45(10): 1893-1899.

[52] WANG D, HUANG J. Neural network-based adaptive dynamic surface control for a class of uncertain nonlinear systems in strict-feedback form[J]. IEEE Transactions on Neural Networks, 2005, 16(1): 195-202.

[53] BIDIKLI B, TATLICIOGLU E, ZERGEROGLU E. Compensating of added mass terms in dynamically positioned surface vehicles: A continuous robust control approach[J]. Ocean Engineering, 2017, 139: 198-204.

[54] ANNASWAMY A M, KARASON S P. Discrete-time adaptive control in the presence of input constraints[J]. Automatica, 1995, 31(10): 1421-1431.

[55] TARBOURIECH S, TURNER M. Anti-windup design: an overview of some recent advances and open problems[J]. IET Control Theory and Applications, 2009, 3(1): 1-19.

[56] CHWA D. Global tracking control of underactuated ships with input and velocity constraints using dynamic surface control method[J]. IEEE Transactions on

Control Systems Technology, 2011, 19(6): 1357-1370.

[57] HUANG J, WEN C, WANG W, et al. Global stable tracking control of underactuated ships with input saturation[J]. Systems and Control Letters, 2015, 85: 1-7.

[58] NGUYEN T, HUNG F, CRASTA N, et al. Input-constrained path following for autonomous marine vehicles with a global region of attraction[J]. IFAC Proceedings Volumes, 2018, 51(29): 348-353.

[59] SIRAMDASU Y. Incorporating input saturation for underactuated surface vessel trajectory tracking control[C]. In Proceedings of American Control Conference, Montréal, Canada, 2012: 6203-6208.

[60] DEHGHANI R, ABEDI E. An enhanced backstepping approach for motion control of underactuated autonomous surface vessels with input constraints[J]. Transactions of the Institute of Measurement and Control, 2018, 40(8): 2669-2680.

[61] CHEN M, GE S S, REN B. Adaptive tracking control of uncertain MIMO nonlinear systems with input constraints[J]. Automatica, 2011, 47(3): 452-465.

[62] HE W, HE X, GE S S. Vibration control of flexible marine riser systems with input saturation[J]. IEEE/ASME Transactions on Mechatronics, 2016, 21(1): 254-265.

[63] BU X, WU X, WEI D, et al. Neural-approximation-based robust adaptive control of flexible air-breathing hypersonic vehicles with parametric uncertainties and control input constraints[J]. Information Sciences, 2016, 346: 29-43.

[64] DU J, HU X, KRSTIC M, et al. Robust dynamic positioning of ships with disturbances under input saturation[J]. Automatica, 2016, 73: 207-214.

[65] ZHENG Z, FEROSKHAN M. Path following of a surface vessel with prescribed performance in the presence of input saturation and external disturbances[J]. IEEE/ASME Transactions on Mechatronics, 2017, 22(6): 2564-2575.

[66] CHEN M, JIANG B, CUI R. Actuator fault-tolerant control of ocean surface

vessels with input saturation[J]. International Journal of Robust and Nonlinear Control, 2016, 26(3): 542-564.

[67] ZHENG Z, JIN C, ZHU M, et al. Trajectory tracking control for a marine surface vessel with asymmetric saturation actuators[J]. Robotics and Autonomous Systems, 2017, 97: 83-91.

[68] MA J, GE S S, ZHENG Z, et al. Adaptive NN Control of a class of nonlinear systems with asymmetric saturation actuators[J]. IEEE Transactions on Neural Networks and Learning Systems, 2015, 26(7): 1532-1538.

[69] ESFANDIARI K, ABDOLLAHI F, TALEBI H. A. Adaptive control of uncertain nonaffine nonlinear systems with input saturation using neural networks[J]. IEEE Transactions on Neural Networks and Learning Systems, 2015, 26(10): 2311-2322.

[70] WEN C, ZHOU J, LIU Z, et al. Robust adaptive control of uncertain nonlinear systems in the presence of input saturation and external disturbance[J]. IEEE Transactions on Automatic Control, 2011, 56(7): 1672-1678.

[71] LI Y, TONG S, LI T. Direct adaptive fuzzy backstepping control of uncertain nonlinear systems in the presence of input saturation[J]. Neural Computing and Applications, 2013, 23(5): 1207-1216.

[72] MAYNE D Q, MICHALSKA H. Receding horizon control of nonlinear systems[J]. IEEE Transactions on Automatic Control, 1990, 35(7): 814-824.

[73] SUN X, GE S S. Adaptive neural region tracking control of multi-fully actuated ocean surface vessels[J]. IEEE/CAA Journal of Automatica Sinica, 2014, 1(1): 77-83.

[74] TEE K P, GE S S, TAY E H. Barrier Lyapunov Functions for the control of output-constrained nonlinear systems[J]. Automatica, 2009, 45(4): 918-927.

[75] ZHAO Z, HE W, GE S S. Adaptive neural network control of a fully actuated marine surface vessel with multiple output constraints[J]. IEEE Transactions on Control Systems Technology, 2014, 22(4): 1536-1543.

[76] JIN X. Fault tolerant finite-time leader-follower formation control for autonomous surface vessels with LOS range and angle constraints[J]. Automatica, 2016, 68: 228-236.

[77] HE W, YIN Z, SUN C. Adaptive neural network control of a marine vessel with constraints using the asymmetric barrier Lyapunov function[J]. IEEE Transactions on Cybernetics, 2017, 47(7): 1641-1651.

[78] TU F, GE S S, CHOO Y S, et al. Adaptive dynamic positioning control for accommodation vessels with multiple constraints[J]. IET Control Theory and Applications, 2017, 11(3): 329-340.

[79] GHOMMAM J, FERIK S E, Saad M. Robust adaptive path-following control of underactuated marine vessel with off-track error constraint[J]. International Journal of Systems Science, 2018, 49(7): 1540-1558.

[80] QIN H, LI C, SUN Y, et al. Finite-time trajectory tracking control of unmanned surface vessel with error constraints and input saturations[J]. Journal of the Franklin Institute, 2019(7): 19.

[81] ZHENG Z, HUANG Y, XIE L, et al. Adaptive trajectory tracking control of a fully actuated surface vessel with asymmetrically constrained input and output[J]. IEEE Transactions on Control Systems Technology, 2018, 26(5): 1851-1859.

第 2 章　船舶运动数学模型与基础理论

船舶运动数学建模是通过微分方程等数学语言描述船舶实际运动特性的一种方法，是研究船舶运动控制问题的基础，也是设计船舶航迹跟踪等控制算法的前提，同时还是进行船舶运动控制仿真研究的必要条件。在实践中，水面船舶的动态特性极为复杂，存在着非线性、多自由度等特性，此外水面船舶在航行中还遭受着难以预测的海洋环境影响，这些因素均会影响建模精度。虽然船舶运动数学模型的精度直接影响其运动控制性能，但是过于精细和复杂的运动数学模型会导致控制系统的设计难度显著增加，使所设计的控制算法难以实施。过于简化的船舶运动数学模型[1]难以描述船舶运动过程中的一些重要的特征，会导致其可信度低，且基于该模型所设计的控制算法实用性也难以保证[2]。因此，对于水面船舶的航迹跟踪控制问题，建立满足控制性能且复杂程度适中的船舶运动数学模型是十分必要的。

2.1　三自由度数学模型

为了便于采用数学语言来描述船舶运动数学模型，船舶的建模工作一般需要满足如下假设：

（1）大地坐标是一个惯性坐标系，同时将基准海面视为一个平面，且忽略地球曲率的影响。

（2）将船舶视为刚体。

（3）水动力系数为常量。

（4）船舶是关于纵剖面对称的。

2.1.1　坐标系建立

为了更准确地描述船舶运动过程的位置、姿态及速度，以研究船舶的操纵与运动性能与规律，首要工作是建立恰当的参考坐标系统来表达船舶运动过程。通常，研究船舶运动采用直角坐标系[1,3-4]。用于描述船舶运动的坐标系包括大地坐标系（也称北东坐标）与船体坐标系（也称运动坐标系）。按照惯例，采用右手坐标系法则定义大地坐标系与船体坐标系，如图 2.1 所示。

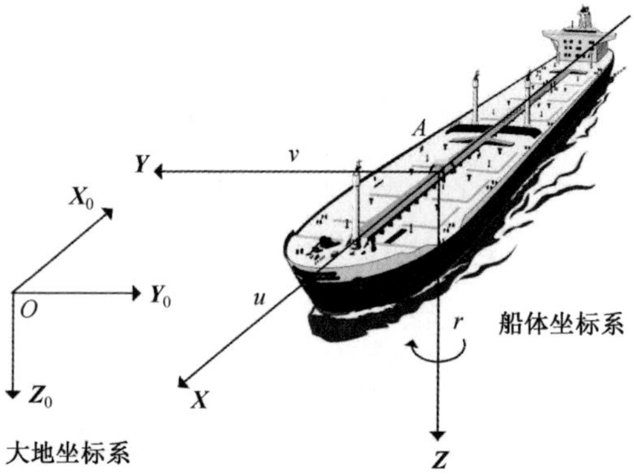

图 2.1　大地坐标系和船体坐标系[5]

（1）大地坐标系：图 2.1 中，$O-X_0Y_0Z_0$ 表示大地坐标系，其原点 O 可选为地球基准海平面的任意一点，$O-X_0$、$O-Y_0$ 与 $O-Z_0$ 三轴正方向分别指向正北、正东与地心。该坐标系的作用是描述船舶的位置与姿态随时间变化的情况。

（2）船体坐标系：图 2.1 中，$A-XYZ$ 表示附体坐标系，其原点 A 可选在船舶的几何中心。对于左右对称的船舶，坐标原点 A 通常取在船体重心处。一般地，$A-X$ 轴取在船体的中剖面内，指向船艏，并与水线面平行；$A-Y$ 轴取在纵剖面内，指向船体右舷，并与水线面平行；$A-Z$ 轴在中纵剖面内，指向船底，并垂直于水线面。

船舶在三维空间中的运动特性极为复杂，具有纵荡、横荡、垂荡、横摇、纵摇及艏摇等 6 个自由度。在大地坐标系下，船舶在三维空间中运动的位置与姿态向量可以为：$\boldsymbol{\eta}'=[\boldsymbol{\eta}_1^{\mathrm{T}},\boldsymbol{\eta}_2^{\mathrm{T}}]^{\mathrm{T}}$，其中，$\boldsymbol{\eta}_1=[x,y,z]^{\mathrm{T}}$ 为位置向量，分别由纵荡位移 x、横荡位移 y 和垂荡位移 z 组成；$\boldsymbol{\eta}_2=[\psi,\vartheta,\phi]^{\mathrm{T}}$ 表示姿态向量，分别由横摇角 φ、纵摇角 ϑ 和艏摇角 ψ 组成。在附体坐标系下，船舶的速度向量可以定义为：$\boldsymbol{\upsilon}'=[\boldsymbol{\upsilon}_1^{\mathrm{T}},\boldsymbol{\upsilon}_2^{\mathrm{T}}]^{\mathrm{T}}$，其中，$\boldsymbol{\upsilon}_1=[u,v,w]^{\mathrm{T}}$ 为线速度向量，分别由纵荡速度 u、横荡速度

v 和垂荡速度 w 组成；$\boldsymbol{\upsilon}_2=[p,q,r]^{\mathrm{T}}$ 表示角速度向量，分别由横摇角速度 p、纵摇角速度 q 和艏摇角速度 r 组成。

2.1.2 六自由度运动数学模型

船舶运动数学模型通过运动学与动力学两个方程来描述，其中，运动学方程是在大地坐标系下描述的，动力学方程是在附体坐标系下描述的。为了实施船舶的运动控制，对两个不同的坐标系进行转换是首要的工作。根据文献[5]，船舶在大地坐标系下的轴向位置线速度 $\dot{\boldsymbol{\eta}}_1$ 与附体坐标系下的轴向线速度 $\boldsymbol{\upsilon}_1$ 有如下的变换关系：

$$\dot{\boldsymbol{\eta}}_1=\boldsymbol{J}_1(\boldsymbol{\eta}_2)\boldsymbol{\upsilon}_1 \tag{2-1}$$

式中，$\boldsymbol{J}_1(\boldsymbol{\eta}_2)$ 为旋转矩阵，满足 $\boldsymbol{J}_1^{-1}(\boldsymbol{\eta}_2)=\boldsymbol{J}_1^{\mathrm{T}}(\boldsymbol{\eta}_2)$，其具体的表达式为

$$\boldsymbol{J}_1(\boldsymbol{\eta}_2)=\begin{bmatrix}\cos\psi\cos\vartheta & -\sin\psi\cos\phi+\cos\psi\sin\vartheta\sin\phi & \sin\psi\sin\phi+\cos\psi\cos\phi\sin\vartheta \\ \sin\psi\cos\vartheta & \cos\psi\cos\phi+\sin\phi\sin\vartheta\sin\psi & -\cos\psi\sin\phi+\sin\vartheta\sin\psi\cos\phi \\ -\sin\vartheta & \cos\vartheta\sin\phi & \cos\vartheta\cos\phi\end{bmatrix} \tag{2-2}$$

此外，角速度同样需要在大地坐标系与附体坐标系之间进行坐标变换，其变换关系为

$$\dot{\boldsymbol{\eta}}_2=\boldsymbol{J}_2(\boldsymbol{\eta}_2)\boldsymbol{\upsilon}_2 \tag{2-3}$$

式中，$\boldsymbol{J}_2(\boldsymbol{\eta}_2)$ 为旋转矩阵，满足 $\boldsymbol{J}_2^{-1}(\boldsymbol{\eta}_2)=\boldsymbol{J}_2^{\mathrm{T}}(\boldsymbol{\eta}_2)$，其具体的表达式为

$$\boldsymbol{J}_2(\boldsymbol{\eta}_2)=\begin{bmatrix}1 & \sin\varphi\tan\vartheta & \cos\varphi\tan\vartheta \\ 0 & \cos\varphi & -\sin\varphi \\ 0 & \sin\varphi/\cos\vartheta & \cos\varphi/\cos\vartheta\end{bmatrix} \tag{2-4}$$

联立式（2-1）和式（2-3），船舶六自由度的运动学方程可以写成

$$\begin{bmatrix}\dot{\boldsymbol{\eta}}_1 \\ \dot{\boldsymbol{\eta}}_2\end{bmatrix}=\begin{bmatrix}\boldsymbol{J}_1(\boldsymbol{\eta}_2) & 0_{3\times3} \\ 0_{3\times3} & \boldsymbol{J}_2(\boldsymbol{\eta}_2)\end{bmatrix}\begin{bmatrix}\boldsymbol{\upsilon}_1 \\ \boldsymbol{\upsilon}_2\end{bmatrix} \tag{2-5}$$

将船舶在三维空间中的运动视为刚体在流体中的运动，根据牛顿运动定律，采用 Lagrange 模型的框架，附体坐标系下船舶的六自由度动力学方程可以写为[5]

$$\boldsymbol{M}'\dot{\boldsymbol{\upsilon}}'+\boldsymbol{C}'(\boldsymbol{\upsilon}')\boldsymbol{\upsilon}'+\boldsymbol{D}'(\boldsymbol{\upsilon}')\boldsymbol{\upsilon}'+\boldsymbol{g}'(\boldsymbol{\eta}')=\boldsymbol{\tau}'+\boldsymbol{\tau}_d' \tag{2-6}$$

式中，$\boldsymbol{M}'\in\mathbf{R}^{6\times6}$ 为包含附加质量的惯性矩阵；$\boldsymbol{C}'(\boldsymbol{\upsilon}')\in\mathbf{R}^{6\times6}$ 为科里奥利与向心力

矩阵；$\boldsymbol{D}'(\boldsymbol{\upsilon}')\in\mathbf{R}^{6\times6}$ 为非线性水动力阻尼矩阵；$\boldsymbol{g}'(\boldsymbol{\eta}')\in\mathbf{R}^{6}$ 为由船舶浮力与重力所生产的恢复力与力矩向量；$\boldsymbol{\tau}'\in\mathbf{R}^{6}$ 为由船舶推进系统产生的控制力和力矩向量；$\boldsymbol{\tau}'_d\in\mathbf{R}^{6}$ 为外部环境扰动向量。

2.1.3 三自由度运动全驱动船舶数学模型

对于水面船舶来说，虽然其实际运动具有 6 个自由度，但考虑到水面船舶的运动控制属于水平面内的运动控制问题，且水面船舶的航迹跟踪控制也只关注船舶的实际位置 (x,y) 与艏摇角 ψ 随时间的变化情况。因此，研究水面船舶航迹跟踪控制问题时，通常忽略垂荡、横摇和纵摇 3 个自由度，仅考虑水平面内的纵荡、横荡和艏摇 3 个自由度。在此情况下，船舶水面三自由度数学模型通常可以用如下的非线性微分方程描述[3]：

$$\dot{\boldsymbol{\eta}}=\boldsymbol{J}(\psi)\boldsymbol{\upsilon} \tag{2-7}$$

$$\boldsymbol{M}\dot{\boldsymbol{\upsilon}}+\boldsymbol{C}(\boldsymbol{\upsilon})\boldsymbol{\upsilon}+\boldsymbol{D}(\boldsymbol{\upsilon})\boldsymbol{\upsilon}=\boldsymbol{\tau}+\boldsymbol{\tau}_d \tag{2-8}$$

式中，向量 $\boldsymbol{\eta}=[x,y,\psi]^{\mathrm{T}}$ 为大地坐标系下的船舶位置 (x,y) 和艏摇角 ψ；向量 $\boldsymbol{\upsilon}=[u,v,r]^{\mathrm{T}}$ 为船体坐标系下的船舶纵荡 u、横荡 v 和艏摇角速度 r；$\boldsymbol{J}(\psi)$ 为旋转矩阵，其具体形式为

$$\boldsymbol{J}(\psi)=\begin{bmatrix}\cos\psi & -\sin\psi & 0\\ \sin\psi & \cos\psi & 0\\ 0 & 0 & 1\end{bmatrix} \tag{2-9}$$

$\boldsymbol{\tau}_d\in\boldsymbol{\upsilon}^3$ 表示未知时变的海洋环境扰动，主要由风、浪、流等环境要素对船舶综合作用的等效干扰力和力矩；$\boldsymbol{\tau}=[\tau_1,\tau_2,\tau_3]^{\mathrm{T}}$ 为由船舶纵荡控制力 τ_1，横荡控制力 τ_2 以及艏摇控制力矩 τ_3 组成的控制输入向量。惯性矩阵 $\boldsymbol{M}\in\mathbf{R}^{3\times3}$、科里奥利与向心力矩阵 $\boldsymbol{C}(\boldsymbol{\upsilon})\in\mathbf{R}^{3\times3}$ 和非线性水动力阻尼矩阵 $\boldsymbol{D}(\boldsymbol{\upsilon})\in\mathbf{R}^{3\times3}$ 的表达式分别为

$$\boldsymbol{M}=\begin{bmatrix}m_{11} & 0 & 0\\ 0 & m_{22} & m_{23}\\ 0 & m_{32} & m_{33}\end{bmatrix} \tag{2-10}$$

$$\boldsymbol{C}(\boldsymbol{\upsilon})=\begin{bmatrix}0 & 0 & -m_{22}v-m_{23}r\\ 0 & 0 & m_{11}u\\ m_{22}v+m_{23}r & -m_{11}u & 0\end{bmatrix} \tag{2-11}$$

$$\boldsymbol{D}(\boldsymbol{\upsilon})=\begin{bmatrix} d_{11}(u) & 0 & 0 \\ 0 & d_{22}(v,r) & d_{23}(v,r) \\ 0 & d_{32}(v,r) & d_{33}(v,r) \end{bmatrix} \tag{2-12}$$

式（2-10）～式（2-12）中，有

$$m_{11}=m-X_{\dot{u}}$$

$$m_{22}=m-Y_{\dot{v}}$$

$$m_{23}=mx_g-Y_{\dot{r}}$$

$$m_{32}=mx_g-N_{\dot{v}}$$

$$m_{33}=I_z-N_{\dot{r}}$$

$$d_{11}(u)=-X_u-X_{|u|u}|u|$$

$$d_{22}(v,r)=-Y_v-Y_{|v|v}|v|-Y_{|r|v}|r|$$

$$d_{23}(v,r)=-Y_r-Y_{|v|r}|v|-Y_{|r|r}|r|$$

$$d_{32}(v,r)=-N_v-N_{|v|v}|v|-N_{|r|v}|r|$$

$$d_{33}(v,r)=-N_r-N_{|v|r}|v|-N_{|r|r}|r|$$

式中，m 为船体质量；I_z 为艏摇转动惯量；x_g 为船舶重心到船舶附体坐标原点的距离，系数 $\{X_{(\bullet)},Y_{(\bullet)},N_{(\bullet)}\}$ 均为水动力参数。

2.1.4 三自由度运动欠驱动船舶数学模型

欠驱动船舶的数学模型包括运动学模型和动力学模型。欠驱动船舶的数学模型可以描述如下。

欠驱动船舶运动学方程：

$$\begin{cases} \dot{x}=u\cos(\psi)-v\sin(\psi) \\ \dot{y}=u\sin(\psi)+v\cos(\psi) \\ \dot{\psi}=r \end{cases} \tag{2-13}$$

欠驱动船舶动力学方程：

$$
\begin{cases}
\dot{u}=\dfrac{1}{m_{11}}f_u(\boldsymbol{\upsilon})+\dfrac{1}{m_{11}}(\tau_u+\tau_{wu})\\
\dot{v}=\dfrac{1}{m_{22}}f_v(\boldsymbol{\upsilon})+\dfrac{1}{m_{22}}\tau_{wv}\\
\dot{r}=\dfrac{1}{m_{33}}f_r(\boldsymbol{\upsilon})+\dfrac{1}{m_{33}}(\tau_r+\tau_{wr})
\end{cases}
\tag{2-14}
$$

式中：

$$
\begin{aligned}
&f_u(\boldsymbol{\upsilon})=m_{22}vr-d_{11}u\\
&f_v(\boldsymbol{\upsilon})=(-m_{11}u-d_{23})r-d_{22}v\\
&f_r(\boldsymbol{\upsilon})=(m_{11}-m_{22})uv-d_{32}v-d_{33}r
\end{aligned}
\tag{2-15}
$$

式中，x、y、ψ 分别表示大地/惯性坐标系下欠驱动船舶的纵向、横向位置及艏摇角；$\boldsymbol{\upsilon}=[u,v,r]^{\mathrm{T}}$ 分别为附体/船体坐标系下欠驱动船舶的纵向、横向速度及转向速度；$\boldsymbol{f}=[f_u,f_v,f_r]^{\mathrm{T}}$ 表示船舶模型在各个方向的非线性动态项；$\boldsymbol{\tau}=[\tau_u,0,\tau_r]^{\mathrm{T}}$，$\tau_u$ 和 τ_r 分别表示欠驱动船舶的纵向、转向控制输入，又因欠驱动船舶没有装备侧推装置，则横向推进力 $\tau_v=0$；$\boldsymbol{\tau}_w=[\tau_{wu},\tau_{wv},\tau_{wr}]^{\mathrm{T}}$，$\tau_{wu}$、$\tau_{wv}$、$\tau_{wr}$ 分别表示纵向、横向、转向上遭受的外界未知时变环境扰动；m_{11}、m_{22}、m_{33} 表示惯性矩阵中的参数；d_{11}、d_{22}、d_{23}、d_{32}、d_{33} 表示欠船舶系统的非线性水动力阻尼矩阵中的参数。

在式（2-7）和式（2-8）中描述的数学模型中，$\boldsymbol{J}(\psi)$，$\boldsymbol{M}$，$\boldsymbol{C}(\boldsymbol{\upsilon})$ 和 $\boldsymbol{D}(\boldsymbol{\upsilon})$ 具有以下性质：

性质 2.1 矩阵 $\boldsymbol{J}(\psi)$ 是正交的，即 $\|\boldsymbol{J}(\psi)\|=1$ 并且 $\boldsymbol{J}^{-1}(\psi)=\boldsymbol{J}^{\mathrm{T}}(\psi)$。

性质 2.2 矩阵 $\boldsymbol{M}$ 是正定的、对称的，并且存在两个正常数 $\underline{m},\overline{m}$，且满足 $\underline{m}\leqslant\|\boldsymbol{M}\|\leqslant\overline{m}$。

性质 2.3 $\exists \boldsymbol{C}_d\in\mathbf{R}^+$，$\exists \boldsymbol{D}_f\in\mathbf{R}^+$ 且存在 $\exists \boldsymbol{D}_d\in\mathbf{R}^+$，有 $\|\boldsymbol{C}(\boldsymbol{\upsilon})\|\leqslant \boldsymbol{C}_d\|\boldsymbol{\upsilon}\|$ 和 $\|\boldsymbol{D}(\boldsymbol{\upsilon})\|\leqslant \boldsymbol{D}_f+\boldsymbol{D}_d\|\boldsymbol{\upsilon}\|$。

性质 2.4 $\dot{\boldsymbol{J}}(\psi)=r\boldsymbol{J}(\psi)\boldsymbol{E}$ 和 $\dot{\boldsymbol{J}}(\psi)=-r\boldsymbol{E}\boldsymbol{J}^{\mathrm{T}}(\psi)$ 和 $\boldsymbol{E}=\begin{bmatrix}0&-1&0\\1&0&0\\0&0&0\end{bmatrix}$。

2.2 相关理论

为便于设计和分析船舶跟踪控制，引用以下引理：

引理 2.1[7] 对任意$b>0$和任意$\jmath\in\mathbf{R}$，下面的不等式成立：

$$0\leqslant|\jmath|-\jmath\tanh\left(\frac{\jmath}{b}\right)\leqslant 0.2785b \tag{2-16}$$

引理 2.2[6] 对于任何$(a,b)\in\mathbf{R}^2$，以下不等式成立：

$$ab\leqslant\frac{\imath^p}{p}|a|^p+\frac{1}{\imath^p q}|b|^q \tag{2-17}$$

式中，$\imath>0$、$p>1$和$q>1$且满足$(q-1)(p-1)=1$。

引理 2.3[10] 对于连续函数$f(\boldsymbol{X}):\mathbf{R}^n\to\mathbf{R}$定义在紧集$\boldsymbol{\Omega}_x\in\mathbf{R}^n$，存在径向基神经网络（Radial Basis Function Neyral Network，RBF NN）$\boldsymbol{\mathcal{W}}^{\mathrm{T}}\boldsymbol{\xi}(\boldsymbol{X})$，因此：

$$f(\boldsymbol{X})=\boldsymbol{\mathcal{W}}^{\mathrm{T}}\boldsymbol{\xi}(\boldsymbol{X})+\epsilon \tag{2-18}$$

式中，$\boldsymbol{\mathcal{W}}=[\mathcal{W}_1,\cdots,\mathcal{W}_l]^{\mathrm{T}}$是理想权重向量，$\boldsymbol{\xi}(\boldsymbol{X})=[\xi_1(Z),\cdots,\xi_l(Z)]^{\mathrm{T}}$是满足$\|\boldsymbol{\xi}(X)\|\leqslant\sqrt{l}$的基函数向量，$l>1$是节点编号，$\epsilon$是近似误差。基函数$\xi_i(Z)(i=1,\cdots,l)$被选为高斯函数，即$\xi_i(X)=\exp[-(\boldsymbol{X}-\boldsymbol{l}_i)^{\mathrm{T}}(\boldsymbol{X}-\boldsymbol{l}_i)/\omega_i^2]$，式中，$\boldsymbol{l}_i=[l_{i,1},\cdots,l_{i,j}]^{\mathrm{T}}$和$\omega_i$分别是可接受区域中心和高斯函数的宽度。此外，还存在位置常数$\mathcal{W}_m$和$\bar{\epsilon}$，有$\|\boldsymbol{\mathcal{W}}\|\leqslant\mathcal{W}_m$和$\|\epsilon\|\leqslant\bar{\epsilon}$。

引理 2.4[11] 考虑具有高斯基函数的 RBF NN。如果$\hat{\boldsymbol{X}}$是神经网络的输入矢量，且$\hat{\boldsymbol{X}}-\boldsymbol{X}=\delta\boldsymbol{\kappa}$，其中$\delta$为正常数，$\boldsymbol{\kappa}$为有界向量，则存在有界函数向量$\boldsymbol{\kappa}_x$，使

$$\boldsymbol{\xi}(\hat{\boldsymbol{X}})-\boldsymbol{\xi}(\boldsymbol{X})=\delta\boldsymbol{\kappa}_x \tag{2-19}$$

式中，$\boldsymbol{\kappa}_x$满足$\|\boldsymbol{\kappa}_x\|\leqslant\bar{\kappa}$而且$\bar{\kappa}$为正常数。

引理 2.5[8] 动态控制系统$\dot{\chi}=g(x)$，$g(0)=0$，$\chi\in\mathbf{R}^n$，若李亚普诺夫函数$V(\chi)$能够以如下形式描述：

$$\dot{V}(\chi)\leqslant-\delta_1V(\chi)-\delta_2V^J(\chi) \tag{2-20}$$

式中，$\delta_i>0(i=1,2)$且$0<J<1$为正参数。那么，非线性控制系统在有限时间内

是稳定的，并且其所需稳定时间T_v满足：

$$T_v \leqslant \frac{1}{\delta_1(1-J)} \ln \frac{\delta_1 V^{1-J}(\chi_0)+\delta_2}{\delta_2} \tag{2-21}$$

引理 2.6 对任意实数$a_i(i=1,\cdots,n)$且$0<\delta<1$，以下不等式成立：

$$\left(\sum_{i=1}^{n}|a|\right)^{\delta} \leqslant \sum_{i=1}^{n}|a|^{\delta} \tag{2-22}$$

引理 2.7 对于任意实数$\phi,\lambda \in \mathbf{R}$以及大于 0 的常数$c$，$\hbar$，$f$，以下不等式成立：

$$|\phi|^{c}|\lambda|^{\hbar} \leqslant \frac{c}{c+\hbar} f|\phi|^{c+\hbar}+\frac{\hbar}{c+\hbar} f^{-\frac{c}{\hbar}}|\lambda|^{c+\hbar} \tag{2-23}$$

引理 2.8 对于任意位置常数δ和任意标量$b \in \mathbf{R}$，以下不等式成立：

$$0 \leqslant |b|-\frac{b^2}{\sqrt{\delta^2+b^2}}<\delta \tag{2-24}$$

引理 2.9 假设一个动态系统$\dot{\varphi}=-c_1\varphi+c_2\wp(t)$，其中$c_1$和$c_2$是常数，$\wp(t)$是非负函数。对于$\forall t \geqslant 0$，如果初始条件$\varphi(0)$有界且非负，则$\varphi(t) \geqslant 0$。

为便于设计和分析船舶跟踪控制，得到如下定义：

定义 2.1 对于任何矢量$\wp \in \mathbf{R}^n$，矩阵$\mathbf{Tanh}(\wp): \mathbf{R}^n \to \mathbf{R}^{n\times n}$定义为$\mathbf{Tanh}(\wp)=\mathrm{diag}(\tanh(\wp_1),\cdots,\tanh(\wp_n))$。其中$\mathrm{diag}(\bullet)$表示对角矩阵。

定义 2.2 平滑函数$\varrho(t): \mathbf{R}_+ \to \mathbf{R}_+$可以是性能函数，如果：

（1）$\varrho(t)$为正且呈下降趋势。

（2）$\lim\limits_{t\to\infty}\varrho(t)=\varrho_\infty>0$，式中$\varrho_\infty$是一个刻度。

受定义 2.2 的启发，引入以下新概念，称为预定义时间性能函数（Predefined Time Performance Function，PTPF）。

定义 2.3 平滑函数$\varrho(t): \mathbf{R}_+ \to \mathbf{R}_+$可以是 PTPF，如果：

（1）$\varrho(t)>0$，$\forall t \geqslant 0$。

（2）$\dot{\varrho}(t) \leqslant 0$，$\forall t \geqslant 0$。

（3）$\lim\limits_{t\to T_f}\varrho(t)=\varrho_{T_f}>0$，式中，$\varrho_{T_f}$的规格和时间常数$T_f$可以由用户定义。

（4）$\varrho(t)=\varrho_{T_f}$，$\forall t \geqslant T_f$。

参 考 文 献

[1] 秦梓荷. 水面无人艇运动控制及集群协调规划方法研究[D]. 哈尔滨：哈尔滨工程大学，2018.

[2] HOLZHUTER T. LQG approach for the high-precision track control of ships[J]. IET Control Theory and Applications, 1997, 144(2): 121-127.

[3] SKJETNE R, ØYVIND S, FOSSEN T I. Modeling, identification, and adaptive maneuvering of CyberShip II: A complete design with experiments[J]. IFAC Proceedings Volumes, 2004, 37(10): 203-208.

[4] DU J, HU X, KRSTIC M, et al. Robust dynamic positioning of ships with disturbances under input saturation[J]. Automatica, 2016, 73: 207-214.

[5] FOSSEN T I. Handbook of marine craft hydrodynamics and motion control[M]. New York, NY, USA: Wiley, 2011.

[6] DENG H, KRSTIC M. Stochastic nonlinear stabilization-I: a backstepping design[J]. System Control and Letter, 1997, 32(3): 143-150.

[7] POLYCARPOU M M. Stable adaptive neural control scheme for nonlinear systems[J]. IEEE Transactions on Automatic Control, 1996, 41(3): 447-451.

[8] ZHENG Z, FEROSKHAN M, SUN L. Adaptive fixed-time trajectory tracking control of a stratospheric airship[J]. ISA Transactions, 2018, 76: 134-144.

[9] GUO B, ZHAO Z. Weak convergence of nonlinear high-gain tracking differentiator[J]. IEEE Transactions on Automatic Control, 2013, 58(4): 1074-1080.

[10] SANNER R M, SLOTINE J J E. Gaussian networks for direct adaptive control[J]. IEEE Transactions on Neural Network, 1992, 3(6): 837-63.

[11] KURDILA A J, NARCOWICH F J, WARD J D. Persistency of excitation in identification using radial basis function approximants[J]. SIAM Journal on Control and Optimization, 1995, 33(2): 625-642.

第 3 章　输入饱和约束下 MSV 鲁棒自适应跟踪控制

本章研究在输入饱和条件下，具有非参数不确定性和外部干扰的无人水面舰艇的鲁棒自适应轨迹跟踪控制问题。从船舶模型参数不可分解的状态/输出反馈和船舶模型参数可分解的两个角度设计控制律。非平滑饱和非线性用高斯误差函数代替。集总不确定项包括非参数不确定性、外部扰动和逼近误差，由单个未知参数的线性参数化形式表示。结合参数自适应技术和 Backstepping 设计框架，提出了基于单参数学习的跟踪控制方案，包括全状态反馈和输出反馈控制。

3.1　问题描述

假设 3.1　外部干扰 $\boldsymbol{d}_i (i=1,2,3)$ 是有界的，且存在一个未知的正常数 $\bar{d}$，满足 $\|\boldsymbol{d}\| \leqslant \bar{d}$。

假设 3.2　船舶模型参数 $\boldsymbol{M}$，$\boldsymbol{C}(\boldsymbol{\upsilon})$ 和 $\boldsymbol{D}(\boldsymbol{\upsilon})$ 是未知的。

假设 3.3　对于 $\forall t \geqslant 0$，参考轨迹 $\boldsymbol{\eta}_d = [x_d, y_d, \psi_d]^{\mathrm{T}}$ 及其一阶导数 $\dot{\boldsymbol{\eta}}_d$ 是有界的，$\boldsymbol{\eta}_d$ 的二阶导数 $\ddot{\boldsymbol{\eta}}_d$ 存在但未知。

注 3.1　假设 3.1 是设计控制策略的必要条件。在实际海洋环境中，扰动的能量是有限的，即扰动 $\boldsymbol{d}$ 是有界的；参数 $\boldsymbol{M}$，$\boldsymbol{C}(\boldsymbol{\upsilon})$ 和 $\boldsymbol{D}(\boldsymbol{\upsilon})$ 与外界环境、船舶操纵及船舶自身特点有关，很难获得准确数值，因此假设 3.1 和假设 3.2 是合理的。假设 3.3 表明大部分试验通常要求参考轨迹 $\boldsymbol{\eta}_d$ 平滑，因此 $\dot{\boldsymbol{\eta}}_d$，$\ddot{\boldsymbol{\eta}}_d$ 存在。此外，由假设 3.2、性质 2.2 和性质 2.3 知，$\underline{m}$，$\bar{m}$，$\boldsymbol{C}_d$ 和 $\boldsymbol{D}_d$ 是未知的。

注 3.2　应指出，$\boldsymbol{\tau}$ 和 $\boldsymbol{\tau}_d$ 之间存在一个隐式条件：$\|\boldsymbol{\tau}_d\| \leqslant \|\boldsymbol{\tau}\|$，即饱和约束下的推进系统可以有效抵抗风、浪和海流引起的扰动。否则，在实践中需要考虑水

上无人船的安全问题，而不是跟踪控制问题。

控制目标：在假设3.1～假设3.3下为MSV设计一个鲁棒自适应控制律$\boldsymbol{\tau}_c$，使MSV的实际轨迹$\boldsymbol{\eta}$能够跟踪期望的参考轨迹$\boldsymbol{\eta}_d$，同时保证闭环系统内所有信号最终保持一致有界。

$\boldsymbol{\tau}_i$是一个关于$\boldsymbol{\tau}_{i,c}(i=1,2,3)$的分段连续函数，具有非光滑非线性，因此无法直接使用Backstepping方法。为解决该问题，将用以下平滑函数取代饱和非线性$\boldsymbol{\tau}_i$：

$$\xi_i(\boldsymbol{\tau}_{i,c})=\boldsymbol{\tau}_{i,m}\mathcal{F}\left(\frac{\sqrt{\pi}\boldsymbol{\tau}_{i,c}}{2\boldsymbol{\tau}_{i,m}}\right) \tag{3-1}$$

式中，$\mathcal{F}(\bullet)$是个误差函数（Gauss Error Function，GEF），定义为$\mathcal{F}(\zeta)=\frac{2}{\sqrt{\pi}}\int_0^{\zeta}\exp(-t^2)d\zeta$。

根据式（3-4）和式（3-5），可得

$$\boldsymbol{\tau}_i(\boldsymbol{\tau}_{i,c})=\xi_i(\boldsymbol{\tau}_{i,c})+\boldsymbol{\mathfrak{R}}_i(\boldsymbol{\tau}_{i,c}) \tag{3-2}$$

式中，$\boldsymbol{\mathfrak{R}}_i(\boldsymbol{\tau}_{i,c})$为近似误差，满足$|\boldsymbol{\mathfrak{R}}_i(\boldsymbol{\tau}_{i,c})|=|\boldsymbol{\tau}_i(\boldsymbol{\tau}_{i,c})-\xi_i(\boldsymbol{\tau}_{i,c})|\leqslant \mathrm{E}_{i,m}$，$\mathrm{E}_{i,m}$为正常数。

根据中值定理，将$\xi_i(\boldsymbol{\tau}_{i,c})$改写为

$$\xi_i(\boldsymbol{\tau}_{i,c})=\xi_i(\boldsymbol{\tau}'_{i,c})+\vartheta_i(\boldsymbol{\tau}_{i,c}-\boldsymbol{\tau}'_{i,c}) \tag{3-3}$$

式中，$\vartheta_i=\exp\left[-\left(\frac{\sqrt{\pi}\boldsymbol{\tau}^l_{i,c}}{2\boldsymbol{\tau}_{i,m}}\right)^2\right]$，且$\boldsymbol{\tau}^l_{i,c}=\iota\boldsymbol{\tau}_{i,c}+(1-\iota)\boldsymbol{\tau}'_{i,c}$，$\iota\in(0,1)$。

令$\boldsymbol{\tau}'_{i,c}=0$，可得

$$\boldsymbol{\tau}_i(\boldsymbol{\tau}_{i,c})=\vartheta_i\boldsymbol{\tau}_{i,c}+\boldsymbol{\mathfrak{R}}_i(\boldsymbol{\tau}_{i,c}) \tag{3-4}$$

注3.3 根据表达式ϑ_i，$\xi_i(\boldsymbol{\tau}_{i,c})$为非递增函数，即$\vartheta_i$有界且满足$\vartheta_i\in(0,1]$，$\forall\boldsymbol{\tau}_{i,c}\in\mathbf{R}$。因此，存在一个常数$\vartheta_{0i}$满足$0<\vartheta_{0i}<\vartheta_i$。此外，存在$\left|\boldsymbol{\mathfrak{R}}_i(\boldsymbol{\tau}_{i,c})\right|\leqslant E_{i,m}$，$\|\boldsymbol{E}(\boldsymbol{\tau}_c)\|\leqslant E_{\mathfrak{R}}$，可得$\boldsymbol{E}(\boldsymbol{\tau}_c)=[\boldsymbol{\mathfrak{R}}_1(\boldsymbol{\tau}_{1,c}),\boldsymbol{\mathfrak{R}}_2(\boldsymbol{\tau}_{2,c}),\boldsymbol{\mathfrak{R}}_3(\boldsymbol{\tau}_{3,c})]^{\mathrm{T}}$，$E_{\mathfrak{R}}$为正常数。

注3.4 在文献[12-13]中，为克服非光滑输入饱和非线性造成的设计困难，使用双曲正切函数近似非光滑输入饱和度非线性。然而，这种方法的一个缺陷是$\boldsymbol{\tau}_c$不

能直接作为设计控制输入。为解决此问题，MSV 的原始运动模型扩充了一阶，其增加了控制设计的复杂性。在这项工作中，可从式（3-1）～式（3-4）中清楚地发现，$\boldsymbol{\tau}_{i,c}$ 的非仿射形式被转化为仿射形式。因此，利用中值定理降低了文献[12-13]中的复杂运算。

3.2 状态/输出反馈控制设计

本节针对输入饱和情况下具有非参数不确定性和外部扰动的 MSV 跟踪控制问题，利用参数自适应技术和矢量反推设计方法，提出两种轨迹跟踪方案。首先，采用单参数学习方法设计全状态反馈控制律。在此基础上，设计输出反馈控制律，其中高增益观测器（High Gain Observer，HGO）用于估计速度 $\boldsymbol{\upsilon}$。

在控制设计之前，定义误差向量 $\boldsymbol{e}_1 \in \mathbf{R}^3$ 和 $\boldsymbol{e}_2 \in \mathbf{R}^3$：

$$\boldsymbol{e}_1 = \boldsymbol{\eta} - \boldsymbol{\eta}_d \tag{3-5}$$

$$\boldsymbol{e}_2 = \boldsymbol{\upsilon} - \boldsymbol{\alpha}_1 \tag{3-6}$$

式中，$\boldsymbol{\alpha}_1 \in \mathbf{R}^3$ 为虚拟控制律。

3.2.1 状态反馈控制律设计

设计过程主要分为以下两个步骤。

步骤 1：对 $\boldsymbol{e}_1$ 求导并使用式（3-5），可得

$$\dot{\boldsymbol{e}}_1 = \boldsymbol{J}(\psi)\boldsymbol{\upsilon} - \dot{\boldsymbol{\eta}}_d \tag{3-7}$$

设计如下虚拟控制律 $\boldsymbol{\alpha}_1$：

$$\boldsymbol{\alpha}_1 = \boldsymbol{J}^{\mathrm{T}}(\psi)(-\boldsymbol{c}_1\boldsymbol{e}_1 + \dot{\boldsymbol{\eta}}_d) \tag{3-8}$$

式中，$\boldsymbol{c}_1 = \boldsymbol{c}_1^{\mathrm{T}} \in \boldsymbol{R}^{3\times 3}$ 是正定矩阵。

根据式（3-8）和性质 2.3，可得

$$\|\boldsymbol{\alpha}_1\| \leqslant \|\boldsymbol{c}_1\| \cdot \|\boldsymbol{e}_1\| + \|\dot{\boldsymbol{\eta}}_d\| \tag{3-9}$$

步骤 2：对 $\boldsymbol{e}_2$ 求导，可得

$$\boldsymbol{M}\dot{\boldsymbol{e}}_2 = \boldsymbol{M}\dot{\boldsymbol{\upsilon}} - \boldsymbol{M}\dot{\boldsymbol{\alpha}}_1 = -[\boldsymbol{C}(\boldsymbol{\upsilon}) + \boldsymbol{D}(\boldsymbol{\upsilon})]\boldsymbol{\upsilon} - \boldsymbol{M}\dot{\boldsymbol{\alpha}}_1 + \boldsymbol{\vartheta}\boldsymbol{\tau} + \boldsymbol{d}_E \tag{3-10}$$

式中，$\boldsymbol{\vartheta} = \mathrm{diag}([\vartheta_1, \vartheta_2, \vartheta_3])$ 和 $\boldsymbol{d}_E = \boldsymbol{d} + E(\boldsymbol{\tau}_c)$ 是包含外部扰动 d 和近似误差 $E(\boldsymbol{\tau}_c)$

的复合扰动项。根据式（2-7）和假设 3.1，可得$\|\boldsymbol{d}_E\| \leqslant \dot{d} + E_{\mathfrak{R}} = \bar{d}_{\mathfrak{R}}$。此外，根据注 3.2，存在一个未知常数$\vartheta_0$满足$\vartheta_0 \leqslant \lambda_m(\vartheta)$。

根据式（3-1）、式（3-5）、式（3-7）以及式（3-8），可得

$$\dot{\boldsymbol{\alpha}}_1 = \boldsymbol{J}^{\mathrm{T}}(\psi)\left[-\boldsymbol{c}_1\boldsymbol{J}(\psi)\boldsymbol{\upsilon} + \boldsymbol{c}_1\dot{\boldsymbol{\eta}}_d + \ddot{\boldsymbol{\eta}}_d\right] + r\boldsymbol{\Xi}\boldsymbol{\alpha}_1 \tag{3-11}$$

式中，$r = \dot{\psi}$，$\boldsymbol{\Xi} = \begin{bmatrix} 0 & 1 & 0 \\ -1 & 0 & 0 \\ 0 & 0 & 0 \end{bmatrix}$。

根据式（3-11）并利用杨氏不等式可得

$$\begin{aligned}\|\dot{\boldsymbol{\alpha}}_1\| &\leqslant \lambda_M(\boldsymbol{c}_1)\|\boldsymbol{\upsilon}\| + \boldsymbol{\beta}_1 + |r|\|\boldsymbol{\alpha}_1\| \\ &\leqslant \lambda_M(\boldsymbol{c}_1)\|\boldsymbol{\upsilon}\| + \boldsymbol{\beta}_1 + 0.5|r|^2 + 0.5\|\boldsymbol{\alpha}_1\|^2 \\ &\leqslant \lambda_M(\boldsymbol{c}_1)\|\boldsymbol{\upsilon}\| + 0.5\|\boldsymbol{\upsilon}\|^2 + \boldsymbol{\beta}_1 + 0.5\|\boldsymbol{\alpha}_1\|^2\end{aligned} \tag{3-12}$$

式中，$\boldsymbol{\beta}_1 = \|\boldsymbol{c}_1\dot{\boldsymbol{\eta}}_d + \ddot{\boldsymbol{\eta}}_d\|$。

将式（3-9）代入式（3-12）可得

$$\begin{aligned}\|\dot{\boldsymbol{\alpha}}_1\| &\leqslant \lambda_M(\boldsymbol{c}_1)\|\boldsymbol{\upsilon}\| + 0.5\|\boldsymbol{\upsilon}\|^2 + \boldsymbol{\beta}_1 + 0.5[\lambda_M(\boldsymbol{c}_1)\|\boldsymbol{e}_1\| + \|\dot{\boldsymbol{\eta}}_d\|]^2 \\ &\leqslant \lambda_M(\boldsymbol{c}_1)\|\boldsymbol{\upsilon}\| + 0.5\|\boldsymbol{\upsilon}\|^2 + \boldsymbol{\beta}_2 + 0.5\lambda_M^2(\boldsymbol{c}_1)\|\boldsymbol{e}_1\|^2 + \lambda_M(\boldsymbol{c}_1)\|\dot{\boldsymbol{\eta}}_d\|\|\boldsymbol{e}_1\|\end{aligned} \tag{3-13}$$

式中，$\boldsymbol{\beta}_1 = \boldsymbol{\beta}_2 + 0.5\|\dot{\boldsymbol{\eta}}_d\|^2$。

令$\boldsymbol{\varrho}(\boldsymbol{\upsilon},\dot{\boldsymbol{\alpha}}) = -[\boldsymbol{C}(\boldsymbol{\upsilon}) + \boldsymbol{D}(\boldsymbol{\upsilon})]\boldsymbol{\upsilon} - \boldsymbol{M}\dot{\boldsymbol{\alpha}} + d_E + \boldsymbol{J}(\psi)\boldsymbol{e}_1$。由假设 3.1 和假设 3.2 可知，$\varrho(\boldsymbol{\upsilon},\dot{\alpha})$在控制设计中不可用，则根据性质 2.1～性质 2.3 和式（3-13），可得

$$\begin{aligned}\|\boldsymbol{\varrho}(\boldsymbol{\upsilon},\dot{\boldsymbol{\alpha}})\| &\leqslant (\boldsymbol{C}_d + \boldsymbol{D}_d)\|\boldsymbol{\upsilon}\|^2 + \boldsymbol{D}_f\|\boldsymbol{\upsilon}\| + \bar{m}\|\dot{\boldsymbol{\alpha}}\| + \bar{d}_c + \|\boldsymbol{e}_1\| \\ &\leqslant (\boldsymbol{C}_d + \boldsymbol{D}_d + 0.5\bar{m})\|\boldsymbol{\upsilon}\|^2 + [\boldsymbol{D}_f + \lambda_M(\boldsymbol{c}_1)\bar{m}]\|\boldsymbol{\upsilon}\| + \\ &\quad 0.5\lambda_M^2(\boldsymbol{c}_1)\bar{m}\|\boldsymbol{e}_1\|^2 + \bar{m}\lambda_M(\boldsymbol{c}_1)\|\dot{\boldsymbol{\eta}}_d\|\|\boldsymbol{e}_1\| + \|\boldsymbol{e}_1\| + \bar{m}\boldsymbol{\beta}_2 + \bar{d}\end{aligned} \tag{3-14}$$

根据式（3-6）和式（3-9），运用杨氏不等式可得

$$\|\boldsymbol{\upsilon}\| \leqslant \|\boldsymbol{e}_2\| + \|\boldsymbol{\alpha}_1\| \leqslant \|\boldsymbol{e}_2\| + \lambda_M(\boldsymbol{c}_1)\|\boldsymbol{e}_1\| + \|\dot{\boldsymbol{\eta}}_d\| \tag{3-15}$$

$$\begin{aligned}\|\boldsymbol{\upsilon}\|^2 &\leqslant 2\|\boldsymbol{e}_2\|^2 + 2[\lambda_M(\boldsymbol{c}_1)\|\boldsymbol{e}_1\| + \|\dot{\boldsymbol{\eta}}_d\|]^2 \\ &= 2\|\boldsymbol{e}_2\|^2 + 2\lambda_M^2(\boldsymbol{c}_1)\|\boldsymbol{e}_1\|^2 + 4\lambda_M(\boldsymbol{c}_1)\|\dot{\boldsymbol{\eta}}_d\|\|\boldsymbol{e}_1\| + 2\|\dot{\boldsymbol{\eta}}_d\|^2\end{aligned} \tag{3-16}$$

结合式（3-14）～式（3-16），可得

$$\|\boldsymbol{\varrho}(\boldsymbol{\upsilon},\dot{\boldsymbol{\alpha}})\| \leqslant \boldsymbol{\theta}_1\|\boldsymbol{e}_1\|^2 + \boldsymbol{\theta}_2\|\boldsymbol{e}_1\| + \boldsymbol{\theta}_3\|\boldsymbol{e}_2\|^2 + \boldsymbol{\theta}_4\|\boldsymbol{e}_2\| + \boldsymbol{\theta}_5 \tag{3-17}$$

式中，

$$\boldsymbol{\theta}_1 = 2\lambda_M^2(\boldsymbol{c}_1)(\boldsymbol{C}_d + \boldsymbol{D}_d + 0.5\bar{m}) + 0.5\lambda_M^2(\boldsymbol{c}_1)\bar{m} \tag{3-18}$$

$$\begin{aligned}\boldsymbol{\theta}_2 = {} & 4\lambda_M(\boldsymbol{c}_1)\|\dot{\boldsymbol{\eta}}_d\|(\boldsymbol{C}_d + \boldsymbol{D}_d + 0.5\bar{m}) + \bar{m}\lambda_M(\boldsymbol{c}_1)\|\dot{\boldsymbol{\eta}}_d\| \\ & + \lambda_M(\boldsymbol{c}_1)[\boldsymbol{D}_f + \lambda_M(\boldsymbol{c}_1)\bar{m}] + 1\end{aligned} \tag{3-19}$$

$$\boldsymbol{\theta}_3 = 2(\boldsymbol{C}_d + \boldsymbol{D}_d + 0.5\bar{m}) \tag{3-20}$$

$$\boldsymbol{\theta}_4 = \boldsymbol{D}_f + \lambda_m(\boldsymbol{c}_1)\bar{m} \tag{3-21}$$

$$\boldsymbol{\theta}_5 = \|\dot{\boldsymbol{\eta}}_d\|[\boldsymbol{D}_f + \lambda_M(\boldsymbol{c}_1)\bar{m}] + \bar{m}\boldsymbol{\beta}_2 + \bar{d}_q + 2\|\dot{\boldsymbol{\eta}}_d\|^2(\boldsymbol{C}_d + \boldsymbol{D}_d + 0.5\bar{m}) \tag{3-22}$$

根据假设 3.1～假设 3.3 和性质 2.1～性质 2.3，$\boldsymbol{C}_d$、$\boldsymbol{D}_d$ 和 $\bar{m}$ 未知，且 $\dot{\boldsymbol{\eta}}_d$ 和 $\ddot{\boldsymbol{\eta}}_d$ 有界。存在未知的正常数 $\Theta_i(i=1,\cdots,5)$，满足 $\boldsymbol{\theta}_i \leqslant \Theta_i$。令 $\Theta = \max\{\Theta_1,\cdots,\Theta_5\}$，则式（3-17）可表示为

$$\|\boldsymbol{\varrho}(\boldsymbol{\upsilon},\dot{\boldsymbol{\alpha}})\| \leqslant \Theta\varphi(\boldsymbol{e}) \tag{3-23}$$

式中，

$$\varphi(\boldsymbol{e}) = \|\boldsymbol{e}_1\|^2 + \|\boldsymbol{e}_1\| + \|\boldsymbol{e}_2\|^2 + \|\boldsymbol{e}_2\| + 1 \tag{3-24}$$

且 $\boldsymbol{e} = [\boldsymbol{e}_1^{\mathrm{T}}, \boldsymbol{e}_2^{\mathrm{T}}]^{\mathrm{T}}$。显然，虚拟参数 Θ 未知且没有明确的物理意义。

注 3.5 根据假设 3.2 和性质 2.2、性质 2.3 及 $\boldsymbol{\varrho}(\boldsymbol{\upsilon},\dot{\boldsymbol{\alpha}})$ 表达式，得到 $\boldsymbol{\varrho}(\boldsymbol{\upsilon},\dot{\boldsymbol{\alpha}})$ 为复合函数向量，其中包含不确定项 $-\boldsymbol{M}\dot{\boldsymbol{\alpha}} - (\boldsymbol{C}(\boldsymbol{\upsilon})) + \boldsymbol{D}(\boldsymbol{\upsilon}))\boldsymbol{\upsilon}$、类扰动项 d_R 和已知项 $\boldsymbol{J}^{\mathrm{T}}(\psi)\boldsymbol{e}_1$。从式（3-23）可知 $\boldsymbol{\varrho}(\boldsymbol{\upsilon},\dot{\boldsymbol{\alpha}})$ 被转化为具有单个参数 Θ 的线性参数化形式。因此，在以下设计中，只需要在线更新一个未知参数 Θ，便可大大减少计算负担。值得注意的是，提取的基函数 $\varphi(\boldsymbol{e})$ 对于 $\boldsymbol{\varrho}(\boldsymbol{\upsilon},\dot{\boldsymbol{\alpha}})$ 并不唯一，也就是说不同的基函数 $\varphi(\boldsymbol{e})$ 必然会指向不同的虚拟参数 Θ。

综合式（3-10）和式（3-23）可得

$$\boldsymbol{e}_2^{\mathrm{T}}\boldsymbol{M}\dot{\boldsymbol{e}}_2 \leqslant \|\boldsymbol{e}_2\|\Theta\varphi(\boldsymbol{e}) + \boldsymbol{e}_2^{\mathrm{T}}\vartheta\boldsymbol{\tau}_c \tag{3-25}$$

根据式（3-25），设计如下控制律：

$$\boldsymbol{\tau}_c = -c_2\boldsymbol{e}_2 - \chi\hat{\Theta}\varphi^2(\boldsymbol{e})\boldsymbol{e}_2 \tag{3-26}$$

设计如下自适应律：

$$\dot{\hat{\Theta}} = \chi\varphi^2(\boldsymbol{e})\|\boldsymbol{e}_2\|^2 - \gamma\hat{\Theta} \tag{3-27}$$

式中，$c_2 > 0$，$\chi > 0$，$\gamma > 0$ 是设计参数。

注 3.6 在文献[14-15]中，矩阵 $\boldsymbol{M}$，$\boldsymbol{C}(\boldsymbol{\upsilon})$ 和 $\boldsymbol{D}(\boldsymbol{\upsilon})$ 必须满足参数化分解条件。

在文献[16-20]中，通过应用NN/FLS技术消除了参数化分解条件。在文献[18-21]中，采用MLP减少NN/FLS技术造成的计算负担。与文献[14-15]相比，本工作未强调参数化分解条件。与文献[16-19,21]相比，在式（3-26）中设计的控制律$\boldsymbol{\tau}_c$是无近似的。具体而言，本工作仅有一个未知参数需在线估计。

注 3.7 值得注意的是，在文献[16-21]中存在一个隐含假设：预设变量$\boldsymbol{\upsilon}$是有界的。显然，$\boldsymbol{\upsilon}$的界是未知的，这导致很难确定基函数域的边界，NN/FLS的近似精度也很难保证。在这项工作中，因并未对式（3-24）中的$\boldsymbol{\upsilon}$有界性进行假设，此类问题被很好地避免。相比之下，控制律（3-26）计算简单，在工程应用中易于实现。

构造如下Lyapunov函数：

$$V_1=\frac{1}{2}\boldsymbol{e}_1^{\mathrm{T}}\boldsymbol{e}_1+\frac{1}{2}\boldsymbol{e}_2^{\mathrm{T}}\boldsymbol{M}\boldsymbol{e}_2+\frac{1}{2\vartheta_0}(\Theta-\vartheta_0\hat{\Theta})^2 \tag{3-28}$$

对V_1求导并使用式（3-5）～式（3-8）和式（3-25），可得

$$\begin{aligned}\dot{V}_1&=\boldsymbol{e}_1^{\mathrm{T}}\dot{\boldsymbol{e}}_1+\boldsymbol{e}_2^{\mathrm{T}}M\dot{\boldsymbol{e}}_2-(\Theta-\vartheta_0\hat{\Theta})\dot{\hat{\Theta}}\\&=-\boldsymbol{e}_1^{\mathrm{T}}c_1\boldsymbol{e}_1+\boldsymbol{e}_1^{\mathrm{T}}\boldsymbol{J}^{\mathrm{T}}(\psi)\boldsymbol{e}_2-(\Theta-\vartheta_0\hat{\Theta})\dot{\hat{\Theta}}+\boldsymbol{e}_2^{\mathrm{T}}[\boldsymbol{\varrho}(\boldsymbol{\upsilon},\dot{\alpha})-\boldsymbol{J}(\psi)\boldsymbol{e}_1+\vartheta\boldsymbol{\tau}_c]\\&\leqslant-\boldsymbol{e}_1^{\mathrm{T}}c_1\boldsymbol{e}_1+\|\boldsymbol{e}_2\|\Theta\varphi(\boldsymbol{e})+\boldsymbol{e}_2^{\mathrm{T}}\vartheta\boldsymbol{\tau}_c-(\Theta-\vartheta_0\hat{\Theta})\dot{\hat{\Theta}}\end{aligned} \tag{3-29}$$

利用杨氏不等式，可得

$$\|\boldsymbol{e}_2\|\Theta\varphi(\boldsymbol{e})\leqslant\Theta\chi\|\boldsymbol{e}_2\|^2\varphi^2(\boldsymbol{e})+\frac{\Theta}{4\chi} \tag{3-30}$$

将式（3-26）、式（3-27）和式（3-30）代入式（3-29），可得

$$\begin{aligned}\dot{V}_1&\leqslant-\boldsymbol{e}_1^{\mathrm{T}}c_1\boldsymbol{e}_1+\Theta\chi\|\boldsymbol{e}_2\|^2\varphi^2(\boldsymbol{e})-\vartheta_0\chi\hat{\Theta}\varphi^2(\boldsymbol{e})\|\boldsymbol{e}_2\|^2+\frac{\Theta}{4\chi}-c_2\vartheta_0\boldsymbol{e}_2^{\mathrm{T}}\boldsymbol{e}_2-(\Theta-\vartheta_0\hat{\Theta})[\chi\varphi^2(\boldsymbol{e})\|\boldsymbol{e}_2\|^2-\gamma\hat{\Theta}]\\&\leqslant-\boldsymbol{e}_1^{\mathrm{T}}c_1\boldsymbol{e}_1-c_2\vartheta_0\boldsymbol{e}_2^{\mathrm{T}}\boldsymbol{e}_2-\frac{\gamma}{\vartheta_0}(\Theta-\vartheta_0\hat{\Theta})^2+\frac{\gamma}{\vartheta_0}(\Theta-\vartheta_0\hat{\Theta})\Theta+\frac{\Theta}{4\chi}\\&\leqslant-\boldsymbol{e}_1^{\mathrm{T}}c_1\boldsymbol{e}_1-c_2\vartheta_0\boldsymbol{e}_2^{\mathrm{T}}\boldsymbol{e}_2-\gamma\frac{(\Theta-\vartheta_0\hat{\Theta})^2}{2\vartheta_0}+\frac{\gamma\Theta}{2\vartheta_0}+\frac{\Theta}{4\chi}\leqslant-\kappa V+\omega\end{aligned} \tag{3-31}$$

式中，$\kappa=\min\{2\lambda_{\mathrm{m}}(c_1),2c_2\vartheta_0/\lambda_M(M),\gamma\}$，并且$\omega=\gamma\Theta/2\vartheta_0+\Theta/4\chi$。

根据以上结论，得到以下定理。

定理 3.1 在假设3.1～假设3.3下，针对受到非参数不确定性、未知扰动和输

入饱和影响的 MSV 跟踪控制问题，考虑由自适应律（3-27）、虚拟控制律（3-28）及控制律（3-26）组成闭环轨迹跟踪控制系统。选择适当的设计参数c_1，c_2，χ和γ，闭环跟踪控制系统中所有信号的一致均匀有界性，且保证跟踪误差$\boldsymbol{e}_1=\boldsymbol{\eta}-\boldsymbol{\eta}_d$能够稳定在一个小的残差集$\Pi=\{\boldsymbol{e}_1\in\mathbf{R}^3 \mid \|\boldsymbol{e}_1\|\leqslant\zeta,\zeta\leqslant\sqrt{2\omega/\kappa}\}$内。

证明：求解式（3-31）的范围。

$$V_1\leqslant\left[V_1(0)-\frac{\omega}{\kappa}\right]e^{-\kappa t}+\frac{\omega}{\kappa} \tag{3-32}$$

式中，$V_1(0)$是V_1的初始值。根据式（3-32），V_1是有界的，因此，从式（3-28）可得到$\boldsymbol{e}_1$，$\boldsymbol{e}_2$和$\Theta-\vartheta_0\hat{\Theta}$是有界的；根据$\boldsymbol{\tau}_c$的有界性，得到$\hat{\Theta}$和$\varphi(\boldsymbol{e})$也是有界的；根据假设 3.3 和$\boldsymbol{e}_1$的有界性，得到$\boldsymbol{\eta}$和$\boldsymbol{\alpha}_1$有界；并且，从$\boldsymbol{\alpha}_1$和$\boldsymbol{e}_2$的有界性来看，$\boldsymbol{\upsilon}$也是有界的；因此，闭环控制系统中所有的信号有界。

此外，根据式（3-28）和式（3-32），可得

$$\|\boldsymbol{e}_1\|\leqslant\sqrt{2[V_1(0)-\omega/\kappa]\boldsymbol{e}^{-\kappa t}+2\omega/\kappa} \tag{3-33}$$

从式(3-32)中可得，对于$\forall\geqslant\sqrt{2\omega/\kappa}$，有一个常数$T_\zeta>0$，例如对于$\forall\geqslant T_\zeta$，有$\|\boldsymbol{e}_1\|\leqslant\zeta$。因此，MSV 跟踪误差$\boldsymbol{e}_1$可以稳定在$\Pi=\{\boldsymbol{e}_1\in\mathbf{R}^3 | \|\boldsymbol{e}_1\|\leqslant\zeta,\zeta\leqslant\sqrt{2\omega/\kappa}\}$。从而证明了定理 3.1 成立。此外，图 3.1 给出了全状态反馈控制方案的示意图。

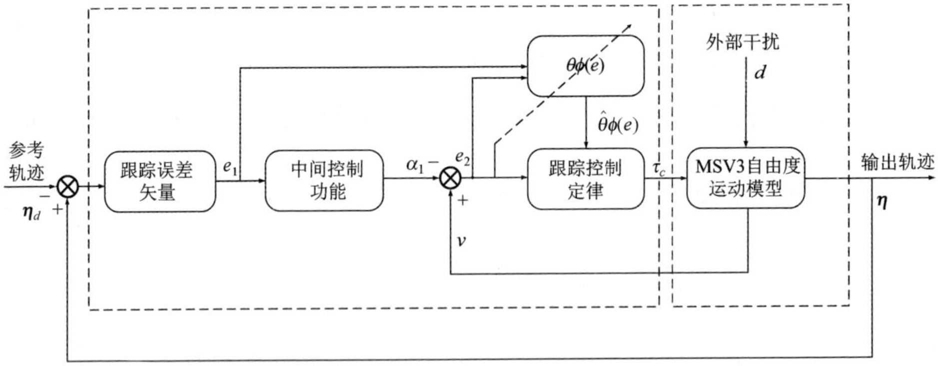

图 3.1 全状态反馈控制方案的示意图

3.2.2 输出反馈控制律设计

上述全状态可测性的情况已被考虑在内，即$\boldsymbol{\upsilon}$和$\boldsymbol{\eta}$在控制设计中可用。然而在实践中，由于传感器故障或其他因素，船舶速度不容易获得。本节中将采用一个 HGO 来恢复不可测速度，以处理 MSVs 的跟踪控制问题。

考虑以下系统：

$$\begin{cases} \varepsilon\dot{\varsigma}_1 = \varsigma_2 \\ \varepsilon\dot{\varsigma}_2 = -l_1\varsigma_2 - \varsigma_1 + \boldsymbol{\eta} \end{cases} \tag{3-34}$$

式中，$\varsigma_1 \in \mathbf{R}^3$ 和$\varsigma_2 \in \mathbf{R}^3$ 是系统状态，ε 是一个小的正常数且$\varepsilon \ll 1$。

根据文献[16]中的引理 2.3，对于$\forall t > t_f$，$\left\|\frac{\varsigma_2}{\varepsilon} - \dot{\boldsymbol{\eta}}\right\|$有界。因此，$\frac{\varsigma_2}{\varepsilon}$可用来获得一个近似值$\dot{\boldsymbol{\eta}}$，即

$$\dot{\hat{\boldsymbol{\eta}}} = \frac{\varsigma_2}{\varepsilon} \tag{3-35}$$

根据（3-1）和式（3-34），UMSV 的速度矢量$\hat{\boldsymbol{\upsilon}}$估计可表示为

$$\hat{\boldsymbol{\upsilon}} = \boldsymbol{J}^{\mathrm{T}}(\psi)\frac{\varsigma_2}{\varepsilon} \tag{3-36}$$

由于$\left\|\frac{\varsigma_2}{\varepsilon} - \dot{\boldsymbol{\eta}}\right\|$的有界性，存在一个正常数$\overline{\ell}$使得$\left\|\frac{\varsigma_2}{\varepsilon} - \dot{\boldsymbol{\eta}}\right\| \leqslant \overline{\ell}$。此外，使用式（3-1）和式（3-36），速度的$\boldsymbol{\upsilon}$估计误差$\tilde{\boldsymbol{\upsilon}} = \hat{\boldsymbol{\upsilon}} - \boldsymbol{\upsilon}$ 由下式给出：

$$\tilde{\boldsymbol{\upsilon}} = \boldsymbol{J}^{\mathrm{T}}(\psi)\left(\frac{\varsigma_2}{\varepsilon} - \dot{\boldsymbol{\eta}}\right) \tag{3-37}$$

根据性质 2.1 和$\left\|\frac{\varsigma_2}{\varepsilon} - \dot{\boldsymbol{\eta}}\right\| \leqslant \overline{\ell}$，可得

$$\|\tilde{\boldsymbol{\upsilon}}\| \leqslant \varepsilon\overline{\ell} \tag{3-38}$$

根据式（3-6）和式（3-35），速度误差向量的估计值被定义为

$$\hat{\boldsymbol{e}}_2 = \hat{\boldsymbol{\upsilon}} - \boldsymbol{\alpha}_1 \tag{3-39}$$

式中，$\boldsymbol{\alpha}_1$在式（3-8）中定义，并且它由$\boldsymbol{\eta}$和假设 3.3 的有界性有界。跟踪误差$\boldsymbol{e}_1 = \boldsymbol{\eta} - \boldsymbol{\eta}_d$是有界的。此外，从式（3-36）和$\boldsymbol{\alpha}_1$的有界性，可得$\|\hat{\boldsymbol{e}}_2\|$以$\overline{\beta}$为界。

基于此，关于式（3-21）中的非线性函数$\varphi(\boldsymbol{e})$的以下引理将涉及控制设计。

引理 3.1 根据定理 3.1 对式（3-21）中的非线性函数 $\varphi(\boldsymbol{e})$，存在正常数 $\bar{\varphi}$，使得以下不等式成立：

$$\varphi(\boldsymbol{e}) \leqslant \varphi(\hat{\boldsymbol{e}}) + \bar{\varphi} \tag{3-40}$$

式中，$\tilde{\boldsymbol{e}} = \boldsymbol{e} - \hat{\boldsymbol{e}}$，$\hat{\boldsymbol{e}} = [\boldsymbol{e}_1^{\mathrm{T}}, \hat{\boldsymbol{e}}_2^{\mathrm{T}}]$，且 $\varphi(\hat{\boldsymbol{e}}) = \|\boldsymbol{e}_1\|^2 + \|\boldsymbol{e}_1\| + \|\hat{\boldsymbol{e}}_2\|^2 + \|\hat{\boldsymbol{e}}_2\| + 1$。

证明：从式（3-6）、式（3-38）和式（3-39），可得

$$\|\tilde{\boldsymbol{e}}_2\| = \|\boldsymbol{\upsilon} - \hat{\boldsymbol{\upsilon}}\| \leqslant \varepsilon \bar{\ell} \tag{3-41}$$

根据式（3-24）、利用式（3-41）、$\tilde{\boldsymbol{e}}_2 = \boldsymbol{e}_2 - \hat{\boldsymbol{e}}_2$ 和杨氏不等式，可得

$$\begin{aligned}\varphi(\boldsymbol{e}) &= \|\boldsymbol{e}_1\|^2 + \|\boldsymbol{e}_1\| + \|\tilde{\boldsymbol{e}}_2 + \hat{\boldsymbol{e}}_2\|^2 + \|\tilde{\boldsymbol{e}}_2 + \hat{\boldsymbol{e}}_2\| + 1 \\ &\leqslant \|\boldsymbol{e}_1\|^2 + \|\boldsymbol{e}_1\| + 2\|\hat{\boldsymbol{e}}_2\|^2 + 2\|\tilde{\boldsymbol{e}}_2\|^2 + \|\hat{\boldsymbol{e}}_2\| + \|\tilde{\boldsymbol{e}}_2\| + 1\end{aligned} \tag{3-42}$$

令 $\tilde{\varphi} = \varphi(\boldsymbol{e}) - \varphi(\hat{\boldsymbol{e}})$，可得

$$\tilde{\varphi} \leqslant \|\hat{\boldsymbol{e}}_2\| + 2\|\tilde{\boldsymbol{e}}\|^2 + \|\tilde{\boldsymbol{e}}\| \leqslant \bar{\beta}^2 + 2(\varepsilon\bar{\ell})^2 + \varepsilon\bar{\ell} = \bar{\varphi} \tag{3-43}$$

因此，$\tilde{\varphi}$ 有界，即证明了引理 3.1。

基于上述 HGO（3-34），为 MSVs 的轨迹跟踪控制系统设计以下输出反馈控制律：

$$\boldsymbol{\tau}_{co} = -c_2\hat{\boldsymbol{e}}_2 - \chi\hat{\Theta}\varphi^2(\hat{\boldsymbol{e}})\hat{\boldsymbol{e}}_2 \tag{3-44}$$

设计如下自适应律：

$$\dot{\hat{\Theta}} = \chi\varphi^2(\hat{\boldsymbol{e}})\|\hat{\boldsymbol{e}}_2\|^2 - \gamma\hat{\Theta} \tag{3-45}$$

构造如下李亚普诺夫函数：

$$V_2 = \frac{1}{2}\boldsymbol{e}_1^{\mathrm{T}}\boldsymbol{e}_1 + \frac{1}{2}\boldsymbol{e}_2^{\mathrm{T}}\boldsymbol{M}\boldsymbol{e}_2 + \frac{1}{2\vartheta}(\Theta - \vartheta_0\hat{\Theta})^2 \tag{3-46}$$

对 V_2 求导并根据性质 2.4、式（3-6）～式（3-8）、式（3-23）、式（3-30）、式（3-38）、式（3-40）、式（3-41）和杨氏不等式可得

$$\begin{aligned}\dot{V}_2 &= \boldsymbol{e}_1^{\mathrm{T}}\dot{\boldsymbol{e}}_1 + \boldsymbol{e}_2^{\mathrm{T}}\boldsymbol{M}\dot{\boldsymbol{e}}_2 - (\Theta - \vartheta_0\hat{\Theta})\dot{\hat{\Theta}} \leqslant -\boldsymbol{e}_1^{\mathrm{T}}\boldsymbol{c}_1\boldsymbol{e}_1 + \chi\|\boldsymbol{e}_2\|^2\Theta\varphi^2(\hat{\boldsymbol{e}}) + \frac{\vartheta_0}{2}\|\boldsymbol{e}_2\|^2 + \\ &\quad \frac{1}{2\vartheta_0}\Theta^2\bar{\varphi}^2 - \boldsymbol{e}_2^{\mathrm{T}}\vartheta(\boldsymbol{c}_2\hat{\boldsymbol{e}}_2 + \chi\hat{\Theta}\varphi^2(\hat{\boldsymbol{e}})\hat{\boldsymbol{e}}_2) - (\Theta - \vartheta_0\hat{\Theta})(\chi\varphi^2(\hat{\boldsymbol{e}})\|\hat{\boldsymbol{e}}_2\|^2 - \gamma\hat{\Theta}) + \frac{\Theta}{4\chi} \\ &\leqslant -\boldsymbol{e}_1^{\mathrm{T}}\boldsymbol{c}_1\boldsymbol{e}_1 - (c_2 - 2)\vartheta_0\boldsymbol{e}_2^{\mathrm{T}}\boldsymbol{e}_2 - \frac{\gamma}{4\vartheta_0}(\Theta - \vartheta_0\hat{\Theta})^2 + \frac{\gamma\Theta}{2\vartheta_0} + \frac{1}{4}\vartheta_0\boldsymbol{c}_2^2(\varepsilon\hbar_2)^2 + \\ &\quad \frac{1}{4}\chi^2\Theta^2\varphi^4(\hat{\boldsymbol{e}})(\varepsilon\hbar_2)^2 + \frac{1}{\gamma}\vartheta_0\chi^2\varphi^4(\hat{\boldsymbol{e}})\bar{\beta}^2(\varepsilon\hbar_2)^2\end{aligned} \tag{3-47}$$

由于 $\boldsymbol{e}_1$ 和 $\hat{\boldsymbol{e}}_2$ 的有界性，得到了 $\varphi(\hat{\boldsymbol{e}}_2)$ 的有界性，即存在一个正常数 $\bar{\varphi}_0$ 满足 $\varphi(\hat{\boldsymbol{e}}_2)\leqslant\bar{\varphi}_0$。

将 $\varphi(\hat{\boldsymbol{e}}_2)\leqslant\bar{\varphi}_0$ 代入式（3-47）可得

$$
\begin{aligned}
\dot{V}_2 &\leqslant -\lambda_M(c_1)\|\boldsymbol{e}_1\|^2-(\boldsymbol{c}_2-2)\vartheta_0\|\boldsymbol{e}_2\|^2-\frac{\gamma}{4\vartheta_o}(\Theta-\vartheta_0\hat{\Theta})^2+\omega_0 \\
&\leqslant -\kappa_o V_2+\omega_o
\end{aligned}
\tag{3-48}
$$

式中，设计参数 c_2 应满足 $c_2>2$，$\kappa_o=\min\{2\lambda_m(\boldsymbol{c}_1),2(\boldsymbol{c}_2-2)\vartheta_0/\lambda_M(M),\gamma/2\}$，且 $\omega_o=\vartheta_0 c_2^2(\varepsilon\bar{\ell})^2/4+\chi^2\Theta^2\varphi_o^4(\varepsilon\bar{\ell})^2/4+\vartheta_0\chi^2\varphi_o^4\bar{\beta}^2(\varepsilon\bar{\ell})^2/\gamma+\gamma\Theta/(2\vartheta_0)$。

根据以上结论得到以下定理。

定理 3.2 在假设 3.1～假设 3.3 下，针对受到非参数不确定性、未知干扰和输入饱和影响的 MSV 跟踪控制问题，考虑由自适应律（3-45）、虚拟控制律（3-12）和控制律（3-44）组成的闭环轨迹跟踪控制系统。通过适当选择设计参数，使轨迹跟踪误差 $\boldsymbol{e}_1=\boldsymbol{\eta}-\boldsymbol{\eta}_d$ 稳定在一个小的残差集 $\Pi=\{\boldsymbol{e}_1\in\mathbf{R}^3|\,\|\hat{\boldsymbol{e}}_2\|\leqslant\zeta,\zeta\leqslant\sqrt{2\omega/\kappa}\}$ 内，闭环跟踪控制系统中所有信号一致均匀有界。

证明：定理 3.2 的证明与定理 3.1 相同。为了简明，此处省略了详细的分析。图 3.2 给出了输出反馈控制方案的示意图。

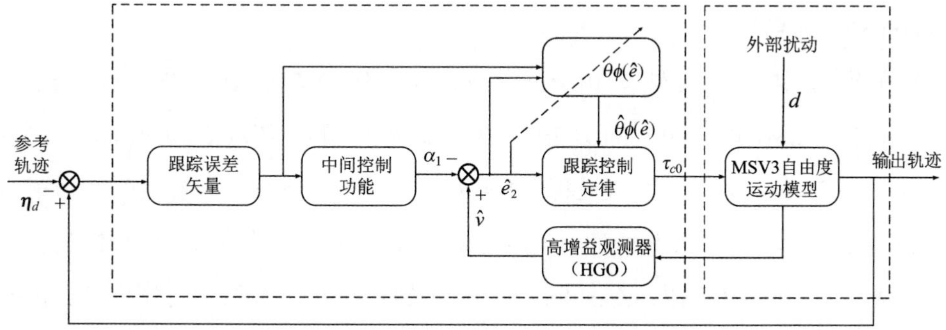

图 3.2 输出反馈控制方案的示意图

注 3.8 应当指出，用于 MSVs 的基于 HGO 的输出反馈控制方案涉及一个保守条件，即位置向量 $\boldsymbol{\eta}$ 需要有界。在此背景下，文献[25]引入了预设性能控制（Prescribed Performance Control，PPC）方法[22]。不可否认，基于 PPC 的方法也是解决问题的方法之一。但即使如此，保守条件仍未完全消除，因为在闭环跟踪控制系统建立之前，控制律不能保证达到规定的性能。在这项工作中，采用传统的操作，即设计了两个结构相同的控制律，式中一个是状态反馈控制律（3-26），另一个是输出反馈控制律（3-44）。对于这个问题，文献[16,23]也采用了这样的操作。

注 3.9 实际上，由于推进系统提供的推进力和力矩总是有限的，所以速度是有界的，表示为 $\boldsymbol{\upsilon}_{\max}$。由式（2.2）和性质 2.3，可得 $\bar{\boldsymbol{d}} < \|\boldsymbol{\tau}\| < (\boldsymbol{C}_d + \boldsymbol{D}_d)\|\boldsymbol{\upsilon}_{\max}\|^2 + \boldsymbol{D}_f\|\boldsymbol{\upsilon}_{\max}\| + \bar{d}$（如果 $\boldsymbol{\upsilon} = \boldsymbol{\upsilon}_{\max}$，那么 $\dot{\boldsymbol{\upsilon}} = 0$）。因此，振幅约束和扰动界限与模型参数之间存在明确关系。此外，初始条件（如 $e_1(0)$ 和 $e_2(0)$）会影响控制命令 $\boldsymbol{\tau}_c$，$\boldsymbol{\tau}_{co}$，因为 $\boldsymbol{\tau}_c$，$\boldsymbol{\tau}_{co}$ 分别包含 $\varphi(\boldsymbol{e})$ 和 $\varphi(\hat{\boldsymbol{e}})$。然而，很难在振幅约束和初始条件 $e_1(0)$、$e_2(0)$ 之间建立明确关系。

3.2.3 仿真验证

本节使用名为 CyberShip II 的比例模型作为试验对象来验证控制方案的有效性，式（2.1）和式（2.2）给出的 UMSV 的动态参数可以在文献[14]中详细获得。此外，为说明本章所设计的控制律的优越性，与文献[16,24]中提出的控制律进行了仿真比较。

在模拟中，参考轨迹由 $\dot{\boldsymbol{\eta}}_d = \boldsymbol{J}(\psi_d)\boldsymbol{\upsilon}_d$，$\boldsymbol{M}\dot{\upsilon}_d + \boldsymbol{C}(\boldsymbol{\upsilon}_d)\boldsymbol{\upsilon}_d + \boldsymbol{D}(\boldsymbol{\upsilon}_d)\boldsymbol{\upsilon}_d = \boldsymbol{\tau}_d$ 和 $\boldsymbol{\tau}_d = [0.5, 0.2\cos(0.01\pi t), 0.1\sin(0.02\pi t)]^{\mathrm{T}}$ 生成。外部扰动取为 $\boldsymbol{d} = \boldsymbol{J}^{\mathrm{T}}(\psi)\boldsymbol{b}$，式中 $\dot{\boldsymbol{b}} = -^{-1}\boldsymbol{b} + \Gamma\boldsymbol{\hbar}$ 是一阶马尔可夫过程，$\boldsymbol{\hbar} \in \mathbf{R}^3$ 是高斯白噪声过程。驱动力和力矩的大小由 $\boldsymbol{\tau}_{1,m} = \boldsymbol{\tau}_{2,m} = 5(\mathrm{N})$ 和 $\boldsymbol{\tau}_{1,m} = \boldsymbol{\tau}_{3,m} = 3.5(\mathrm{N\cdot m})$ 给出。本节将讨论两种情况，包括全状态反馈控制和输出反馈控制。首先，采用全状态反馈控制方案，考虑鲁棒自适应轨迹跟踪控制律 $\boldsymbol{\tau}_0$。其次，在船舶速度未知的情况下，利用输出反馈控制方案，应用鲁棒自适应输出反馈轨迹跟踪控制律。

对于状态反馈和输出反馈控制方案，设计参数和初始状态值见表 3.1。

表 3.1　设计参数和初始状态值

索引	项	值
设计参数	$\boldsymbol{c}_1$	diag(0.2,0.2, 0.2)
	c_2	6
	χ	6
	γ	0.0001
	ε	0.0002
	l_1	diag(2, 2, 2)
	$\boldsymbol{r}$	diag(2, 2, 2)
	Γ	diag(3,3,2)
初始值	$\boldsymbol{\eta}(0)$	$[0,0,-0.1]^{\mathrm{T}}$
	$\boldsymbol{v}(0)$	$[0,0,0]^{\mathrm{T}}$
	$\Theta(0)$	0
	$\boldsymbol{b}(0)$	$[0.5,0.5, 0.5]^{\mathrm{T}}$
	$\varsigma_1(0)$	$[0,0,0]^{\mathrm{T}}$
	$\varsigma_2(0)$	$[0,0,0]^{\mathrm{T}}$

1. 全状态反馈控制

状态反馈下的仿真结果如图 3.3 所示。此外，为了定量评估控制律（3-26）的轨迹跟踪控制性能，跟踪误差和控制效果的性能指标总结在表 3.2 中，式中积分时间绝对误差（Integral Time Absolute Error，ITAE）、积分绝对误差（Integral Absolute Error，IAE）和平均积分绝对控制（Mean Integrated Absolute Control，MIAC）用于评估轨迹跟踪控制中的稳态性能和能量消耗特性，ITAE、IAE 和 MIAC 定义为

$$\mathrm{ITAE}=\int_0^{t_s} t\left|\boldsymbol{e}_i(t)\right| dt$$

$$\mathrm{IAE}=\int_0^{t_s}\left|\boldsymbol{e}_i(t)\right| dt$$

$$\mathrm{MIAC}=\frac{1}{t_s}\int_0^{t_s}\left|\boldsymbol{\tau}_i(t)\right| dt,\quad i=1,2,3$$

图 3.3（a）、图 3.3（b）为在存在非参数不确定性、外部干扰和输入饱和的情况下船舶的实际轨迹跟踪参考轨迹，这表明控制律（3-26）可以确保 MVS 位置

(x, y) 和偏航角的有界性。跟踪误差的持续时间曲线如图 3.3（c）所示，这表明跟踪误差 e_1 是有界的。图 3.3（d）表明了纵荡速度 u、摇摆速度 v 和横摆角速度 r 是有界的，图 3.3（e）表示控制输入 $\boldsymbol{\tau}$ 的曲线，从中可以看出，在提出的方案下，控制力和力矩是有界的和合理的。图 3.3（f）给出了自适应参数 $\hat{\Theta}$ 的估计值。这些结果表明闭环控制系统的所有信号都是有界的。

表 3.2　本章提出的 RAC 方案(Chen et al., 2016)和 ANN 方案(Tee and Ge, 2006)的性能指标

评价指标	内容	方法		RAC	ANN	
		SF	OF		SF	OF
ITAE	$\boldsymbol{S}_{1,1}$	63.11	63.14	66.76	183.9	183.9
	$\boldsymbol{S}_{1,2}$	49.06	49.43	67.91	143.3	141.8
	$\boldsymbol{S}_{1,3}$	18.93	18.71	42.69	33.81	33.68
IAE	$\boldsymbol{S}_{1,1}$	9.911	9.914	8.184	11.03	11.02
	$\boldsymbol{S}_{1,2}$	4.883	4.887	4.622	7.448	7.413
	$\boldsymbol{S}_{1,3}$	0.79	0.786	1.37	0.959	0.956
MIAC	$\boldsymbol{\tau}_1$	0.97	0.971	1.628	1.587	1.587
	$\boldsymbol{\tau}_2$	0.763	0.764	1.208	1.119	1.124
	$\boldsymbol{\tau}_3$	0.538	0.537	0.59	0.573	0.576

注：　SF 表示状态反馈，OF 表示输出反馈。

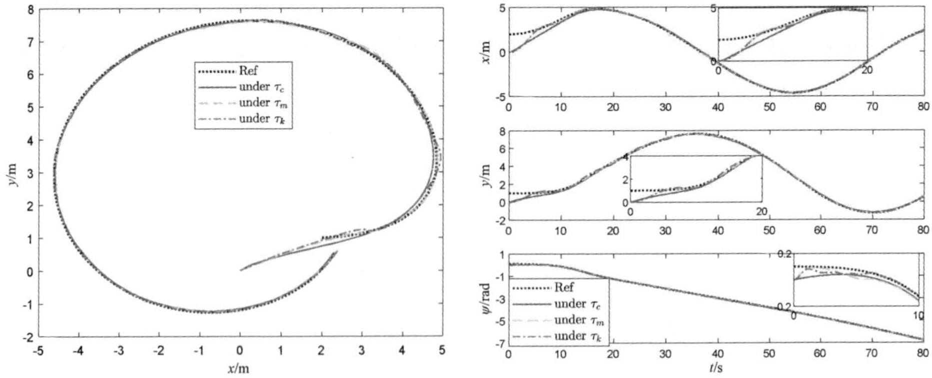

（a）平面内的实际和参考轨迹　　（b）实际和参考位置以及偏航角

图 3.3（一）　状态反馈下的仿真结果

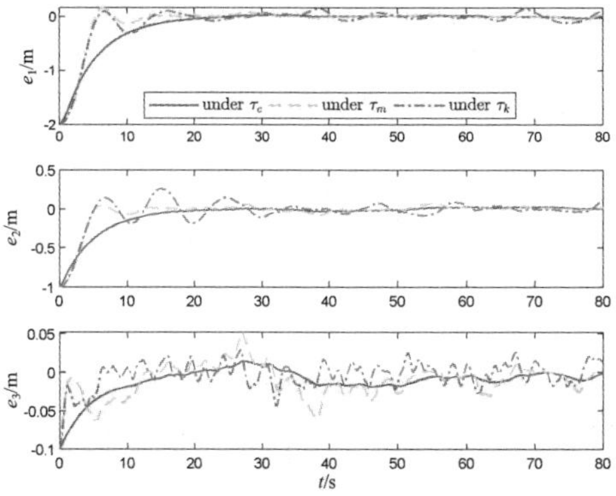

（c）跟踪误差

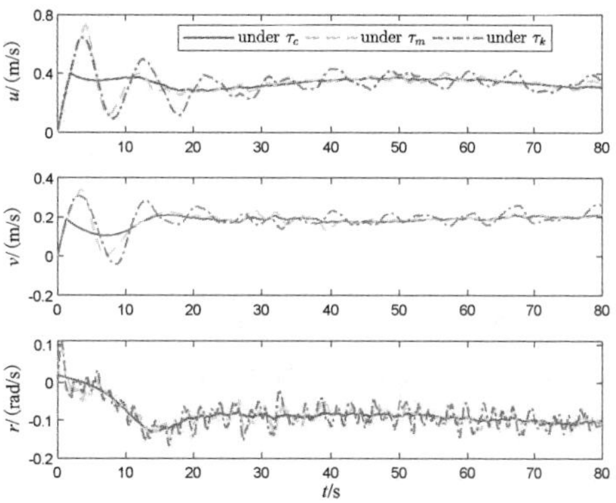

（d）船舶速度

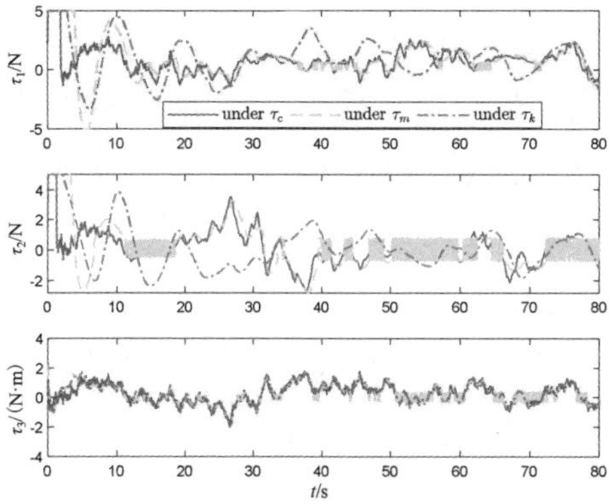

（e）控制输入

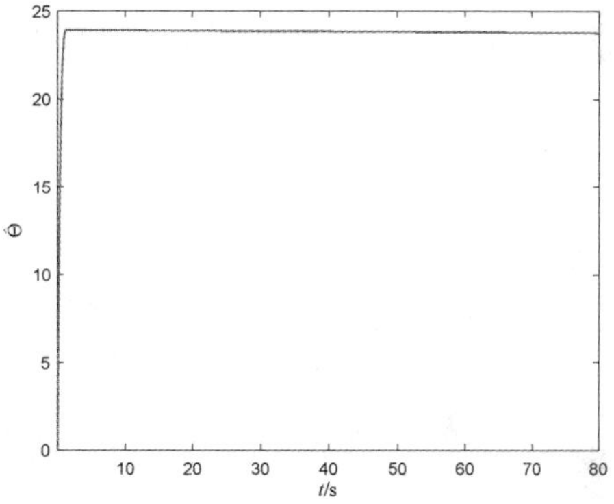

（f）$\hat{\Theta}$ 的估计值

图 3.3（二） 状态反馈下的仿真结果

此外，为了进一步说明所设计控制律的优越性，还分别与文献[5,13]中提出的控制律进行了仿真比较。文献[13]中设计如下控制律：

$$\boldsymbol{\tau}_m = -\boldsymbol{J}^{\mathrm{T}}(\psi)e_1 - \boldsymbol{c}e_2 - \varphi_1(Z)\hat{\Theta}_c - \boldsymbol{\zeta} - \operatorname{sgn}(e_2)\hat{\hat{\boldsymbol{d}}} \tag{3-49}$$

设计如下自适应律：

$$\dot{\hat{\Theta}}_c = \Xi_1[\boldsymbol{\varphi}_1^{\mathrm{T}}(Z)\boldsymbol{e}_2 + \sigma_1\widehat{\Theta}_c] \tag{3-50}$$

$$\dot{\hat{\boldsymbol{d}}} = \Xi_2\{\operatorname{diag}[\operatorname{sgn}(\boldsymbol{e}_2)]\boldsymbol{e}_2 - \sigma_2\hat{\hat{\boldsymbol{d}}}\} \tag{3-51}$$

式中，$\operatorname{diag}(\operatorname{sig}(\boldsymbol{e}_2)) = \operatorname{diag}(\operatorname{sgn}(\boldsymbol{e}_{2,1}), \operatorname{sgn}(\mathrm{v}_{2,2}), \operatorname{sgn}(\boldsymbol{e}_{2,3}))$，$\boldsymbol{c} = \boldsymbol{c}^{\mathrm{T}} \in \mathbf{R}^{3\times3}$，$\Xi_1 = \Xi_1^{\mathrm{T}} \in \mathbf{R}^{19\times19}$ 和 $\Xi_2 = \Xi_2^{\mathrm{T}} \in \mathbf{R}^{3\times3}$ 是正定设计矩阵。$\sigma_i > 0(i=1,2)$ 是设计常数，辅助变量 $\boldsymbol{\zeta} \in \mathbf{R}^{3\times3}$ 用于处理输入饱和的影响。式（3-50）中，$\boldsymbol{\zeta}$、$\Theta_c \in \mathbf{R}^{19}$ 和 $\varphi_1(\boldsymbol{Z}) \in \mathbf{R}^{3\times19}$ 的

详细表达式见文献[13]。此外，在文献[15]中的控制律为

$$\boldsymbol{\tau}_k = -\boldsymbol{J}^{\mathrm{T}}(\psi)\boldsymbol{e}_1 - \boldsymbol{k}\boldsymbol{e}_2 - \hat{\boldsymbol{W}}\boldsymbol{S}(\boldsymbol{X}) \tag{3-52}$$

设计如下自适应律：

$$\dot{\hat{\boldsymbol{W}}}_i = -\boldsymbol{\Lambda}_i[\boldsymbol{S}_i(\boldsymbol{X})\boldsymbol{e}_{2,i} + \bar{\sigma}_i\hat{\boldsymbol{W}}_i]，\ i=1,2,3 \tag{3-53}$$

式中，$\boldsymbol{X}=[\boldsymbol{\eta}^{\mathrm{T}},\boldsymbol{\upsilon}^{\mathrm{T}},\boldsymbol{\alpha}_1^{\mathrm{T}},\dot{\boldsymbol{\alpha}}_1^{\mathrm{T}}]^{\mathrm{T}}$、$\boldsymbol{W}\in\mathbf{R}^{3\ell\times3\ell}$ 和 $\boldsymbol{S}(\boldsymbol{X})\in\mathbf{R}^{3\ell}$ 是权重向量，径向基函数向量 $\ell=20$ 是神经网络的节点数，$\boldsymbol{k}\in\mathbf{R}^{3\times3}$ 和 $\boldsymbol{\Lambda}_i\in\mathbf{R}^{\ell\times\ell}$ 是设计矩阵，$\bar{\sigma}_i$ 是设计常数。

图 3.3（a）～（e）分别用虚线和点划线画出了控制律 $\boldsymbol{\tau}_m$ 和 $\boldsymbol{\tau}_k$ 下的模拟结果，性能指标也总结在表 3.2 中。从图 3.3（a）～（d）可以清楚地看出，$\boldsymbol{\tau}_m$ 和 $\boldsymbol{\tau}_k$ 的瞬态性能优于本章节提出方案，而提出方案的稳态性能优于表 3.2 和图 3.3（c）。此外，图 3.3（e）和表 3.2 表明，在提出控制律下的 MIAC 比在 $\boldsymbol{\tau}_m$ 和 $\boldsymbol{\tau}_k$ 下的小，并且由于式（3-54）中 $\mathrm{diag}(\mathrm{sgn}(\boldsymbol{e}_2))\boldsymbol{e}_2$ 项的使用，在 $\boldsymbol{\tau}_m$ 下的控制力和力矩是抖动的。需要特别指出的是，在工作中，只有一个未知参数 Θ 需要在线更新，而在文献[5,13]中，有 22 个 $3\times\ell$ 参数需要在线更新。相比之下，本章节所提出的方案计算负担较低。此外，从表 3.2 中的指标 ITAE、IAE 和 MIAC 可以清楚地发现，在设计控制下的 $\boldsymbol{\tau}_c$，稳态性能最好、能耗最低。因此，对于具有非参数不确定性、外部干扰和输入饱和的 UMSVs 轨迹跟踪控制问题，作者提出的方案具有较好的控制性能和较低的计算负担。

2. 输出反馈控制

本节测试提出输出反馈控制方案的有效性，并与文献[5]中提出的自适应神经网络输出反馈控制方案进行比较。在文献[5]中开发的输出反馈控制法则为：

$$\boldsymbol{\tau}_{ko} = -\boldsymbol{J}^{\mathrm{T}}(\psi)\boldsymbol{e}_1 - k\hat{\boldsymbol{e}}_2 + \hat{\boldsymbol{W}}\boldsymbol{S}(\hat{\boldsymbol{X}}) \tag{3-54}$$

设计如下自适应律：

$$\dot{\hat{\boldsymbol{W}}}_i = -\boldsymbol{\Lambda}_i[\boldsymbol{S}_i(\hat{\boldsymbol{X}})\hat{\boldsymbol{e}}_{2,i} + \bar{\boldsymbol{\sigma}}_i\hat{\boldsymbol{W}}_i]，\ i=1,2,3 \tag{3-55}$$

在仿真中，提出方案的设计参数和初始状态可以在表 3.1 中看到，并且设计参数 $\boldsymbol{\tau}_{ko}$ 可以在文献[16]中得到。控制律 $\boldsymbol{\tau}_{ko}$ 和 $\boldsymbol{\tau}_{co}$ 下的仿真结果如图 3.4 所示，两种控制方案的性能指标也总结在表 3.2 中。图 3.4（a）、（b）显示了在两种控制律 $\boldsymbol{\tau}_{ko}$ 和 $\boldsymbol{\tau}_{co}$ 下的跟踪控制性能，这表明 $\boldsymbol{\tau}_{ko}$ 比 $\boldsymbol{\tau}_{co}$ 控制律表现出更好的瞬态性能。然而，相比之下，控制律 $\boldsymbol{\tau}_{co}$ 表现出优越的稳态性能，这也可以从表 3.2 中获得。从图 3.4（e）和

表 3.2 可以发现，控制律$\boldsymbol{\tau}_{co}$下的 MIAC 小于$\boldsymbol{\tau}_{ko}$，这表明控制律$\boldsymbol{\tau}_{co}$的能量消耗相对较低。此外，图 3.4 和表 3.2 中呈现的仿真结果表明，与文献[5]中提出的方案相比，在相同场景下，提出的控制方案不仅节省能量，而且计算负担低。因此，本章提出的输出反馈控制律是有效的，对于非参数不确定性、外部干扰和输入饱和下的速度不可测，具有良好的控制性能。

3. 鲁棒性测试

考虑到机动条件和外部干扰对 MSV 模型参数的影响，MSV 模型参数存在摄动。在这种情况下，在本节考虑了具有扰动的模型参数，并且在两种情况下进行仿真来测试跟踪方案的鲁棒性。在情况 1 中，模型参数的扰动为$\Delta \boldsymbol{M} = 30\%\boldsymbol{M}$、$\Delta \boldsymbol{C}(\boldsymbol{\upsilon}) = 30\%$和$\Delta \boldsymbol{D}(\boldsymbol{\upsilon}) = 30\%\boldsymbol{D}(\boldsymbol{\upsilon})$，外部扰动与 3.2.3 节相同；在情况 2 中，模型参数的扰动与情况 1 相同，外部扰动取为$\boldsymbol{d} = \boldsymbol{J}^{\mathrm{T}}(\psi)(\boldsymbol{b}+\varpi)$，式中$\varpi = \begin{bmatrix} 0.8[\sin(0.02\pi t + \pi/4) + \cos(0.01\pi t)] \\ 0.8[\cos(0.02\pi t - \pi/8) - \sin(0.05\pi t)] \\ 0.8[\sin(0.01\pi t + \pi/3) + \cos(0.01\pi t)] \end{bmatrix}$。在仿真中，设计参数和初始状态与表 3.2 中给出的一致。图 3.3、图 3.4 和表 3.3 分别给出了控制法则$\boldsymbol{\tau}_{co}$和$\boldsymbol{\tau}_{c}$下的仿真结果和量化指标。图 3.5 和图 3.6 给出了状态反馈和输出反馈控制方案下的跟踪误差和控制输入，这表明即使存在模型参数摄动和外部干扰，提出方案也是有效的。从表 3.3 中可以发现，控制性能随着参数扰动和外部干扰等不确定性的增加而降低。此外，从表 3.2 和表 3.3 的指标来看，参数扰动对跟踪控制精度的影响是轻微的。与参数摄动相比，摄动对跟踪控制精度的影响相对较大。从表 3.2、表 3.3、图 3.3（b）和图 3.4（b）中可以发现，MIAC 指标随着参数摄动和外部干扰等不确定性的增加而变大，这是合理且符合航海实践的。

表 3.3 考虑参数摄动时所提方案的性能指标比较

评价指标	内容	SF		OF	
		情况 1	情况 2	情况 1	情况 2
ITAE	$\boldsymbol{S}_{1,1}$	85.54	118.5	85.55	117.4
	$\boldsymbol{S}_{1,2}$	63.06	63.63	63.65	64.05
	$\boldsymbol{S}_{1,3}$	22.85	36.85	22.56	36.28

续表

评价指标	内容	SF		OF	
		情况 1	情况 2	情况 1	情况 2
IAE	$S_{1,1}$	11.91	12.16	11.91	12.14
	$S_{1,2}$	5.884	5.889	5.893	5.891
	$S_{1,3}$	0.9188	1.289	0.9129	1.283
MIAC	τ_1	1.162	1.167	1.163	1.165
	τ_2	0.7697	1.183	0.7685	1.183
	τ_3	0.5679	0.8816	0.5689	0.8817

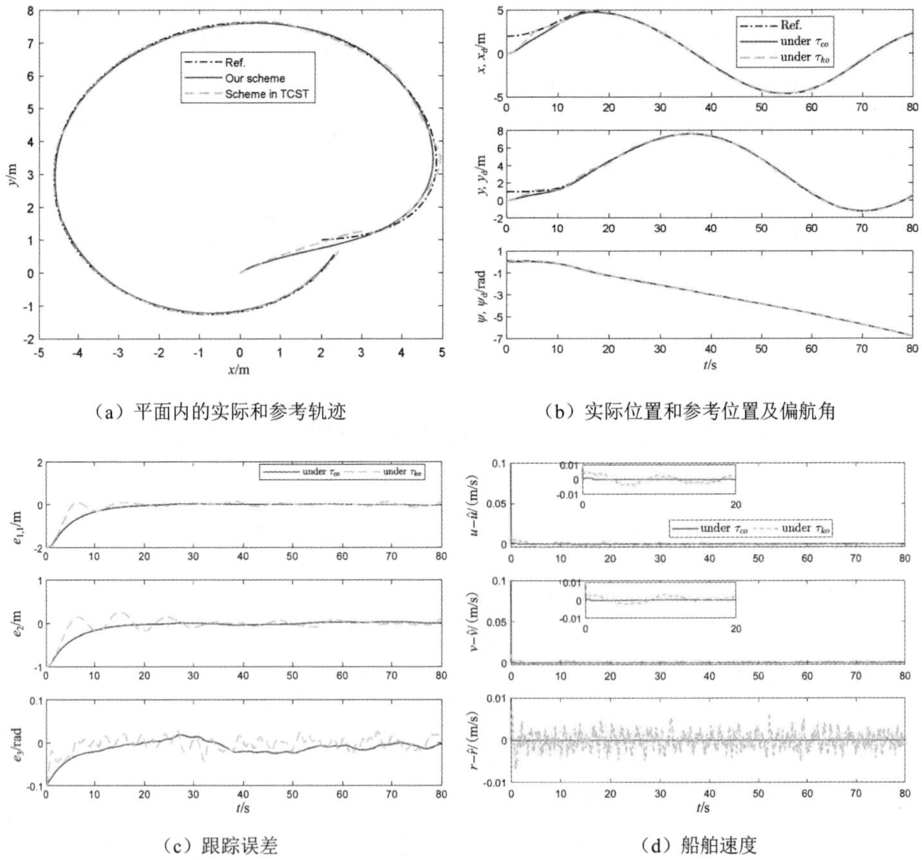

（a）平面内的实际和参考轨迹　　（b）实际位置和参考位置及偏航角

（c）跟踪误差　　（d）船舶速度

图 3.4（一）　输出带有参数扰动的反馈仿真结果

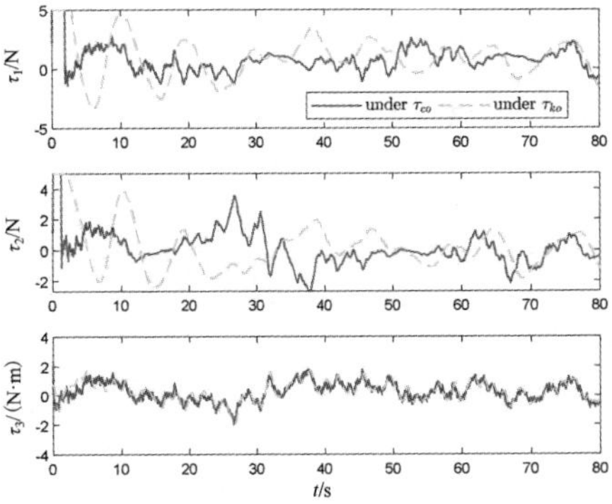

（e）控制输入

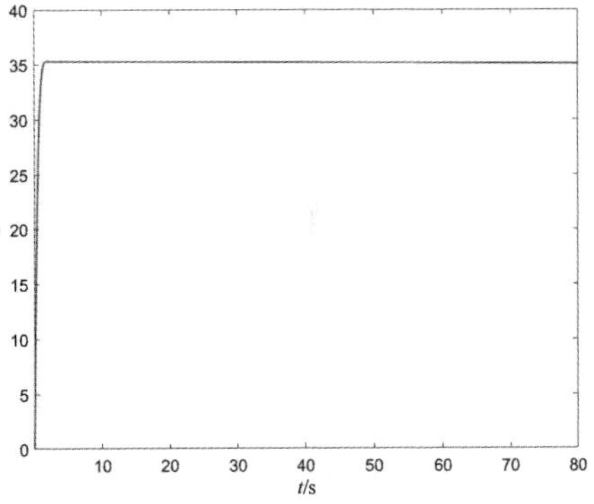

（f）估计误差

图 3.4（二） 输出带有参数扰动的反馈仿真结果

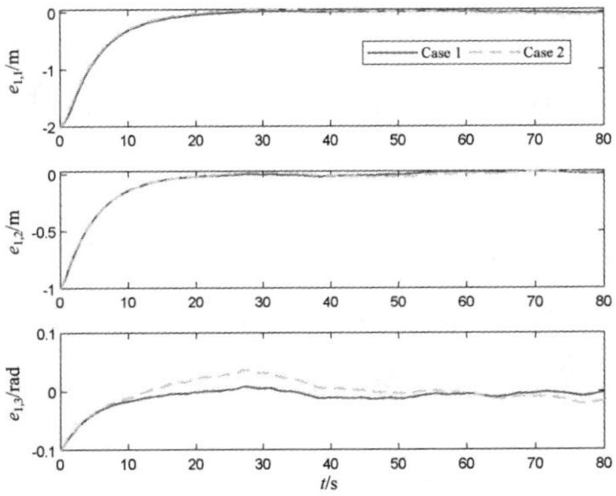

（a）跟踪误差

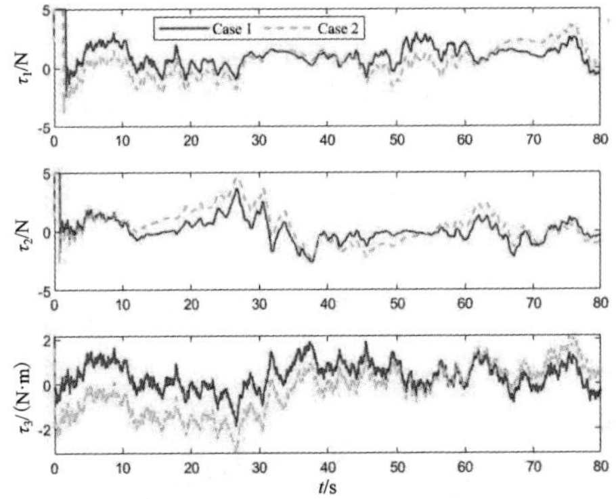

（b）控制输入

图 3.5 参数摄动状态反馈仿真结果

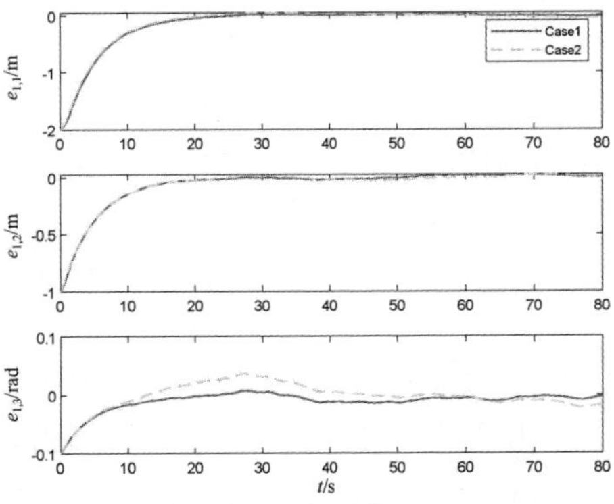

（a）跟踪误差

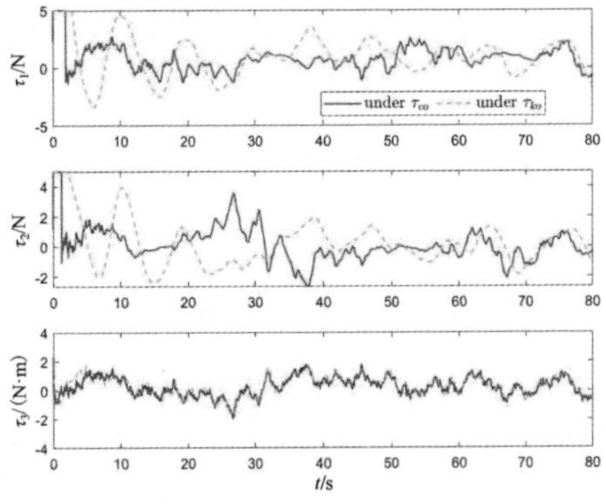

（b）控制输入

图 3.6 参数摄动输出反馈仿真结果

3.3 有限时间控制律设计

本节在逆推设计框架下，结合有限时间稳定理论与参数自适应技术，设计鲁棒自适应有限时间航迹跟踪控制律，以实现控制目标。

很明显$\boldsymbol{\tau}_i$是关于$\boldsymbol{\tau}_{i,c}$（$i=1,2,3$）的分段连续函数，具有典型的非光滑特性，因此不能直接使用逆推设计方法。为了克服这一困难，本设计采用高斯误差函数[30]逼近$\boldsymbol{\tau}_i(\boldsymbol{\tau}_{i,c})$，其逼近模型描述为

$$\boldsymbol{\rho}_i(\boldsymbol{\tau}_{i,c})=\boldsymbol{\tau}_{i,\max}\operatorname{erf}\left(\frac{\sqrt{\pi}\boldsymbol{\tau}_{i,c}}{2\boldsymbol{\tau}_{i,\max}}\right) \tag{3-56}$$

式中，$\operatorname{erf}(\bullet)$为高斯误差函数，其表达式为$\operatorname{erf}(x)=\dfrac{2}{\pi}\int_0^x e^{-t^2}dt$。那么，$\boldsymbol{\tau}_i(\boldsymbol{\tau}_{i,c})$表述为

$$\boldsymbol{\tau}_i(\boldsymbol{\tau}_{i,c})=\boldsymbol{\rho}_i(\boldsymbol{\tau}_{i,c})+\boldsymbol{e}_i(\boldsymbol{\tau}_{i,c}) \tag{3-57}$$

式中，$\boldsymbol{e}_i(\boldsymbol{\tau}_{i,c})$是逼近误差，满足$\left|\boldsymbol{e}_i(\boldsymbol{\tau}_{i,c})\right|=\left|\boldsymbol{\tau}_i(\boldsymbol{\tau}_{i,c})-\boldsymbol{\rho}_i(\boldsymbol{\tau}_{i,c})\right|\leqslant e_{i,m}$，$e_{i,m}$为正常数。这表明$\boldsymbol{e}(\boldsymbol{\tau}_c)=[\boldsymbol{e}_1(\boldsymbol{\tau}_{1,c}),\boldsymbol{e}_2(\boldsymbol{\tau}_{2,c}),\boldsymbol{e}_3(\boldsymbol{\tau}_{3,c})]^{\mathrm{T}}$是有界的，满足$\left\|\boldsymbol{e}(\boldsymbol{\tau}_c)\right\|\leqslant e_m$，$e_m$为正常数。

根据中值定理，$\boldsymbol{\rho}_i(\boldsymbol{\tau}_{i,c})$可描述为

$$\boldsymbol{\rho}_i(\boldsymbol{\tau}_{i,c})=\boldsymbol{\rho}_i(0)+\omega_i\boldsymbol{\tau}_{i,c} \tag{3-58}$$

式中，$\omega_i=\exp\left[-\left(\dfrac{\sqrt{\pi}\iota\boldsymbol{\tau}_{i,c}}{2\boldsymbol{\tau}_{i,\max}}\right)^2\right]$，且$0<\iota<1$。因此，对于$\forall\boldsymbol{\tau}_{i,c}\in\mathbf{R}$，存在未知常数$\omega_{i,0}$满足$\omega_i>\omega_{i,0}>0$。

综合式（3-57）与式（3-58），$\boldsymbol{\tau}_i(\boldsymbol{\tau}_{i,c})$可以写成

$$\boldsymbol{\tau}_i(\boldsymbol{\tau}_{i,c})=\omega_i\boldsymbol{\tau}_{i,c}+\boldsymbol{e}_i(\boldsymbol{\tau}_{i,c}) \tag{3-59}$$

根据式（3-59），可得

$$\boldsymbol{M}\dot{\boldsymbol{\upsilon}}+\boldsymbol{C}(\boldsymbol{\upsilon})\boldsymbol{\upsilon}+\boldsymbol{D}(\boldsymbol{\upsilon})\boldsymbol{\upsilon}=\boldsymbol{\omega}\boldsymbol{\tau}_c+d_m \tag{3-60}$$

式中，$\boldsymbol{\omega}=\operatorname{diag}(\omega_1,\omega_2,\omega_3)$，$d_m=d+\boldsymbol{e}(\boldsymbol{\tau}_c)$。由假设 5.1 与$\left\|\boldsymbol{e}(\boldsymbol{\tau}_c)\right\|\leqslant e_m$可得，$d_m\leqslant\bar{d}+e_m=\bar{d}_m$，$\bar{d}_m$为未知正常数。这里，记$\omega_0=\min\{\omega_{i,0},i=1,2,3\}$，$\omega_0$是一个正常数。

3.3.1 控制律设计

在控制律设计之前，定义船舶位置跟踪误差向量 $\boldsymbol{s}_1 \in \mathbf{R}^3$ 与速度误差向量 $\boldsymbol{s}_2 \in \mathbf{R}^3$ 如下：

$$\boldsymbol{s}_1 = \boldsymbol{\eta} - \boldsymbol{\eta}_d \tag{3-61}$$

$$\boldsymbol{s}_2 = \boldsymbol{\upsilon} - \boldsymbol{\alpha}_1 \tag{3-62}$$

式中，$\boldsymbol{\alpha}_1 = [\boldsymbol{\alpha}_{1,1}, \boldsymbol{\alpha}_{1,2}, \boldsymbol{\alpha}_{1,3}]^{\mathrm{T}} \in \mathbf{R}^3$ 为在后面需要设计的虚拟控制律。控制律设计分 2 步进行。

步骤 1：沿着式（3-61）对 $\boldsymbol{s}_1$ 求导，可得

$$\dot{\boldsymbol{s}}_1 = \boldsymbol{J}(\psi)\boldsymbol{\upsilon} - \dot{\boldsymbol{\eta}}_d \tag{3-63}$$

设计如下虚拟控制律：

$$\boldsymbol{a}_1 = \boldsymbol{J}^{\mathrm{T}}(\psi)(-\boldsymbol{k}_1\boldsymbol{s}_1 - k_{10}\boldsymbol{s}_1 + \dot{\boldsymbol{\eta}}_d) \tag{3-64}$$

式中，$\boldsymbol{k}_1 = \boldsymbol{k}_1^{\mathrm{T}} \in \mathbf{R}^{3\times 3}$ 为设计正定对称矩阵，$k_{10} > 0$ 是设计常数，$\boldsymbol{S}_1 = [\boldsymbol{S}_{1,1}, \boldsymbol{S}_{1,2}, \boldsymbol{S}_{1,3}]^{\mathrm{T}}$，且

$$\boldsymbol{S}_{1,i} = \begin{cases} \operatorname{sgn}(\boldsymbol{s}_{1,i})\left|\boldsymbol{s}_{1,i}\right|^{1/2}, & \left|\boldsymbol{s}_{1,i}\right| \geqslant \iota_i \\ \Delta_1 \boldsymbol{s}_{1,i} + \Delta_2 \operatorname{sgn}(\boldsymbol{s}_{1,i})\boldsymbol{s}_{1,i}^2, & \left|\boldsymbol{s}_{1,i}\right| < \iota_i \end{cases} \tag{3-65}$$

式中，$\Delta_1 = \dfrac{3}{2}\iota_i^{-1/2}$，$\Delta_1 = \dfrac{3}{2}\iota_i^{-1/2}$ 与 $0 < \iota_i < 1$（$i = 1,2,3$），均为设计参数。

步骤 2：沿着式（3-62）对 $\boldsymbol{s}_2$ 求时间导数，并两边左乘惯性矩阵 $\boldsymbol{M}$，进一步利用式（3-62），整理可得

$$\boldsymbol{M}\dot{\boldsymbol{s}}_2 = -\boldsymbol{C}(\boldsymbol{\upsilon})\boldsymbol{\upsilon} - \boldsymbol{D}(\boldsymbol{\upsilon})\boldsymbol{\upsilon} + \omega\boldsymbol{\tau} + \boldsymbol{d}_m - \boldsymbol{M}\dot{\boldsymbol{\alpha}}_1 \tag{3-66}$$

根据式（3-64）与式（3-65），式（3-66）中的 $\dot{\boldsymbol{\alpha}}_1$ 为

$$\begin{aligned} \dot{\boldsymbol{a}}_1 = {} & \boldsymbol{J}^{\mathrm{T}}(\psi)[-(\boldsymbol{k}_1\boldsymbol{s}_1 - \boldsymbol{k}_{10}\boldsymbol{s}_F)(\boldsymbol{J}^{\mathrm{T}}(\psi)\boldsymbol{\upsilon} - \dot{\boldsymbol{\eta}}_d) + \ddot{\boldsymbol{\eta}}_d] \\ & + rE\boldsymbol{J}^{\mathrm{T}}(\psi)(-\boldsymbol{k}_1\boldsymbol{s}_1 - \boldsymbol{k}_{10}\boldsymbol{s}_1 + \dot{\boldsymbol{\eta}}_d) \end{aligned} \tag{3-67}$$

式中，$\boldsymbol{S}_F = \operatorname{diag}(\boldsymbol{S}_{F,1}, \boldsymbol{S}_{F,2}, \boldsymbol{S}_{F,3})$，$\boldsymbol{S}_{F,3}$（$i = 1,2,3$）为

$$\boldsymbol{S}_{F,i} = \begin{cases} \dfrac{1}{2}\operatorname{sgn}(\boldsymbol{s}_{1,i})\left|\boldsymbol{s}_{1,i}\right|^{1/2}, & \left|\boldsymbol{s}_{1,i}\right| \geqslant \iota_i \\ \Delta_1 + 2\Delta_2 \operatorname{sgn}(\boldsymbol{s}_{1,i})\boldsymbol{s}_{1,i}, & \left|\boldsymbol{s}_{1,i}\right| < \iota_i \end{cases} \tag{3-68}$$

选择如下选择 Lyapunov 函数：

$$V_1 = \frac{1}{2}\boldsymbol{s}_1^{\mathrm{T}}\boldsymbol{s}_1 + \frac{1}{2}\boldsymbol{s}_2^{\mathrm{T}}\boldsymbol{M}\boldsymbol{s}_2 \tag{3-69}$$

根据式（3-69），对 V_1 求时间的导数，可得

$$\begin{aligned}\dot{V}_1 = &-\boldsymbol{s}_1^{\mathrm{T}}\boldsymbol{k}_1\boldsymbol{s}_1 - \boldsymbol{k}_{10}\boldsymbol{s}_1^{\mathrm{T}}\boldsymbol{s}_1 + \boldsymbol{s}_2^{\mathrm{T}}[-\boldsymbol{C}(\boldsymbol{\upsilon})\boldsymbol{\upsilon} - \boldsymbol{D}(\boldsymbol{\upsilon})\boldsymbol{\upsilon} + \\ &\boldsymbol{\omega}\boldsymbol{\tau}_c + d_m - \boldsymbol{M}\dot{\boldsymbol{\alpha}}_1 + \boldsymbol{J}^{\mathrm{T}}(\psi)\boldsymbol{s}_1]\end{aligned} \tag{3-70}$$

令 $\boldsymbol{L}(\boldsymbol{Z}) = -\boldsymbol{C}(\boldsymbol{\upsilon})\boldsymbol{\upsilon} - \boldsymbol{D}(\boldsymbol{\upsilon})\boldsymbol{\upsilon}_c + d_m - \boldsymbol{M}\dot{\boldsymbol{\alpha}}_1 + \boldsymbol{J}^{\mathrm{T}}(\psi)\boldsymbol{s}_1$，其中，$\boldsymbol{Z} = [\dot{\boldsymbol{\alpha}}_1^{\mathrm{T}}, \boldsymbol{\upsilon}^{\mathrm{T}}, \boldsymbol{s}_1^{\mathrm{T}}]^{\mathrm{T}}$。根据假设 3.1 和假设 3.2 可知，$\boldsymbol{M}$、$\boldsymbol{C}(\boldsymbol{\upsilon})$、$\boldsymbol{D}(\boldsymbol{\upsilon})$ 与 d_m 均是未知的，即 $\boldsymbol{L}(\boldsymbol{Z})$ 不能直接用于控制律的设计。进一步，对 $\boldsymbol{L}(\boldsymbol{Z})$ 做如下变换

$$\boldsymbol{M}\dot{\boldsymbol{\alpha}}_1 + \boldsymbol{C}(\boldsymbol{\upsilon})\boldsymbol{\upsilon} = \boldsymbol{\phi}_c(\boldsymbol{\upsilon}, \dot{\boldsymbol{\alpha}}_1)\boldsymbol{C}_m \tag{3-71}$$

$$\boldsymbol{D}(\boldsymbol{\upsilon})\boldsymbol{\upsilon} = -\boldsymbol{D}_1\boldsymbol{\upsilon} - \boldsymbol{D}_2\boldsymbol{\phi}_{D_2}(\boldsymbol{\upsilon}) - \boldsymbol{D}_3\boldsymbol{\phi}_{D_3}(\boldsymbol{\upsilon}) \tag{3-72}$$

式中，$\boldsymbol{\phi}_c(\boldsymbol{\upsilon}, \boldsymbol{\alpha}_1) = \begin{bmatrix} \dot{\alpha}_{1,1} & -vr & -r^2 & 0 \\ ur & \dot{\alpha}_{1,2} & \dot{\alpha}_{1,3} & 0 \\ -ur & ur & \dot{\alpha}_{1,3} + ur & \dot{\alpha}_{1,3} \end{bmatrix}$、$\boldsymbol{C}_m = [m_{11}, m_{22}, m_{23}, m_{33}]^{\mathrm{T}}$、$\boldsymbol{D}_1 = \begin{bmatrix} X_u & 0 & 0 \\ 0 & Y_v & Y_r \\ 0 & N_v & N_r \end{bmatrix}$、$\boldsymbol{D}_2 = \begin{bmatrix} X_{|u|u} & 0 & 0 \\ 0 & Y_{|v|v} & Y_{|v|r} \\ 0 & N_{|v|v} & N_{|v|r} \end{bmatrix}$、$\boldsymbol{D}_3 = \begin{bmatrix} 0 & 0 & 0 \\ 0 & Y_{|r|v} & Y_{|r|r} \\ 0 & N_{|r|v} & N_{|r|r} \end{bmatrix}$、$\boldsymbol{\phi}_{D_2}(\boldsymbol{\upsilon}) = [u|u|, v|v|, r|r|]^{\mathrm{T}}$ 与 $\boldsymbol{\phi}_{D_3}(\boldsymbol{\upsilon}) = [u|u|, v|v|, r|r|]^{\mathrm{T}}$。

进一步，根据式（3-71）和式（3-72），可得

$$\begin{aligned}\|\boldsymbol{L}(\boldsymbol{Z})\| &= \|\boldsymbol{C}_m\|\|\boldsymbol{\phi}_c(\boldsymbol{\upsilon}, \dot{\boldsymbol{\alpha}}_1)\| + \|\boldsymbol{D}_1\|\|\boldsymbol{\upsilon}\| + \|\boldsymbol{D}_2\|\|\boldsymbol{\phi}_{D_2}(\boldsymbol{\upsilon})\| + \|\boldsymbol{D}_3\|\|\boldsymbol{\phi}_{D_3}(\boldsymbol{\upsilon})\| + \bar{d}_m + \|\boldsymbol{s}_1\| \\ &\leqslant \Theta\hat{\boldsymbol{\phi}}(\boldsymbol{Z})\end{aligned} \tag{3-73}$$

式中，$\hat{\boldsymbol{\phi}}(\boldsymbol{Z}) = \|\boldsymbol{\phi}_c(\boldsymbol{\upsilon}, \dot{\boldsymbol{\alpha}}_1)\| + \|\boldsymbol{\upsilon}\| + \|\boldsymbol{\phi}_{D_2}(\boldsymbol{\upsilon})\| + \|\boldsymbol{\phi}_{D_3}(\boldsymbol{\upsilon})\| + \|\boldsymbol{s}_1\| + 1$ 且 $\Theta = \max\{\|\boldsymbol{C}_m\|, \|\boldsymbol{D}_1\|, \|\boldsymbol{D}_2\|, \|\boldsymbol{D}_3\|, \bar{d}_m, 1\}$。

从 Θ 的表达式可知，Θ 与船舶运动数学模型参数向量 $\boldsymbol{C}_m$ 和矩阵 $\boldsymbol{D}_1$、$\boldsymbol{D}_2$ 与 $\boldsymbol{D}_3$ 有关，但 Θ 并没有明确物理意义，因此，称为“虚拟参数”。

将式（3-73）代入式（3-70），可得

$$\dot{V}_1 \leqslant -\boldsymbol{s}_1^{\mathrm{T}}\boldsymbol{k}_1\boldsymbol{s}_1 - k_{10}\boldsymbol{s}_1^{\mathrm{T}}\boldsymbol{s}_1 + \|\boldsymbol{s}_2\|\Theta\hat{\boldsymbol{\phi}}(\boldsymbol{Z}) + \boldsymbol{s}_2^{\mathrm{T}}\boldsymbol{\omega}\boldsymbol{\tau}_c \tag{3-74}$$

设计如下控制律：

$$\boldsymbol{\tau}_c \leqslant -\boldsymbol{k}_2\boldsymbol{s}_2 - k_{20}\mathrm{sgn}^{1/2}(\boldsymbol{s}_2) - c\hat{\Theta}\hat{\boldsymbol{\phi}}^2(\boldsymbol{Z})\boldsymbol{s}_2 \tag{3-75}$$

设计如下自适应律：

$$\dot{\hat{\Theta}} = c\hat{\boldsymbol{\phi}}^2(\boldsymbol{Z})\|\boldsymbol{s}_2\|^2 - \sigma\hat{\Theta},\ \hat{\Theta}(0) \geqslant 0 \tag{3-76}$$

式中，$k_2 > 0$，$k_{20} > 0$，$\upsilon > 0$，$\sigma > 0$ 均为设计常数。

注 3.8 文献[26-27,31,32]将含有模型参数不确定的未知函数进行线性参数化处理，并设计参数自适应律在线估计所有的未知模型参数；文献[28-30,33-38,41-42]分别利用神经网络与模糊逻辑系统在线逼近由不确定的模型参数与时变扰动组成的复合不确定性，并设计自适应律在线估计其权值向量。与这些文献不同，由式（3-73）、式（3-75）与式（3-76）可知，本节提出的控制策略既没有对复合不确定项 $\boldsymbol{L}(\boldsymbol{Z})$ 进行线性参数化处理，也未利用逼近器对其进行在线重构，而只采用式（3-73）的变换，这样只需要在线调节一个未知虚拟参数 Θ。因此，本节所提出的控制算法结构简单，计算负载低，易于工程实现。

针对由式（3-64）、式（3-75）与式（3-76）组成的闭环航迹跟踪控制系统，选择如下 Lyapunov 函数：

$$V_2 = V_1 + \frac{1}{2\omega_0}\tilde{\Theta}^2 \tag{3-77}$$

式中，$\tilde{\Theta} = \Theta - \omega_0\hat{\Theta}$ 为虚拟参数估计误差。

根据式（3-77），对 V_2 求时间的导数，并利用式（3-74）～式（3-76），可得

$$\begin{aligned}\dot{V}_2 = \dot{V}_1 - \tilde{\Theta}\dot{\hat{\Theta}} \leqslant& -\boldsymbol{s}_1^{\mathrm{T}}k_1\boldsymbol{s}_1 - k_{10}\boldsymbol{s}_1^{\mathrm{T}}\boldsymbol{s}_1 - k_2\omega_0\boldsymbol{s}_2^{\mathrm{T}}\boldsymbol{s}_2 - k_{20}\omega_0\boldsymbol{s}_2^{\mathrm{T}}\mathrm{sgn}^{1/2}(\boldsymbol{s}_2) + \\ &\|\boldsymbol{s}_2\|\Theta\hat{\boldsymbol{\phi}}(\boldsymbol{Z}) - c\omega_0\hat{\Theta}\hat{\boldsymbol{\phi}}^2(\boldsymbol{Z})\boldsymbol{s}_2^{\mathrm{T}}\boldsymbol{s}_2 - c\hat{\boldsymbol{\phi}}^2(\boldsymbol{Z})\|\boldsymbol{s}_2\|^2\tilde{\Theta} + \sigma\tilde{\Theta}\hat{\Theta}\end{aligned} \tag{3-78}$$

利用杨氏不等式与 $\tilde{\Theta} = \Theta - \omega_0\hat{\Theta}$，有如下不等式成立：

$$\Theta\hat{\boldsymbol{\phi}}(\boldsymbol{Z})\|\boldsymbol{s}_2\| \leqslant c\Theta\hat{\boldsymbol{\phi}}(\boldsymbol{Z})\|\boldsymbol{s}_2\|^2 + \frac{\Theta}{4c} \tag{3-79}$$

$$\tilde{\Theta}\hat{\Theta} = \frac{1}{\omega_0}\tilde{\Theta}(\Theta - \tilde{\Theta}) \leqslant -\frac{\tilde{\Theta}^2}{2\omega_0} + \frac{\Theta^2}{2\omega_0} \tag{3-80}$$

将式（3-79）与式（3-80）代入式（3-78），整理可得

$$\begin{aligned}\dot{V}_2 \leqslant& -\boldsymbol{s}_1^{\mathrm{T}}k_1\boldsymbol{s}_1 - k_{10}\boldsymbol{s}_1^{\mathrm{T}}\boldsymbol{s}_1 - k_2\omega_0\boldsymbol{s}_2^{\mathrm{T}}\boldsymbol{s}_2 - k_{20}\omega_0\boldsymbol{s}_2^{\mathrm{T}}\mathrm{sgn}^{1/2}(\boldsymbol{s}_2) - \\ &\frac{\sigma\tilde{\Theta}^2}{2\omega_0} + \frac{\sigma\Theta^2}{2\omega_0} + \frac{\Theta}{4c}\end{aligned} \tag{3-81}$$

根据式（3-65），式（3-81）中的 $\boldsymbol{s}_1^{\mathrm{T}}\boldsymbol{s}_1$ 可以写成

$$\boldsymbol{s}_1^{\mathrm{T}}\boldsymbol{s}_1=\begin{cases}-\sum_{i=1}^{3}\left|\boldsymbol{s}_{1,i}\right|^{3/2}, & \left|\boldsymbol{s}_{1,i}\right|\geqslant \iota_i\\ \sum_{i=1}^{3}\left|\boldsymbol{s}_{1,i}\right|^{3/2}-\sum_{i=1}^{3}f(\boldsymbol{s}_{1,i}), & \left|\boldsymbol{s}_{1,i}\right|<\iota_i\end{cases} \tag{3-82}$$

式中，$f(\boldsymbol{s}_{1,i})=\varsigma_1\boldsymbol{s}_{1,i}^2+\varsigma_2\,\mathrm{sgn}(\boldsymbol{s}_{1,i})\boldsymbol{s}_{1,i}^3-\boldsymbol{s}_{1,i}\,\mathrm{sgn}^{1/2}(\boldsymbol{s}_{1,i})$。很显然，对于 $\left|\boldsymbol{s}_{1,i}\right|<\iota_i$、$f(\boldsymbol{s}_{1,i})$ 是有界的，即存在一个正常数 ε' 满足 $\sum_{i=1}^{3}\left|f(\boldsymbol{s}_{1,i})\right|\leqslant\varepsilon'$。那么，对于 $\boldsymbol{s}_{1,i}\in\mathbf{R}$，可得

$$\boldsymbol{s}_1^{\mathrm{T}}\boldsymbol{s}_1\leqslant-\sum_{i=1}^{3}\left|\boldsymbol{s}_{1,i}\right|^{3/2}+\varepsilon'=-\sum_{i=1}^{3}(\boldsymbol{s}_{1,i}^2)^{3/4}+\varepsilon' \tag{3-83}$$

进一步，根据引理 2.3，式（3-83）可以写成

$$\boldsymbol{s}_1^{\mathrm{T}}\boldsymbol{s}_1\leqslant-\sum_{i=1}^{3}(\boldsymbol{s}_{1,i}^2)^{3/4}+\varepsilon'\leqslant-(\boldsymbol{s}_1^{\mathrm{T}}\boldsymbol{s}_1)^{3/4}+\varepsilon' \tag{3-84}$$

将式（3-84）代入式（3-81），整理可得

$$\begin{aligned}\dot{V}_2\leqslant&-\boldsymbol{s}_1^{\mathrm{T}}k_1\boldsymbol{s}_1-k_{10}(\boldsymbol{s}_1^{\mathrm{T}}\boldsymbol{s}_1)^{3/4}-k_2\omega(\boldsymbol{s}_2^{\mathrm{T}}\boldsymbol{s}_2)^{3/4}-k_{20}\omega_0\boldsymbol{s}_2^{\mathrm{T}}\boldsymbol{s}_2-\\&\frac{\sigma\tilde{\Theta}^2}{2\omega_0}+\frac{\sigma\Theta^2}{2\omega_0}+\frac{\Theta}{4c}+k_{10}\varepsilon'\end{aligned} \tag{3-85}$$

式中，$-\dfrac{\sigma\tilde{\Theta}^2}{2\omega_0}$ 可以重新写为

$$\begin{aligned}-\frac{\sigma\tilde{\Theta}^2}{2\omega_0}&=-\frac{\sigma\tilde{\Theta}^2}{4\omega_0}-\frac{\sigma}{4\omega_0}\left(\left|\tilde{\Theta}\right|-\sqrt{\left|\tilde{\Theta}\right|}\right)^2+\frac{\sigma}{4\omega_0}\left|\tilde{\Theta}\right|-\frac{\sigma\left|\tilde{\Theta}\right|^{\frac{3}{2}}}{2\omega_0}\\&\leqslant-\frac{\sigma\tilde{\Theta}^2}{4\omega_0}-\frac{\sigma}{4\omega_0}\left|\tilde{\Theta}\right|-\frac{\sigma\left|\tilde{\Theta}\right|^{\frac{3}{2}}}{2\omega_0}\leqslant-\frac{\sigma\tilde{\Theta}^2}{4\omega_0}-\frac{\sigma}{8\omega_0}\left|\tilde{\Theta}\right|^2+\\&\quad\frac{\sigma}{8\omega_0}-\frac{\sigma\left|\tilde{\Theta}\right|^{\frac{3}{2}}}{2\omega_0}\leqslant-\frac{\sigma\left|\tilde{\Theta}^2\right|}{8\omega_0}-\frac{\sigma}{2\omega_0}\left|\tilde{\Theta}\right|^{\frac{3}{2}}+\frac{\sigma}{8\omega_0}\end{aligned} \tag{3-86}$$

将式（3-86）代入式（3-85），并利用引理 2.3，可得

$$\dot{V}_2 \leqslant -\boldsymbol{s}_1^{\mathrm{T}} k_1 \boldsymbol{s}_1 - k_{10}(\boldsymbol{s}_1^{\mathrm{T}}\boldsymbol{s}_1)^{3/4} - k_2\omega(\boldsymbol{s}_2^{\mathrm{T}}\boldsymbol{s}_2)^{3/4} - k_{20}\omega_0\boldsymbol{s}_2^{\mathrm{T}}\boldsymbol{s}_2 - \frac{\sigma\left|\tilde{\Theta}^2\right|}{8\omega_0} - \frac{\sigma}{2\omega_0}\left|\tilde{\Theta}\right|^{\frac{3}{2}} + \frac{\sigma}{8\omega_0} + \frac{\sigma}{2\omega_0}\Theta^2 + \frac{\Theta}{4\omega_0} + k_{10}\varepsilon' \leqslant -\chi_1 V_2 - \chi_2 V_2^{3/4} + \bar{\vartheta} \tag{3-87}$$

式中，$\chi_2 = \left\{2\lambda_{\min}(k_1), \frac{2k_2\omega_0}{\gamma_{\max}(M)}, \frac{\sigma}{4}\right\}$，$\chi_2 = \left\{2^{3/4}k_{10}, k_{20}\omega_0\left(\frac{2}{\gamma_{\max}(M)}\right)^{3/4}, \sigma(2\omega_0)^{-4}\right\}$，且 $\bar{\vartheta} = \frac{\sigma}{8\omega_0} + \frac{\sigma}{2\omega_0}\Theta^2 + \frac{\Theta}{4\omega_0} + k_{10}\varepsilon'$。

3.3.2 稳定性分析

基于以上的设计与分析，总结如下定理。

定理 3.2 在假设 3.1～假设 3.3 的情况下，针对存在动态不确定性、未知时变扰动与输入饱和约束的船舶航迹跟踪控制问题，对于水面船舶非线性数学模型，通过虚拟控制律（3-64）与带有参数自适应律（3-76）的控制律（3-75），并适当地选择设计参数（k_1、k_{10}、k_2、k_{20}、c 与 σ），船舶航迹跟踪误差向量 $\boldsymbol{s}_1 = \boldsymbol{\eta} - \boldsymbol{\eta}_d$ 在有限时间 T 内可以调节到紧集 $\boldsymbol{\Omega}_{V_2} = \left\{\boldsymbol{s}_1 \in \mathbf{R}^3 \mid \|\boldsymbol{s}_1\| \leqslant \sqrt{\frac{2\bar{\vartheta}}{\hbar\chi_1}}\right\}$ 内，其中，$0 < \hbar < 1$，同时保证闭环航迹跟踪控制系统的所有信号是全局一致最终有界的。

证明：由式（3-87）可得，$\dot{V}_2 \leqslant -\chi_1 V_2 + \bar{\vartheta}$。求解可得，$V_2(t) \leqslant \left(V_2(0) + \frac{\bar{\vartheta}}{\chi_1}\right) e^{-\chi_1 t} + \frac{\bar{\vartheta}}{\chi_1}$，其中，$V_2(0)$ 为 $V_2(t)$ 的初始值。很明显，$V_2(t)$ 是一致最终有界的。进一步，根据式（3-77），$\boldsymbol{s}_1$、$\boldsymbol{s}_2$ 与 $\tilde{\Theta}$ 也是有界的。根据假设 3.3，$\boldsymbol{\eta}$ 也是一致最终有界的，那么，$\boldsymbol{\alpha}_1$ 也是一致最终有界的。由于 $\boldsymbol{s}_2$ 与 $\boldsymbol{\alpha}_1$ 的有界性，$\boldsymbol{\upsilon}$ 也是一致有界的。另外，由式（3-80）与假设 3.3 可得，$\dot{\boldsymbol{\alpha}}_1$ 是有界的。再进一步，由于 $\dot{\boldsymbol{\alpha}}_1$ 与 $\boldsymbol{\upsilon}$ 的有界性，$\boldsymbol{\phi}(\boldsymbol{Z})$ 也是有界的。此外，由于 $\tilde{\Theta}$ 与 Θ 的有界性，$\hat{\Theta}$ 也是有界的。从而，式（3-75）中的 $\boldsymbol{\tau}_c$ 也是有界的。因此，船舶航迹跟踪控制闭环系统的所有信号均是一致有界的。

重新考虑式（3-87），可得

$$\dot{V}_2 \leqslant -\chi_1 V_2 - \chi_2 V_2^{3/4} + \bar{\vartheta} \tag{3-88}$$

根据式（3-88），如果$V_2 \geqslant \dfrac{\bar{\vartheta}}{\hbar\chi_1}$，则有$\dot{V}_2 \leqslant -(1-\hbar)\chi_1 V_2 - \chi_2 V_2^{3/4}$成立。那么，根据引理 2.5，在有限时间 T 内，V_2 将收敛到紧集$\boldsymbol{\Omega}_{V_2} = \left\{V_2 : V_2 \leqslant \dfrac{\bar{\vartheta}}{\hbar\chi_1}\right\}$，且调节时间 T 满足：

$$T \leqslant \frac{4}{(1-\hbar)\chi_1}\ln\left(\frac{(1-\hbar)\chi_1 V_2^{1/4}(0) + \chi_2}{\chi_2}\right) \tag{3-89}$$

进一步，根据式（3-77），有$\dfrac{1}{2}\boldsymbol{s}_1^{\mathrm{T}}\boldsymbol{s}_1 \leqslant V_2 \leqslant \sqrt{\dfrac{2\bar{\vartheta}}{\hbar\chi_1}}$，$\forall t \geqslant T$。即$\boldsymbol{\Omega}_{V_2} = \left\{\boldsymbol{s}_1 \in \mathbf{R}^3 \mid \|\boldsymbol{s}_1\| \leqslant \sqrt{\dfrac{2\bar{\vartheta}}{\hbar\chi_1}}\right\}$，$\forall t \geqslant T$。证毕。

注 3.9 为解决有限时间航迹跟踪控制问题，文献[28-29]在航迹跟踪虚拟控制律中引入一个关于船舶位置误差的分数幂函数，这会导致可能的奇异问题。进一步，引入一个滤波器以克服这一问题，但同时也增加了闭环系统的复杂程度。与文献[28-29]不同，本节所提出的控制策略通过设计一个关于船舶位置误差的可微幂函数（3-65），该函数是连续的且其微分是非奇异的，并将其注入到虚拟控制律（3-64）中，这样很容易地解决了$\dot{\boldsymbol{\alpha}}_1$导致可能的奇异问题。

3.3.3 仿真验证

本节以一艘 1:70 供给船模 CyberShip II 为对象进行仿真，以验证所提出的鲁棒自适应有限时间控制律的有效性。仿真所采用的船模动态参数见表 3.4。

仿真中，船舶的期望跟踪航迹由以下动态系统产生：

$$\dot{\boldsymbol{\eta}}_r = \boldsymbol{J}(\psi)\boldsymbol{\upsilon}_r \tag{3-90}$$

$$\boldsymbol{M}\dot{\boldsymbol{\upsilon}}_r = -\boldsymbol{C}(\boldsymbol{\upsilon}_r)\boldsymbol{\upsilon}_r - \boldsymbol{D}(\boldsymbol{\upsilon}_r)\boldsymbol{\upsilon}_r + \boldsymbol{\tau}_r \tag{3-91}$$

式中，$\boldsymbol{\tau}_r = [0.5, 2\cos^2(0.01t), \sin^2(0.01t)]^{\mathrm{T}}$。

情况 1：时变环境扰动取为$\boldsymbol{d}(t) = \boldsymbol{J}^{\mathrm{T}}(\psi)\varpi$，其中，$\varpi$ 是由一节马尔科夫过

程描述，其表达式为$\dot{\varpi} = \Pi^{-1}\varpi + \boldsymbol{\Gamma b}$，$\boldsymbol{\Lambda} \in \mathbf{R}^{3\times3}$为对称时间常数矩阵，$\boldsymbol{b} \in \mathbf{R}^{3\times3}$为零均值白噪声向量，$\boldsymbol{\Gamma} \in \mathbf{R}^{3\times3}$是正定对角矩阵，表示$\boldsymbol{b}$的幅值。选择$\varpi(0) = [0.5\text{N}, 0.5\text{N}, 0.5\text{N}\cdot\text{m}]^{\text{T}}$，$\boldsymbol{\Lambda} = \text{diag}(2,2,2)$与$\boldsymbol{\Gamma} = \text{diag}(3,3,2)$。

表 3.4 控制律τ_m与τ_c下的性能指标

性能指标		τ_m		τ_c	
		情况 1	情况 2	情况 1	情况 2
ST	$\boldsymbol{S}_{1,1}$ (s)	76.8	126.1	11.8	12.0
	$\boldsymbol{S}_{1,2}$ (s)	124.9	193.5	7.4	7.48
	$\boldsymbol{S}_{1,3}$ (s)	196.2	—	4.6	4.67
IAE	$\int_{t_0}^{t} \lvert s_{1,2} \rvert dt$ (m·s)	24.31	32.43	15.56	16.87
	$\int_{t_0}^{t} \lvert s_{1,2} \rvert dt$ (m·s)	12.23	15.16	4.215	4.381
	$\int_{t_0}^{t} \lvert s_{1,3} \rvert dt$ (rad·s)	4.51	6.74	1.011	1.018
MIAC	$\frac{1}{t-t_0}\int_{t_0}^{t} \lvert \tau_{1,1} \rvert dt$ (N/s)	1.091	1.519	0.847	1.168
	$\frac{1}{t-t_0}\int_{t_0}^{t} \lvert \tau_{1,2} \rvert dt$ (N/s)	1.921	2.487	1.795	2.206
	$\frac{1}{t-t_0}\int_{t_0}^{t} \lvert \tau_{1,3} \rvert dt$ (N·m/s)	0.607	0.93	0.576	0.934

初始状态设置为$\boldsymbol{\eta}(0) = [-1\text{m}, 2\text{m}, 0.4\text{rad}]^{\text{T}}$，$\boldsymbol{\upsilon}(0) = [0\text{m/s}, 0\text{m/s}, 0\text{rad/s}]^{\text{T}}$与$\hat{\Theta}(0) = 0$。设计参数选择为$k_1 = \text{diag}(0.2, 0.2, 0.2)$，$k_1 = k_{10} = 0.1$，$k_2 = k_{20} = 0.5$，$c = 6$与$\sigma = 0.0001$。船舶推进系统所提供的最大驱动力与力矩分别为$\tau_{1,\max} = \tau_{2,\max} = 5\text{N}$与$\tau_{3,\max} = 3.5\text{N}\cdot\text{m}$。

本节所提出控制策略的仿真结果均用点划线描绘在图 3.3 中。此外，所提方案的航迹跟踪控制性能指标见表 3.1。图 3.3（a）、（b）与图 3.4 表明，所提出的控制策略能使控船舶的实际位置(x, y)与首摇角ψ跟踪给定的参考轨迹$\boldsymbol{\eta}_d$，并取得了满意的控制性能。图 3.3（c）描绘了船舶航迹跟踪误差向量$\boldsymbol{s}_1$的 2 范数，并且从该图中可以看出，船舶航迹跟踪误差是有界的。从图 3.3（d）也可以发现，被控船舶的纵荡速度u、横荡速度v及艏摇角速度r均是有界的。图 3.3（e）表明，控制力与力矩是有界且合理的。图 3.3（f）给出了未知参数Θ的估计值，并且该曲线表明了$\hat{\Theta}$是有界的。这些结果表明，闭环航迹跟踪控制系统中的所有信号都是有界的，也正如定理 3.2 所证明。因此，本节所提出的鲁棒自适应控制方案对受未知参数、未知时变扰动和输入饱和影响的水面船舶航迹跟踪是有效的。

为了验证本章所提出的控制方案的优越性，将本节所提出的控制策略与文献[32]提出的控制方案进行仿真比较，其中，文献[32]中的控制律为

$$\boldsymbol{\tau}_m = -\boldsymbol{J}(\psi)\boldsymbol{s}_1 - k\boldsymbol{s}_2 - \boldsymbol{\phi}_1(\boldsymbol{Z})\hat{\Theta}_1 - \boldsymbol{\varsigma} - \breve{\boldsymbol{P}}(\boldsymbol{s}_2)\hat{\boldsymbol{d}}^* \tag{3-92}$$

$$\dot{\hat{\Theta}}_1 = \boldsymbol{\Lambda}_1(\boldsymbol{\phi}_1^{\mathrm{T}}(\boldsymbol{Z})\boldsymbol{s}_2 - \sigma_1\hat{\Theta}_1) \tag{3-93}$$

$$\dot{\hat{\boldsymbol{d}}}^* = \boldsymbol{\Lambda}_2(\breve{\boldsymbol{P}}(\boldsymbol{s}_2)\boldsymbol{s}_2 - \sigma_2\hat{\boldsymbol{d}}^*) \tag{3-94}$$

式中，$\boldsymbol{k} = \boldsymbol{k}^{\mathrm{T}} \in \mathbf{R}^{3\times 3}$，$\boldsymbol{\Lambda}_1 = \boldsymbol{\Lambda}_1^T \in \mathbf{R}^{19\times 19}$与$\boldsymbol{\Lambda}_2 = \boldsymbol{\Lambda}_2^{\mathrm{T}} \in \mathbf{R}^{3\times 3}$均为设计正定对称矩阵，$\sigma_1 > 0$与$\sigma_2 > 0$为设计参数。$\breve{\boldsymbol{P}}(\boldsymbol{s}_2) = \mathrm{diag}(\mathrm{sgn}(\boldsymbol{s}_{2,1}), \mathrm{sgn}(\boldsymbol{s}_{2,2}), \mathrm{sgn}(\boldsymbol{s}_{2,3}))$，$\hat{\boldsymbol{d}}^* = [\hat{d}_1^*, \hat{d}_2^*, \hat{d}_3^*]^{\mathrm{T}}$，其中，$\hat{d}_i^*$（$i = 1,2,3$）为外部扰动$\boldsymbol{d}$的第$i$个分量界的估计值。$\Theta_1\boldsymbol{\phi}_1(\boldsymbol{Z}) = -\boldsymbol{C}(\boldsymbol{\upsilon})\boldsymbol{\upsilon} - \boldsymbol{D}(\boldsymbol{\upsilon})\boldsymbol{\upsilon} - \boldsymbol{M}\dot{\boldsymbol{\alpha}}$，其中，$\boldsymbol{Z} = [\boldsymbol{\upsilon}^{\mathrm{T}}, \dot{\boldsymbol{\alpha}}^{\mathrm{T}}]^{\mathrm{T}}$，$\dot{\boldsymbol{\alpha}}$已经在式（3-67）中给出，$\boldsymbol{\varsigma} \in \mathbf{R}^3$为用于处理输出饱和的辅助变量，式（3-93）中的$\hat{\Theta}_1$为$\Theta_1 \in \mathbf{R}^{19}$估计值，$\boldsymbol{\varsigma}$、$\hat{\Theta}_1$与$\boldsymbol{\phi}_1(\boldsymbol{Z}) \in \mathbf{R}^{3\times 19}$具体的形式见文献[32]。仿真中，$\boldsymbol{\tau}_m$的设计参数值详见文献[32]，初始条件设置为$\hat{\Theta}_3(0) = 0$，$\hat{d}_i^*(0) = 0$，$\boldsymbol{\eta}(0)$和$\boldsymbol{\upsilon}(0)$与本节所提出的控制方案在仿真中的设置相同。

控制律$\boldsymbol{\tau}_m$下的仿真结果分别用实线描绘在图 3.7 中，且其性能指标同样总结在表 3.4 中。从图 3.7 与表 3.4 中可以看出，控制律$\boldsymbol{\tau}_c$所展现的控制性能比控制律$\boldsymbol{\tau}_m$所展现得更优越。另外，从图 3.7（e）可以看出，控制力和力矩存在明显的抖振。进一步，表 3.4 表明控制律$\boldsymbol{\tau}_c$下的性能指标 MIAC 比控制律$\boldsymbol{\tau}_m$下的性能指标 MIAC 小。因此，仿真比较进一步揭示了，对同时存在动态不确定性、未知时变扰动和输入饱和约束的船舶航迹跟踪控制问题，本节提出的控制策略取得了较好的控制性能，尤其是展现了较好的瞬态性能和稳态性能。

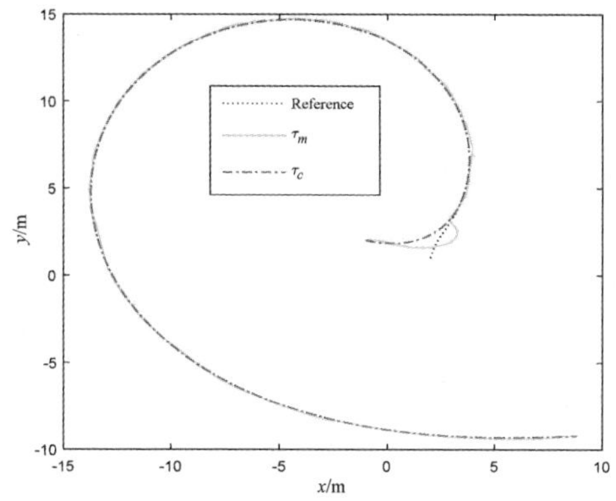

（a）平面内的船舶实际航迹与参考轨迹

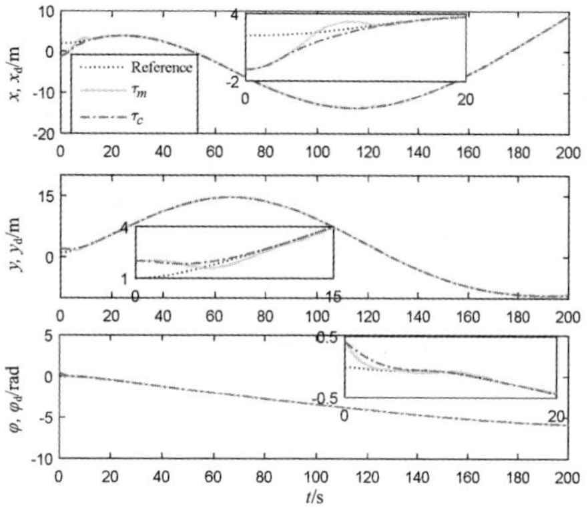

（b）实际和参考的位置与艏摇角

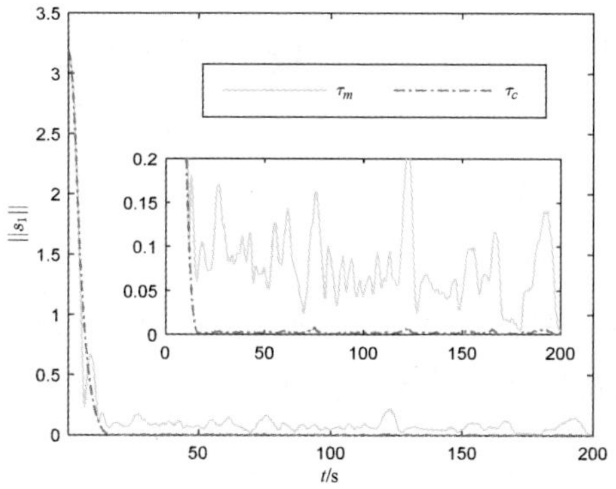

（c）跟踪误差的 2 范数

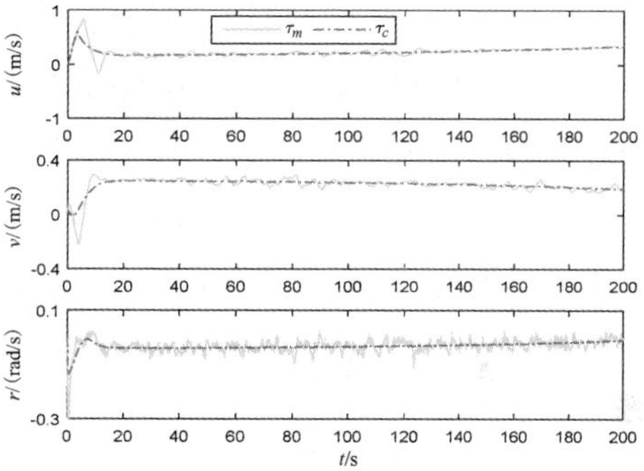

（d）船舶速度

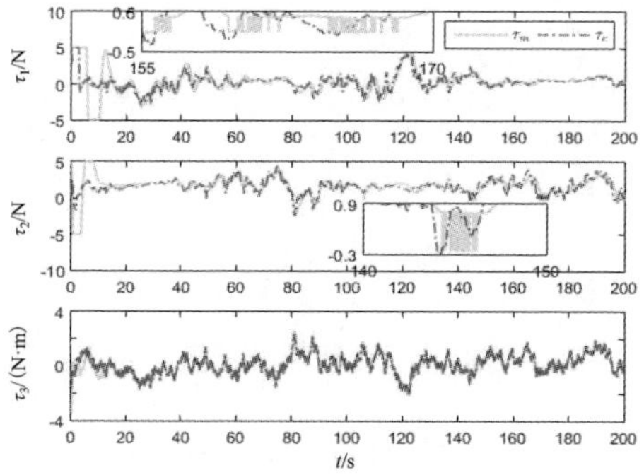

（e）控制力与力矩

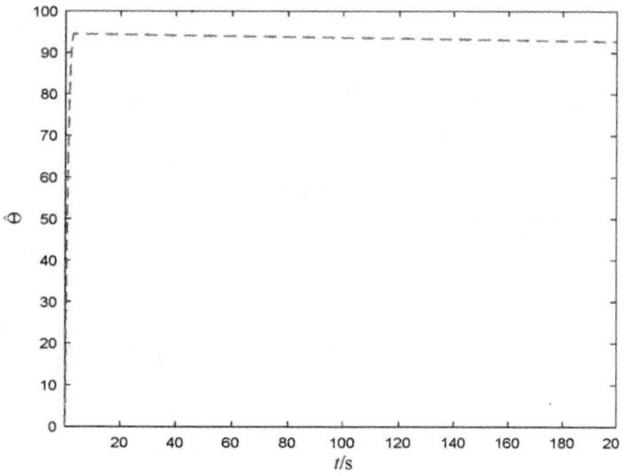

（f）Θ 的估计值

图 3.7 情况 1 下的仿真结果

情况 2：为了进一步验证所提出控制律对外部扰动与不确定动态的鲁棒性，考虑船舶动态参数均存在 40%的摄动 Δ，即包含摄动 Δ 的模型参数分别为 $(1+40\%)\boldsymbol{M}$ 、 $(1+40\%)\boldsymbol{C}(\boldsymbol{\upsilon})$ 与 $(1+40\%)\boldsymbol{D}(\boldsymbol{\upsilon})$ 。此外，未知时变扰动取为 $\boldsymbol{\tau}_d=\boldsymbol{d}+\boldsymbol{J}(\phi)\varpi$ ，其中，ϖ 是由一阶马尔科夫过程描述，与情况 1 中的相同；$\boldsymbol{d}=\begin{bmatrix}0.5+0.5\sin(0.05t)+0.3\cos(0.2t)+0.2\cos(0.2t)\sin(0.01t)\\0.4+0.6\sin(0.05t)+0.3\cos(0.2t)-0.2\cos(0.2t)\sin(0.01t)\\1+0.2\sin(0.04t)-0.3\cos(0.1t)-0.2\cos(0.2t)\sin(0.02t)\end{bmatrix}$。仿真中，初始条件与控制设计参数均与情况 1 中所对应的设置情况保证一致。

在该情况下，控制律 $\boldsymbol{\tau}_c$ 与 $\boldsymbol{\tau}_m$ 下的仿真结果均描绘在图 3.8 中，其性能指标列在表 3.4 中。从图 3.8 所展示的仿真结果可以发现，控制律 $\boldsymbol{\tau}_c$ 与 $\boldsymbol{\tau}_m$ 均对外部扰动与不确定动态具有鲁棒性与自适应能力。从图 3.8（e）与图 3.8（c）可以发现，本节设计的控制律 $\boldsymbol{\tau}_c$ 与控制律 $\boldsymbol{\tau}_m$ 相比具有较好的处理输入饱和的能力。从表 3.4 的性能指标也可以清楚发现，在两种情况下，控制律 $\boldsymbol{\tau}_c$ 的 ST 与 IAE 指标几乎相同，而控制律 $\boldsymbol{\tau}_m$ 在情况 2 下的 ST 与 IAE 指标均变差；此外，情况 2 下，控制律 $\boldsymbol{\tau}_c$ 的性能指标 MIAC 依然优于控制律 $\boldsymbol{\tau}_m$ 的性能指标 MIAC。情况 2 的仿真结果表明控制律 $\boldsymbol{\tau}_c$ 对外部扰动与不确定动态具有鲁棒性与自适应能力，且优于 $\boldsymbol{\tau}_m$ 。

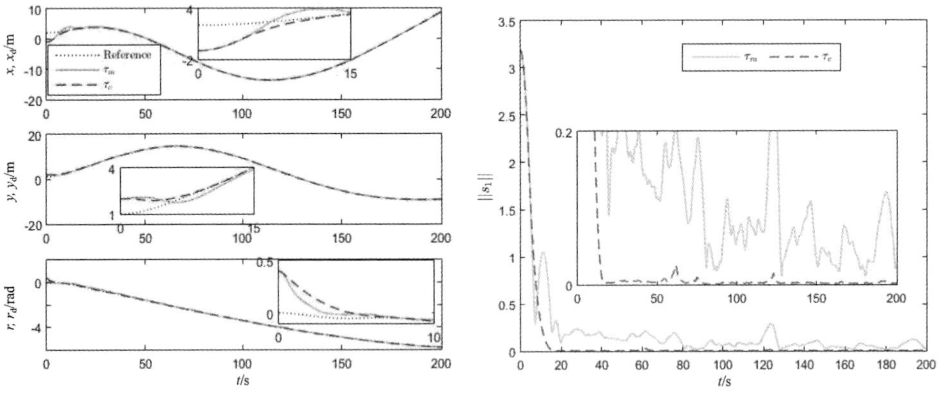

（a）船舶实际和参考的位置与艏摇角　　（b）跟踪误差的 2 范数

图 3.8（一）　情况 2 下的仿真结果

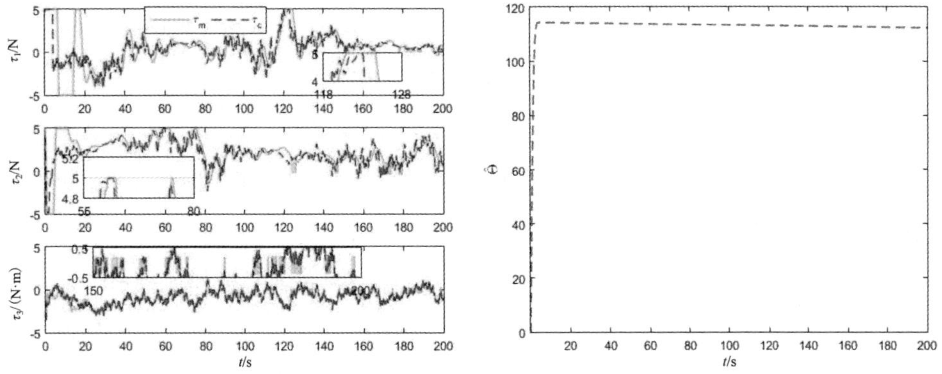

（c）控制输入　　（d）Θ 的估计值

图 3.8（二）　情况 2 下的仿真结果

另外，为了进一步阐明所提出控制律的鲁棒性，图 3.7 给出了两种情况下跟踪误差 s_1 的 2 范数。从图 3.9 可以发现，所提出航迹跟踪控制策略在情况 2 下所表现的瞬态性能和稳定性能与情况 1 几乎相同，这进一步阐明了所提出的控制策略对动态不确定性与时变外部扰动具有较强的自适应能力与鲁棒性。

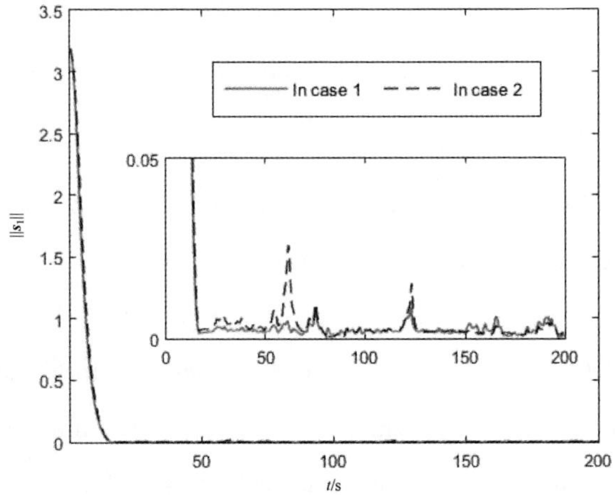

图 3.9　跟踪误差的 2 范数

因此，上述仿真结果充分阐明了所提出控制策略能使船舶的实际航迹在有限时间 T 内跟踪给定的参考轨迹，且对动态不确定性与时变外部扰动具有较强自适应能力与鲁棒性，同时还能有效处理输入饱和对航迹跟踪控制性能的影响。

3.4 结　论

本章研究了具有动态不确定、未知时变扰动与输入饱和约束的船舶有限时间航迹跟踪控制问题。针对上述问题，首先将其归纳为对存在动态不确定、未知时变扰动与输入饱和约束下不确定 EL 系统的跟踪控制问题。然后，结合有限时间理论、自适应技术与新型的 ADS，给出了一种鲁棒自适应有限时间跟踪控制的设计方法。采用该控制设计思想并利用高斯误差函数逼近输入饱和非线性，设计了一种鲁棒自适应有限时间航迹跟踪控制律。在控制设计中，利用线性参数化的思想，将包含了模型参数不确定与未知时变扰动的复合不确定性转换为带有单一未知虚拟参数的线性参数化形式，使得所设计的自适应律只需要在线估计一个未知虚拟参数。最后，仿真结果和仿真比较验证了所设计鲁棒自适应有限时间航迹跟踪控制律的有效性与优越性，并表现了对时变扰动与不确定的船舶动态具有较强的鲁棒性，同时其航迹跟踪控制性能也优于现有控制律下的控制性能。

参 考 文 献

[1] HUANG J, WEN C, WANG W, et al. Global stable tracking control of underactuated ships with input saturation[J]. Systems & Control Letters, 2015, 85: 1-7.

[2] ZHENG Z, HUANG Y, XIE L, et al. Adaptive trajectory tracking control of a fully actuated surface vessel with asymmetrically constrained input and output[J]. IEEE Transactions on Control Systems Technology, 2018, 26 (5): 1851–1859.

[3] SKJETNE R, SMOGELI Ø, FOSSEN T I. Modeling, identification and adaptive maneuvering of Cybership II: a complete design with experiments[J]. IFAC Proceedings Volumes, 2004, 37(10): 203-208.

[4] BELL Z I, NEZVADOVITZ J, PARIKH A, et al. Global exponential tracking control for an autonomous surface vessel: An integral concurrent learning

approach[J]. IEEE Journal of Oceanic Engineering, 2018,45(2): 362-370.

[5] TEE K P, GE S S. Control of fully actuated ocean surface vessels using a class of feedforward approximators[J]. 2006, 14 (4): 5640-5647.

[6] PENG Z, WANG J, WANG D. Containment maneuvering of marine surface vehicles with multiple parameterized paths via spatial-temporal decoupling[J]. IEEE/ASME Transactions on Mechatronics, 2017, 22(2): 1026-1036.

[7] ZHANG G, ZHANG X. Concise robust adaptive path-following control of underactuated ships using DSC and MLP[J]. IEEE Journal of Oceanic Engineering, 2014, 39 (4): 685-694.

[8] CHEN X T, TAN W. Tracking control of surface vessels via fault tolerant adaptive backstepping interval type-2 fuzzy control[J]. Ocean Engineering. 2013, 70: 97-109.

[9] NIE J, LIN X. Improved adaptive integral line-of-sight guidance law and adaptive fuzzy path following control for underactuated MSV[J]. ISA Transactions. 2019, 94: 151-163.

[10] SHEN Z, BI Y, WANG Y, et al. MLP neural network-based recursive sliding mode dynamic surface control for a fully actuated surface vessel with uncertain dynamics and external disturbances and input saturation[J]. Neurocomputing, 2020, 377: 103-112.

[11] KOSTARIGKA A K, DOULGERI Z, ROVITHAKIS G A. Prescribed performance tracking for flexible joint robots with unknown dynamics and variable elasticity[J]. Automatica, 2013, 49(5): 1137-1147.

[12] CHEN L, CUI R, YANG C, et al. Adaptive neural network control of underactuated surface vessels with guaranteed transient performance: theory and experimental results[J]. IEEE Transactions on Industrial Electronics, 2020, 67(5): 4024-4035.

[13] CHEN M, JIANG B, CUI R. Actuator fault-tolerant control of ocean surface vessels with input saturation[J]. International Journal of Robust and Nonlinear

Control, 2016, 26(3): 542-564.

[14] JIA Z, HU Z, ZHANG W. Adaptive output-feedback control with prescribed performance for trajectory tracking of underactuated surface vessels[J]. ISA Transactions. 2019, 95: 18-26.

[15] SKJETNE R, FOSSEN T I, KOKOTOVIC P V. Adaptive maneuvering, with experiments, for a model ship in a marine control laboratory [J]. Automatica, 2005, 41(2): 289-298.

[16] WITKOWSKA A, SMIERZCHALSKI R. Adaptive backstepping tracking control for an over-actuated DP marine vessel with inertia uncertainties [J]. International Journal of Applied Mathematics and Computer Science, 2018, 28(4): 679-693.

[17] TEE K P, Ge S S. Control of fully actuated ocean surface vessels using a class of feedforward approximators [J]. IEEE Transactions on Control Systems Technology, 2006, 14(4): 750-756.

[18] LI G, LI W, HILDRE H P, et al. Online learning control of surface vessels for fine trajectory tracking [J]. Journal of Marine Science and Technology, 2016, 21(2): 251-260.

[19] CHEN X, TAN W. Tracking control of surface vessels via adaptive type-2 fuzzy logic control [J]. Ocean Engineering, 2013, 70(4): 97-109.

[20] GHOMMAM J, FERIK S E, SAAD M. Robust adaptive path-following control of underactuated marine vessel with off-track error constraint [J]. International Journal of Systems Science, 2018, 49(7): 1540-1558.

[21] CHEN M, JIANG B. Adaptive control and constrained control allocation for overactivated ocean surface vessels [J]. International Journal of Systems Science, 2013, 44(12): 2295-2309.

[22] ZHANG L, JIA H, QI X. NNFFC-adaptive output feedback trajectory tracking control for a surface ship at high speed [J]. Ocean Engineering, 2011, 38: 1430-1438.

[23] PAN C, LAI X, YANG S, et al. An efficient neural network approach to tracking

control of an autonomous surface vehicle with unknown dynamics [J]. Expert Systems with Applications, 2013, 40(5): 1629-1635.

[24] DAI S, WANG M, WANG C. Neural learning control of marine surface vessels with guaranteed transient tracking performance [J]. IEEE Transactions on Industrial Electronics, 2016, 63(3): 1717-1727.

[25] WEN G, GE S S, PHILIP C C L, et al. Adaptive tracking control of surface vessel using optimized backstepping technique [J]. IEEE Transactions on Cybernetics, 2019, 49(9): 3420-3431.

[26] WANG N, ER M J, SUN J, et al. Adaptive robust online constructive fuzzy control of a complex surface vehicle system [J]. IEEE Transactions on Cybernetics, 2015, 46(7): 1511-1523.

[27] WANG N, ER M J. Direct adaptive fuzzy tracking control of marine vehicles with fully unknown parametric dynamics and uncertainties [J]. IEEE Transactions on Control Systems Technology, 2016, 24(5): 1845-1852.

[28] WU Y, ZHANG Z, XIAO N. Global tracking controller for underactuated ship via switching design [J]. Journal of Dynamic Systems Measurement and Control, 2014, 136(5): 054501-054507.

[29] ZHANG G, DENG Y, ZHANG W. Robust neural path-following control for underactuated ships with the DVS obstacles avoidance guidance [J]. Ocean Engineering, 2017, 143: 198-208.

[30] ZHENG Z, SUN L. Path following control for marine surface vessel with uncertainties and input saturation [J]. Neurocomputing, 2016, 177: 158-167.

[31] LIU C, CHEN C L P, ZOU Z, et al. Adaptive NN-DSC control design for path following of underactuated surface vessels with input saturation [J]. Neurocomputing, 2017, 267: 466-474.

[32] MA J, GE S S, ZHENG Z, et al. Adaptive NN Control of a class of nonlinear systems with asymmetric saturation actuators [J]. IEEE Transactions on Neural Networks and Learning Systems, 2015, 26(7): 1532-1538.

第 4 章　具有预定义性能的 MSV 自适应神经输出反馈跟踪控制

本章主要研究在动态不确定性、外部干扰和不可测速度影响下的海洋水面航行器的轨迹跟踪控制问题。为了恢复不可测量的速度，构建一种新的基于自适应神经网络的状态观测器。为了保证系统的瞬态和稳态跟踪性能，提出一种新的采用跟踪误差变换和新构造的性能函数的非线性变换方法。借助状态观测器和非线性变换方法，结合自适应神经网络技术和矢量反推设计工具，开发一种具有预定义性能的自适应神经输出反馈轨迹跟踪控制方案。

4.1　问 题 描 述

假设 4.1　$\tau_{\bar{d}}$ 是一个未知但有界，即存在未知的正常数 $\bar{d}_i(i=1,2,3)$ 使 $\tau_{d,i}\leqslant\bar{d}_i$。

假设 4.2　矩阵 $\boldsymbol{M}$ 、$\boldsymbol{C}(\boldsymbol{\upsilon})$ 和 $\boldsymbol{D}(\boldsymbol{\upsilon})$ 是完全未知的。

假设 4.3　参考轨迹 $\boldsymbol{\eta}_d=[x_d,y_d,\psi_d]^{\mathrm{T}}$ 及 $\dot{\boldsymbol{\eta}}_d$ 和 $\ddot{\boldsymbol{\eta}}_d$ 可用。

假设 4.4　速度 $\boldsymbol{\upsilon}$ 不可测。

注 4.1　从性质 2.2 可得，$\dot{\boldsymbol{J}}^{\mathrm{T}}(\psi)\dot{\boldsymbol{J}}(\psi)=-r^2\boldsymbol{E}^{\mathrm{T}}\boldsymbol{E}=0$，也就是说，$\left\|\dot{\boldsymbol{J}}(\psi)^{\mathrm{T}}\right\|=0$。此外，由于 $\boldsymbol{M}$ 是一个常数矩阵，$\underline{m}$ 和 $\overline{m}$ 分别是 $\boldsymbol{M}$ 的最小值和最大特征值。

注 4.2　在实践中，由于能量是有限的，作用在船舶外壳上的环境扰动不容易识别和限制。矩阵 $\boldsymbol{M}$ 、$\boldsymbol{C}(\boldsymbol{\upsilon})$ 和 $\boldsymbol{D}(\boldsymbol{\upsilon})$ 包含质量、附加质量、惯性和水动力参数，这些参数与环境条件、船舶操纵和船舶自身特性有关。因此，很难获得这些参数的准确信息。假设 4.3 要求期望轨迹均匀平滑，以便控制器设计；这是一个常见的要求。通常，船舶速度通常由传感器获得，而由于传感器故障或测量噪声，速度测量值无法输入反馈控制回路。因此，假设4.1～假设4.4合理。

控制目标： 在假设4.1～假设4.4下为由式（2-7）和式（2-8）描述的MSV设计一个鲁棒自适应NN输出反馈控制律$\boldsymbol{\tau}$，以便实际轨迹$\boldsymbol{\eta}$遵循参考轨迹$\boldsymbol{\eta}_d=[x_d,y_d,\psi_d]^{\mathrm{T}}$，同时确保MSV闭环轨迹跟踪控制系统中的所有信号都是一致最终有界的。跟踪误差的预定义瞬态和稳态行为$\boldsymbol{\eta}-\boldsymbol{\eta}_d$可以保证，$\boldsymbol{\eta}-\boldsymbol{\eta}_d$可以在用户定义的时间跨度内收敛到预定义的残差集内。

4.2 控制设计

在本节中，对于式（2-7）和式（2-8）中描述的MSV数学模型，考虑动态不确定性、外部干扰造成的不可测速度，通过以下步骤提出了输出反馈控制轨迹跟踪方案。首先，设计一个基于自适应神经网络的状态观测器估计不可测速度$\boldsymbol{\upsilon}$。其次，为保证MSV跟踪误差的预定调节时间和控制精度，通过综合新的性能函数和跟踪误差变换，提出一种新的非线性变换方法。最后，在观测器和非线性变换方法的基础上，利用自适应神经网络技术和矢量反步法设计了输出反馈控制律。

4.2.1 观测器设计

根据船舶模型，MSV的动力学船舶模型可以改写为

$$\dot{\boldsymbol{\eta}}=\boldsymbol{J}(\psi)\boldsymbol{\upsilon},\ \ \dot{\boldsymbol{\upsilon}}=\boldsymbol{F}(\boldsymbol{\upsilon},\boldsymbol{\tau})+\boldsymbol{\tau}_w^* \tag{4-1}$$

式中，$\boldsymbol{F}(\boldsymbol{\upsilon},\boldsymbol{\tau})=-\boldsymbol{M}^{-1}[\boldsymbol{C}(\boldsymbol{\upsilon})\boldsymbol{\upsilon}+\boldsymbol{D}(\boldsymbol{\upsilon})-\boldsymbol{\tau}]$和$\boldsymbol{\tau}_w^*=\boldsymbol{M}^{-1}\boldsymbol{\tau}_w$。根据假设4.2，$\boldsymbol{F}(\boldsymbol{\upsilon},\boldsymbol{\tau})$未知，可由引理4.3中的RBF NN近似。则有

$$\boldsymbol{F}(\boldsymbol{X})=\boldsymbol{\mathcal{W}}_o^{\mathrm{T}}\boldsymbol{\xi}(\boldsymbol{X})+\boldsymbol{\epsilon}_o \tag{4-2}$$

式中，$\boldsymbol{X}=[\boldsymbol{\upsilon}^{\mathrm{T}},\boldsymbol{\tau}^{\mathrm{T}}]^{\mathrm{T}}$，$\boldsymbol{\mathcal{W}}_o=\mathrm{diag}(\boldsymbol{\mathcal{W}}_{o,1}^{\mathrm{T}},\boldsymbol{\mathcal{W}}_{o,2}^{\mathrm{T}},\boldsymbol{\mathcal{W}}_{o,3}^{\mathrm{T}})$，$\boldsymbol{\mathcal{W}}_{o,i}=[\mathcal{W}_{o,i1},\cdots,\mathcal{W}_{o,il}]$是理想权重矩阵，$\boldsymbol{\xi}(\boldsymbol{X})=[\boldsymbol{\xi}_1(\boldsymbol{X})^{\mathrm{T}},\boldsymbol{\xi}_2(\boldsymbol{X})^{\mathrm{T}},\boldsymbol{\xi}_3(\boldsymbol{X})]^{\mathrm{T}}$和$\boldsymbol{\xi}_i(\boldsymbol{X})=[\xi_{i1}(X),\cdots,\xi_{il}(X)]^{\mathrm{T}}$是基函数向量。近似误差矢量$\boldsymbol{\epsilon}_o$满足$\|\boldsymbol{\epsilon}_o\|\leqslant\bar{\epsilon}_o$，式中$\bar{\epsilon}_o>0$为常数。

设$\tilde{\boldsymbol{\eta}}=\boldsymbol{\eta}-\hat{\boldsymbol{\eta}}$，$\tilde{\boldsymbol{\upsilon}}=\boldsymbol{\upsilon}-\hat{\boldsymbol{\upsilon}}$和$\tilde{\boldsymbol{\mathcal{W}}}_o=\boldsymbol{\mathcal{W}}_o-\hat{\boldsymbol{\mathcal{W}}}_o$。$\hat{\boldsymbol{\eta}}$和$\hat{\boldsymbol{\upsilon}}$依次表示MSV位置和速度

的估计，由以下状态观测器生成：

$$\begin{cases}\dot{\hat{\boldsymbol{\eta}}}=\boldsymbol{J}(\psi)\hat{\boldsymbol{\upsilon}}+K_1\tilde{\boldsymbol{\eta}}\\ \dot{\boldsymbol{S}}=\hat{\mathcal{W}}_o^{\mathrm{T}}\boldsymbol{\xi}(\hat{\boldsymbol{X}})+K\boldsymbol{J}^{\mathrm{T}}(\psi)\tilde{\boldsymbol{\eta}}\\ \hat{\boldsymbol{\upsilon}}=\boldsymbol{S}+K_2\boldsymbol{J}^{\mathrm{T}}(\psi)\tilde{\boldsymbol{\eta}}\end{cases}\tag{4-3}$$

式中，$\hat{\boldsymbol{X}}=[\hat{\boldsymbol{\upsilon}}^{\mathrm{T}},\boldsymbol{\tau}^{\mathrm{T}}]^{\mathrm{T}}$，且$K>0$，$K_1>0$，$K_2>0$是观测器增益。注意式（4-3）中的$\boldsymbol{S}\in\mathbf{R}^3$是一个辅助变量，用于获得$\boldsymbol{\eta}$和$\boldsymbol{\upsilon}$的估计值。此外，重新排列式（4-3）得到

$$\begin{cases}\dot{\hat{\boldsymbol{\eta}}}=\boldsymbol{J}(\psi)\hat{\boldsymbol{\upsilon}}+K_1\tilde{\boldsymbol{\eta}}\\ \dot{\hat{\boldsymbol{\upsilon}}}=\hat{\mathcal{W}}_o^{\mathrm{T}}\boldsymbol{\xi}(\hat{\boldsymbol{X}})+K\boldsymbol{J}^{\mathrm{T}}(\psi)\tilde{\boldsymbol{\eta}}+K_2\boldsymbol{J}^{\mathrm{T}}(\psi)\dot{\tilde{\boldsymbol{\eta}}}+K_2\dot{\boldsymbol{J}}^{\mathrm{T}}(\psi)\tilde{\boldsymbol{\eta}}\end{cases}\tag{4-4}$$

根据式（4-1）和式（4-4），基于NN的状态观测器（4-3）的误差动态为

$$\dot{\tilde{\boldsymbol{\eta}}}=\boldsymbol{J}(\psi)\tilde{\boldsymbol{\upsilon}}-K_1\tilde{\boldsymbol{\eta}}\tag{4-5}$$

$$\dot{\tilde{\boldsymbol{\upsilon}}}=\tilde{\mathcal{W}}_o^{\mathrm{T}}\boldsymbol{\xi}(\hat{\boldsymbol{X}})-K_2\tilde{\boldsymbol{\upsilon}}-K\boldsymbol{J}^{\mathrm{T}}(\psi)\tilde{\boldsymbol{\eta}}-K_2K_1\boldsymbol{J}^{\mathrm{T}}(\psi)\tilde{\boldsymbol{\eta}}-K_2\dot{\boldsymbol{J}}^{\mathrm{T}}(\psi)\tilde{\boldsymbol{\eta}}+\boldsymbol{\varepsilon}_o\tag{4-6}$$

式中，$\boldsymbol{\varepsilon}_o=\mathcal{W}_o^{\mathrm{T}}[\boldsymbol{\xi}(\boldsymbol{X})-\boldsymbol{\xi}(\hat{\boldsymbol{X}})]+\epsilon_o+\boldsymbol{\tau}_w^*$。关于MSV的状态观测器（4-3），有以下定理。

定理4.1 考虑MSV（4-1）和状态观测器（4-3）的动力学。基于NN状态观测器自适应律设计如下：

$$\dot{\hat{\mathcal{W}}}_o=\boldsymbol{\Lambda}_o(K_1\mathrm{tr}(\boldsymbol{\xi}(\hat{\boldsymbol{X}})\tilde{\boldsymbol{\eta}}^{\mathrm{T}})-K_o\hat{\mathcal{W}}_o)\tag{4-7}$$

式中，$\mathrm{tr}(\bullet)$表示矩阵的跟踪运算，$\boldsymbol{\Lambda}_o=\mathrm{diag}(\Lambda_{o,1},\Lambda_{o,2},\Lambda_{o,3})$是设计矩阵（$\Lambda_{o,i}>0$是一个正常数），$K_o>0$是设计常数。那么，如果设计参数$K$、$K_1$、$K_2$和$K_o$满足以下不等式，则状态观测器（4-3）的观测误差有界。

$$KK_1>\frac{L+K_2^2}{2}\tag{4-8}$$

$$K_2>\frac{1+L+K_1^2}{2}\tag{4-9}$$

$$K_o>1+K_1^2\tag{4-10}$$

证明： 考虑以下Lyapunov函数来分析状态观测器（4-3）的性能：

$$V_o=\frac{1}{2}K\tilde{\boldsymbol{\eta}}^{\mathrm{T}}\tilde{\boldsymbol{\eta}}+\frac{1}{2}\tilde{\boldsymbol{\upsilon}}^{\mathrm{T}}\tilde{\boldsymbol{\upsilon}}+\frac{1}{2}\tilde{\mathcal{W}}_o^{\mathrm{T}}\boldsymbol{\Lambda}_o^{-1}\tilde{\mathcal{W}}_o\tag{4-11}$$

对V_o求导，并使用式（4-5）～式（4-7）和性质2.4可得

$$
\begin{aligned}
\dot{V}_o &= K\tilde{\boldsymbol{\eta}}^{\mathrm{T}}[\boldsymbol{J}(\psi)\tilde{\boldsymbol{\upsilon}} - K_1\tilde{\boldsymbol{\eta}}] + \tilde{\boldsymbol{\upsilon}}^{\mathrm{T}}(\tilde{\mathcal{W}}_o^{\mathrm{T}}\xi(\hat{\boldsymbol{X}}) - K_2\tilde{\boldsymbol{\upsilon}} - K\boldsymbol{J}^{\mathrm{T}}(\psi)\tilde{\boldsymbol{\eta}} \\
&\quad - K_2K_1\boldsymbol{J}^{\mathrm{T}}(\psi)\tilde{\boldsymbol{\eta}} - K_2\dot{\boldsymbol{J}}^{\mathrm{T}}(\psi)\tilde{\boldsymbol{\eta}} + \boldsymbol{\varepsilon}_o) - \tilde{\mathcal{W}}_o^{\mathrm{T}}(K_1\,\mathrm{tr}(\boldsymbol{\xi}(\hat{\boldsymbol{X}})\tilde{\boldsymbol{\eta}}^{\mathrm{T}}) - K_o\hat{\mathcal{W}}_o) \\
&\leqslant -KK_1\tilde{\boldsymbol{\eta}}^{\mathrm{T}}\tilde{\boldsymbol{\eta}} - K_2\tilde{\boldsymbol{\upsilon}}^{\mathrm{T}}\tilde{\boldsymbol{\upsilon}} + K_2K_1\tilde{\boldsymbol{\upsilon}}^{\mathrm{T}}\boldsymbol{J}^{\mathrm{T}}(\psi)\tilde{\boldsymbol{\eta}} + \tilde{\boldsymbol{\upsilon}}^{\mathrm{T}}\boldsymbol{\varepsilon}_o \\
&\quad + (\tilde{\boldsymbol{\upsilon}} - K_1\tilde{\boldsymbol{\eta}})^{\mathrm{T}}\tilde{\mathcal{W}}_o^{\mathrm{T}}\xi(\hat{\boldsymbol{X}}) + K_o\tilde{\mathcal{W}}_o^{\mathrm{T}}\hat{\mathcal{W}}_o
\end{aligned}
\tag{4-12}
$$

根据引理 2.2，得到以下不等式：

$$
K_2K_1\tilde{\boldsymbol{\upsilon}}^{\mathrm{T}}\boldsymbol{J}^{\mathrm{T}}(\psi)\tilde{\boldsymbol{\eta}} \leqslant \frac{1}{2}K_1^2\|\tilde{\boldsymbol{\upsilon}}\|^2 + \frac{1}{2}K_2^2\|\tilde{\boldsymbol{\eta}}\|^2 \tag{4-13}
$$

$$
\tilde{\boldsymbol{\upsilon}}^{\mathrm{T}}\boldsymbol{\varepsilon}_o \leqslant \frac{1}{2}\|\tilde{\boldsymbol{\upsilon}}\|^2 + \frac{1}{2}\|\boldsymbol{\varepsilon}_o\|^2 \tag{4-14}
$$

$$
\tilde{\boldsymbol{\upsilon}}^{\mathrm{T}}\tilde{\mathcal{W}}_o^{\mathrm{T}}\xi(\hat{\boldsymbol{X}}) \leqslant \frac{L}{2}\|\tilde{\boldsymbol{\upsilon}}\|^2 + \frac{1}{2}\left\|\tilde{\mathcal{W}}_o\right\|^2 \tag{4-15}
$$

$$
-K_1\tilde{\boldsymbol{\eta}}^{\mathrm{T}}\tilde{\mathcal{W}}_o^{\mathrm{T}}\boldsymbol{\xi}(\hat{\boldsymbol{X}}) \leqslant \frac{L}{2}\|\tilde{\boldsymbol{\eta}}\|^2 + \frac{1}{2}K_1^2\left\|\tilde{\mathcal{W}}_o\right\|^2 \tag{4-16}
$$

$$
\tilde{\mathcal{W}}_o^{\mathrm{T}}\hat{\mathcal{W}}_o \leqslant -\frac{1}{2}\left\|\tilde{\mathcal{W}}_o\right\|^2 + \frac{1}{2}\left\|\mathcal{W}_o\right\|^2 \tag{4-17}
$$

根据性质 2.3、假设 4.1、引理 2.2 和引理 2.3，得到以下不等式：

$$
\begin{aligned}
\|\varepsilon_o\| &\leqslant \left\|\mathcal{W}_o^{\mathrm{T}}(\boldsymbol{\xi}(\boldsymbol{X}) - \boldsymbol{\xi}(\hat{\boldsymbol{X}}))\right\| + \|\epsilon\| + \left\|\boldsymbol{\tau}_d^*\right\| \\
&= \mathcal{W}_m\delta\overline{\kappa} + \overline{\epsilon_o} + \underline{m}^{-1}\overline{d}
\end{aligned}
\tag{4-18}
$$

设 $\mathcal{W}_m\delta\overline{\kappa} + \overline{\epsilon}_o + \underline{m}^{-1}\overline{d} = \mathcal{B}_o$。将式（4-13）～式（4-17）代入式（4-12）得到

$$
\begin{aligned}
\dot{V}_o &\leqslant -\left(KK_1 - \frac{1}{2}L - \frac{1}{2}K_2^2\right)\tilde{\boldsymbol{\eta}}^{\mathrm{T}}\tilde{\boldsymbol{\eta}} - \left(K_2 - \frac{1}{2} - \frac{1}{2}L - \frac{1}{2}K_1^2\right)\tilde{\boldsymbol{\upsilon}}^{\mathrm{T}}\tilde{\boldsymbol{\upsilon}} \\
&\quad - \left(K_2 - \frac{1}{2} - \frac{1}{2}L - \frac{1}{2}K_1^2\right)\tilde{\boldsymbol{\upsilon}}^{\mathrm{T}}\tilde{\boldsymbol{\upsilon}} + \frac{1}{2}(K_o\left\|\mathcal{W}_o\right\|^2 + \mathcal{B}_o^2) \\
&\leqslant -\chi_o V_o + \mu_o
\end{aligned}
\tag{4-19}
$$

式中，$\chi_o = \min\left\{2K_1 - \dfrac{L+K_2^2}{K}, 2K_2 - L - K_1^2 - 1, K_o - 1 - K_1^2\right\}$ 且 $\mu_o = \dfrac{K_o\left\|\mathcal{W}_o\right\|^2 + \mathcal{B}_o^2}{2}$。

根据（4-19）可得 $\dot{V}_o \leqslant -\chi_o V_o + \mu_o$，即 $V_o \leqslant \dfrac{\mu_o}{\chi_o} + \left(V_o(0) - \dfrac{\mu_o}{\chi_o}\right)e^{-\chi_o t}$，$V_o(0)$ 是 V_o 初始值，这意味着只有当式（4-8）～式（4-10）成立，V_o 是有界的。在这种情况下，$\tilde{\boldsymbol{\eta}}$、$\tilde{\boldsymbol{\upsilon}}$ 和 $\hat{\mathcal{W}}_o$ 是有界的，从而证明了定理 4.1 成立。

注 4.3 从式（4-19）和式（4-11）可以看出$\|\tilde{\boldsymbol{\eta}}\| \leqslant \sqrt{2\mu_o/(K\chi_o)}$和$\|\tilde{\boldsymbol{\upsilon}}\| \leqslant \sqrt{2\mu_o/\chi_o}$当$t \to \infty$。因此，通过手动选择设计参数$K$、$K_o$、$K_1$、$K_2$和$l$，可以使$\tilde{\boldsymbol{\eta}}$和$\tilde{\boldsymbol{\upsilon}}$任意小。

4.2.2 性能函数与跟踪误差转换

本节构造的 PTPF $\varrho(t)$结构如下：

$$\varrho(t) = \frac{1}{\hbar t + \ell}\varphi(t) + \varrho_{T_f} \tag{4-20}$$

$$\varphi(t) = \begin{cases} \dfrac{1}{2}\cos\left(\dfrac{\pi t}{T_f}\right) + \dfrac{1}{2}, & t < T_f \\ 0, & t \geqslant T_f \end{cases} \tag{4-21}$$

式中，$\hbar$和ℓ是设计常数，$\varrho(t)$具有以下属性：

（1）$\varrho(0) = \ell^{-1} + \varrho_{T_f} > \varrho_{T_f}$。

（2）$\lim\limits_{\ell \to 0}\varrho(0) = +\infty$。

根据 PPC 方法[6-7]，如果跟踪误差$\boldsymbol{e}_1 = \boldsymbol{\eta} - \boldsymbol{\eta}_d$，则实现预定性能满足以下不等式$\forall t \geqslant 0$：

$$-\varrho_i < e_{1,i} < \varrho_i (i = 1,2,3) \tag{4-22}$$

式中，$e_{1,i}$是$\boldsymbol{e}_1$的第 i 个元素，$\varrho_1 = \varrho(t)$。根据$\varrho(t)$的不相等，一个适当小的ℓ和一个有界的$e_{1,i}(0)$，不等式$|e_{1,i}(0)| < \varrho_i(0)$始终保持。

注 4.4 函数（4-20）在跟踪误差$e_{1,i}$的上界中起着重要作用，应精心构造。这里，使用四个设计参数来描述 MSV 的跟踪控制性能。参数$\hbar_i$和ℓ_i描述了衰减率以及$\varrho_i(0)$和ϱ_i各自的初始值。式中参数ℓ_i必须满足$|e_{1,i}(0)| < \varrho_i(0)$。参数$\varrho_{T_{f,i}}$表征了稳态下$e_{1,i}$的预定义收敛集。$T_{f,i}$是用户定义的跟踪误差$e_{1,i}$的进入和保持时间$(-\varrho_{T_{f,i}}, \varrho_{T_{f,i}})$。需要注意的是，$T_{f,i}$应根据实际要求和 MSV 的可操作性进行设置。实际上，MSV 的操纵性由操纵性指标决定，如前进、转移、战术直径、最终直径等。这些指标可以通过操纵试验获得，如转弯操纵、之字形操纵和自由操纵[28]。

注 4.5 在文献[8-10,21-22]中，设计的控制律需要精确的初始条件$\boldsymbol{e}_1(0)$来确定性

能函数 $\varrho(t)$。然而，在实际应用中，很难获得关于 $\boldsymbol{e}_1$ 的准确初始条件信息，有时只能得到关于 $\boldsymbol{e}_1(0)$ 的粗略信息。在这项工作中，对新构造的函数（4-20）施加的上述关系（4-22），可以选择设计常数 ℓ 放宽精确初始条件 $\boldsymbol{e}_1(0)$ 的要求。

为保证轨迹跟踪误差 $\boldsymbol{e}_1$ 满足不等式（4-22），$\forall t \geqslant 0$，引入如下非线性变换：

$$z_i = \frac{\varrho_i^2 e_{1,i}}{\varrho_i^2 - e_{1,i}^2} \tag{4-23}$$

式中，z_i 是转换变量。从式（4-23）可得 $z_i = \lim\limits_{e_i \to +\varrho_i} = +\infty$ 和 $z_i = \lim\limits_{e_{1,i} \to -\varrho_i} = -\infty$。因此，如果可以保证 $z_i \in L_\infty$ 和 $|e_{1,i}| < \varrho_i(0)$，则不等式（4-22）成立。

4.2.3 控制律设计与稳定性分析

本节参考具有动态不确定性、外部扰动和速度不可测的理论 MSV，在设计的状态观测器（4-3）和变换（4-20）的基础上，利用自适应神经网络技术和 Backstepping 设计工具，设计了自适应神经输出反馈轨迹跟踪控制律。整个设计过程包括以下两个步骤。

步骤 1： 对 z_i 求导可得

$$\dot{z}_i = \varPsi_i(\dot{e}_{1,i} - \phi_i e_{1,i}) \tag{4-24}$$

式中，$\varPsi_i = \dfrac{\varrho_i^2(\varrho_i^2 + e_{1,i}^2)}{(\varrho_i^2 - e_{1,i}^2)^2}$ 和 $\phi_i = \dfrac{2\dot{\varrho}_i e_{1,i}^2}{\varrho_i(\varrho_i^2 + e_{1,i}^2)}$。考虑到 ϱ_1 的属性，如果不等式（4-22）成立，则可以确定 $\varPsi_i > 0$。

此外，对 $\boldsymbol{e}_1$ 的时间导数并使用式（4-24），可得

$$\dot{\boldsymbol{z}} = \boldsymbol{\varPsi}[\boldsymbol{J}(\psi)\boldsymbol{\upsilon} - \dot{\boldsymbol{\eta}}_d - \boldsymbol{\phi}\boldsymbol{e}_1] \tag{4-25}$$

式中，$\boldsymbol{z} = [z_1, z_2, z_3]^{\mathrm{T}}$，$\boldsymbol{\varPsi} = \mathrm{diag}(\varPsi_1, \varPsi_2, \varPsi_3)$ 和 $\boldsymbol{\phi} = \mathrm{diag}(\phi_1, \phi_2, \phi_3)$。

虚拟控制律 $\boldsymbol{\alpha}$ 选择如下：

$$\boldsymbol{\alpha} = \boldsymbol{J}^{\mathrm{T}}(\psi)(-\boldsymbol{\varPsi}^{-1}\boldsymbol{\beta}_1\boldsymbol{z} + \boldsymbol{\phi}\boldsymbol{e}_1 + \dot{\boldsymbol{\eta}}_d) \tag{4-26}$$

式中，$\boldsymbol{\beta}_1 = \boldsymbol{\beta}_1^{\mathrm{T}} \in \mathbf{R}^{3\times3}$ 为正定设计矩阵。

步骤 2： 误差向量 $\boldsymbol{e}_2 \in \mathbf{R}^3$ 定义为

$$\boldsymbol{e}_2 = \boldsymbol{\upsilon} - \boldsymbol{\alpha} \tag{4-27}$$

通过区分 $\boldsymbol{e}_2$ 并使用式（4-27），可得

$$\boldsymbol{M}\dot{\boldsymbol{e}}_2=\boldsymbol{M}\dot{\boldsymbol{\upsilon}}-\boldsymbol{M}\dot{\boldsymbol{\alpha}}=-\boldsymbol{C}(\boldsymbol{\upsilon})\boldsymbol{\upsilon}-\boldsymbol{D}(\boldsymbol{\upsilon})\boldsymbol{\upsilon}-\boldsymbol{M}\dot{\boldsymbol{\alpha}}+\boldsymbol{\tau}+\boldsymbol{\tau}_d \tag{4-28}$$

根据式（4-23）、式（4-24）和属性 2.2，$\dot{\boldsymbol{\alpha}}$ 可进一步改写为

$$\begin{aligned}\dot{\boldsymbol{\alpha}}=&-r\boldsymbol{E}\boldsymbol{\alpha}+\boldsymbol{J}^{\mathrm{T}}(\psi)\{-\dot{\boldsymbol{\Psi}}^{-1}\boldsymbol{\beta}_1\boldsymbol{z}-(\boldsymbol{\beta}_1-\boldsymbol{\phi})[\boldsymbol{J}(\psi)\boldsymbol{\upsilon}-\dot{\boldsymbol{\eta}}_d]+\\&(\boldsymbol{\beta}_1\boldsymbol{\phi}+\dot{\boldsymbol{\phi}})\boldsymbol{e}_1+\ddot{\boldsymbol{\eta}}_d\}\end{aligned} \tag{4-29}$$

设 $\mathcal{H}(\boldsymbol{Z})=-\boldsymbol{C}(\boldsymbol{\upsilon})\boldsymbol{\upsilon}-\boldsymbol{D}(\boldsymbol{\upsilon})\boldsymbol{\upsilon}-\boldsymbol{M}\dot{\boldsymbol{\alpha}}$ 和 $\boldsymbol{Z}=[\boldsymbol{\upsilon}^{\mathrm{T}},\boldsymbol{\alpha}^{\mathrm{T}},\boldsymbol{e}_1^{\mathrm{T}},\dot{\boldsymbol{\eta}}_d^{\mathrm{T}},\ddot{\boldsymbol{\eta}}_d^{\mathrm{T}},\varrho_i,\dot{\varrho}_i,\ddot{\varrho}_i]^{\mathrm{T}}\in\mathbf{R}^{24}$（$i=1,2,3$）。$\mathcal{H}(\boldsymbol{Z})$ 不能直接用于控制设计，因为由假设 4.2 知 $\boldsymbol{M}$、$\boldsymbol{C}(\boldsymbol{\upsilon})$ 和 $\boldsymbol{D}(\boldsymbol{\upsilon})$ 都是未知的。为了解决此问题，RBF 神经网络可以近似未知函数向量 $\mathcal{H}(\boldsymbol{Z})$，可得

$$\mathcal{H}(\boldsymbol{Z})=\mathcal{W}_c^{\mathrm{T}}\boldsymbol{\xi}(\boldsymbol{Z})+\epsilon_c \tag{4-30}$$

式中，$\mathcal{W}_c=\mathrm{diag}(\mathcal{W}_{c,1}^{\mathrm{T}},\mathcal{W}_{c,2}^{\mathrm{T}},\mathcal{W}_{c,3}^{\mathrm{T}})$ 和 $\boldsymbol{\xi}(\boldsymbol{Z})=[\xi_1(\boldsymbol{Z})^{\mathrm{T}},\xi_2(\boldsymbol{Z})^{\mathrm{T}},\xi_3(\boldsymbol{Z})^{\mathrm{T}}]^{\mathrm{T}}$。近似误差矢量 $\epsilon_c\in\mathbf{R}^3$ 满足 $\|\epsilon_c\|\leqslant\overline{\epsilon}_c$，式中 $\overline{\epsilon}_c$ 是一个常数。

设 $\boldsymbol{d}_\epsilon=\epsilon_c+\boldsymbol{\tau}_w$。根据假设 4.1 和引理 2.3，存在一个未知向量 $\boldsymbol{\theta}=[\theta_1,\theta_2,\theta_3]^{\mathrm{T}}$，使得 $\theta_i>|d_{\epsilon,i}|(i=1,2,3)$，式中 θ_i 是一个正常数。在引理 2.1 的基础上，可得

$$\boldsymbol{e}_2^{\mathrm{T}}\left[\boldsymbol{d}_\epsilon-\mathbf{Tanh}\left(\frac{\boldsymbol{e}_2}{\boldsymbol{\sigma}}\right)\boldsymbol{\theta}\right]\leqslant\boldsymbol{\theta}^{\mathrm{T}}\left[\langle\boldsymbol{e}_2\rangle-\mathbf{Tanh}\left(\frac{\boldsymbol{e}_2}{\boldsymbol{\sigma}}\right)\boldsymbol{e}_2\right]\leqslant 0.2785\boldsymbol{\sigma}^{\mathrm{T}}\boldsymbol{\theta} \tag{4-31}$$

式中，$\langle\boldsymbol{e}_2\rangle=[|e_{2,1}|,|e_{2,2}|,|e_{2,3}|]^{\mathrm{T}}$。

此外，MSV 轨迹跟踪控制律设计如下：

$$\boldsymbol{\tau}=-\boldsymbol{\beta}_2\hat{\boldsymbol{e}}_2-\boldsymbol{J}^{\mathrm{T}}(\psi)\boldsymbol{\Psi}\boldsymbol{z}-\hat{\mathcal{W}}_c^{\mathrm{T}}\boldsymbol{\xi}(\hat{\boldsymbol{Z}})-\mathbf{Tanh}\left(\frac{\hat{\boldsymbol{e}}_2}{\boldsymbol{\sigma}}\right)\hat{\boldsymbol{\theta}} \tag{4-32}$$

设计如下自适应律：

$$\dot{\hat{\mathcal{W}}}_c=\Lambda_c(\mathrm{tr}(\boldsymbol{\xi}(\hat{\boldsymbol{Z}})\hat{\boldsymbol{e}}_2^{\mathrm{T}})-\kappa\hat{\mathcal{W}}_c) \tag{4-33}$$

$$\dot{\hat{\boldsymbol{\theta}}}=\boldsymbol{\Gamma}\left[\mathbf{Tanh}\left(\frac{\hat{\boldsymbol{e}}_2}{\boldsymbol{\sigma}}\right)\hat{\boldsymbol{e}}_2-\chi\hat{\boldsymbol{\theta}}\right] \tag{4-34}$$

式中，$\hat{\boldsymbol{Z}}=[\hat{\boldsymbol{\upsilon}}^{\mathrm{T}},\boldsymbol{\alpha}^{\mathrm{T}},\boldsymbol{e}_1^{\mathrm{T}},\dot{\boldsymbol{\eta}}_d^{\mathrm{T}},\ddot{\boldsymbol{\eta}}_d^{\mathrm{T}},\varrho_i,\dot{\varrho}_i,\ddot{\varrho}_i]^{\mathrm{T}}$ 和 $\hat{\boldsymbol{e}}_2=\hat{\boldsymbol{\upsilon}}-\boldsymbol{\alpha}$；$\boldsymbol{\beta}_2=\boldsymbol{\beta}_2^{\mathrm{T}}\in\mathbf{R}^{3\times3}$，$\boldsymbol{\Lambda}_c=\boldsymbol{\Lambda}_c^{\mathrm{T}}\in\mathbf{R}^{3l\times3l}$ 和 $\boldsymbol{\Gamma}=\boldsymbol{\Gamma}^{\mathrm{T}}\in\mathbf{R}^{3\times3}$ 为正定设计矩阵；$\kappa>0$ 和 $\chi>0$ 为设计参数。

注 4.6 在本工作中，设计的控制律 $\boldsymbol{\tau}$ 涉及参数学习问题。为了实现满意的跟踪控制性能，必须实现精确的参数收敛[29]，这要求 $\boldsymbol{\xi}(\hat{\boldsymbol{Z}})$ 满足持续激发（PE）条件，即 $c_1\boldsymbol{I}_{3l}\leqslant\int_t^{t+T_r}\boldsymbol{\xi}^{\mathrm{T}}[\hat{\boldsymbol{Z}}(t)]\boldsymbol{\xi}[\hat{\boldsymbol{Z}}(t)]dt\leqslant c_2\boldsymbol{I}_{3l}$，式中 c_1 和 c_2 是正常数。根据文献[30]，当 PE 条件不满足时，引入一个一阶滤波器，让式（4-26）中的虚拟控制律 $\boldsymbol{\alpha}$ 和式（4-32）中的自适应回归 $\boldsymbol{\xi}(\hat{\boldsymbol{Z}})$ 通过滤波器。然后，在控制设计中，使用过滤版

本的$\boldsymbol{\alpha}$和$\boldsymbol{\xi}(\hat{\boldsymbol{Z}})$来替换$\boldsymbol{\alpha}$和$\boldsymbol{\xi}(\hat{\boldsymbol{Z}})$。

根据式（4-1）～式（4-23）和式（4-32）～式（4-34）构造如下 Lyapunov 函数：

$$V=\frac{1}{2}\boldsymbol{z}^{\mathrm{T}}\boldsymbol{z}+\frac{1}{2}\boldsymbol{e}_2^{\mathrm{T}}\boldsymbol{M}\boldsymbol{e}_2+\frac{1}{2}\tilde{\boldsymbol{\mathcal{W}}}_c^{\mathrm{T}}\Lambda_c^{-1}\tilde{\boldsymbol{\mathcal{W}}}_c+\frac{1}{2}\tilde{\boldsymbol{\theta}}^{\mathrm{T}}\boldsymbol{\Gamma}^{-1}\tilde{\boldsymbol{\theta}} \tag{4-35}$$

取V导数，并使用式（4-25）～式（4-27）、式（4-30）和式（4-32）～式（4-34），可得

$$\begin{aligned}\dot{V}&=\boldsymbol{z}^{\mathrm{T}}\dot{\boldsymbol{z}}+\boldsymbol{e}_2^{\mathrm{T}}\boldsymbol{M}\dot{\boldsymbol{e}}_2-\tilde{\boldsymbol{\mathcal{W}}}_c^{\mathrm{T}}\Lambda_c^{-1}\dot{\hat{\boldsymbol{\mathcal{W}}}}_c-\tilde{\boldsymbol{\theta}}^{\mathrm{T}}\boldsymbol{\Gamma}^{-1}\dot{\hat{\boldsymbol{\theta}}}\\&=-\boldsymbol{z}^{\mathrm{T}}\boldsymbol{\beta}_1\boldsymbol{z}-\boldsymbol{e}_2^{\mathrm{T}}\boldsymbol{\beta}_2\hat{\boldsymbol{e}}_2-\boldsymbol{e}_2^{\mathrm{T}}\left[\hat{\boldsymbol{\mathcal{W}}}_c^{\mathrm{T}}\boldsymbol{\xi}(\hat{\boldsymbol{Z}})+\mathbf{Tanh}\left(\frac{\hat{\boldsymbol{e}}_2}{\boldsymbol{\sigma}}\right)\hat{\boldsymbol{\theta}}\right]+\\&\quad\boldsymbol{e}_2^{\mathrm{T}}[\boldsymbol{\mathcal{W}}_c^{\mathrm{T}}\boldsymbol{\xi}(\boldsymbol{Z})+\boldsymbol{d}_\epsilon]-\hat{\boldsymbol{e}}_2^{\mathrm{T}}\tilde{\boldsymbol{\mathcal{W}}}_c^{\mathrm{T}}\boldsymbol{\xi}(\hat{\boldsymbol{Z}})+\kappa\tilde{\boldsymbol{\mathcal{W}}}_c^{\mathrm{T}}\hat{\boldsymbol{\mathcal{W}}}-\\&\quad\tilde{\boldsymbol{\theta}}^{\mathrm{T}}\mathbf{Tanh}\left(\frac{\hat{\boldsymbol{e}}_2}{\boldsymbol{\sigma}}\right)\hat{\boldsymbol{e}}_2+\chi\tilde{\boldsymbol{\theta}}^{\mathrm{T}}\hat{\boldsymbol{\theta}}\end{aligned} \tag{4-36}$$

从$\hat{\boldsymbol{e}}_2=\hat{\boldsymbol{\upsilon}}-\boldsymbol{\alpha}$和$\hat{\boldsymbol{\upsilon}}=\boldsymbol{\upsilon}-\tilde{\boldsymbol{\upsilon}}$，有$\hat{\boldsymbol{e}}_2=\boldsymbol{e}_2-\tilde{\boldsymbol{\upsilon}}$。此外，通过使用引理 2.2，可得

$$-\boldsymbol{e}_2^{\mathrm{T}}\boldsymbol{\beta}_2\hat{\boldsymbol{e}}_2\leqslant-\boldsymbol{e}_2^{\mathrm{T}}\left(\boldsymbol{\beta}_2-\frac{1}{4}\boldsymbol{I}_3\right)\boldsymbol{e}_2+\|\boldsymbol{\beta}_2\tilde{\boldsymbol{\upsilon}}\|^2 \tag{4-37}$$

使用式（4-31），可得

$$\boldsymbol{e}_2^{\mathrm{T}}\boldsymbol{d}_\epsilon\leqslant\boldsymbol{\theta}^{\mathrm{T}}\langle\boldsymbol{e}_2\rangle\leqslant\boldsymbol{\theta}^{\mathrm{T}}\mathbf{Tanh}\left(\frac{\boldsymbol{e}_2}{\boldsymbol{\sigma}}\right)\boldsymbol{e}_2+0.2785\boldsymbol{\sigma}^{\mathrm{T}}\boldsymbol{\theta} \tag{4-38}$$

根据式（4-36），$\hat{\boldsymbol{e}}_2=\boldsymbol{e}_2-\tilde{\boldsymbol{\upsilon}}$和引理 2.2，可得

$$\begin{aligned}&-\boldsymbol{e}_2^{\mathrm{T}}\mathbf{Tanh}\left(\frac{\hat{\boldsymbol{e}}_2}{\boldsymbol{\sigma}}\right)\hat{\boldsymbol{\theta}}-\tilde{\boldsymbol{\theta}}^{\mathrm{T}}\mathbf{Tanh}\left(\frac{\hat{\boldsymbol{e}}_2}{\boldsymbol{\sigma}}\right)\hat{\boldsymbol{e}}_2+\boldsymbol{\theta}^{\mathrm{T}}\mathbf{Tanh}\left(\frac{\boldsymbol{e}_2}{\boldsymbol{\sigma}}\right)\boldsymbol{e}_2\\&=\boldsymbol{e}_2^{\mathrm{T}}\left[\mathbf{Tanh}\left(\frac{\boldsymbol{e}_2}{\boldsymbol{\sigma}}\right)-\mathbf{Tanh}\left(\frac{\hat{\boldsymbol{e}}_2}{\boldsymbol{\sigma}}\right)\right]\boldsymbol{\theta}+\tilde{\boldsymbol{\theta}}^{\mathrm{T}}\mathbf{Tanh}\left(\frac{\hat{\boldsymbol{e}}_2}{\boldsymbol{\sigma}}\right)\tilde{\boldsymbol{\upsilon}}\\&\leqslant2\sum_{i=1}^{3}\left|e_{2,i}\theta_i\right|+\sum_{i=1}^{3}\left|\tilde{\upsilon}_i\tilde{\theta}_i\right|\leqslant\boldsymbol{e}_2^{\mathrm{T}}\boldsymbol{e}_2+\|\boldsymbol{\theta}\|^2+\frac{a_1}{4}\tilde{\boldsymbol{\theta}}^{\mathrm{T}}\tilde{\boldsymbol{\theta}}+a_1^{-1}\|\tilde{\boldsymbol{\upsilon}}\|^2\end{aligned} \tag{4-39}$$

式中，$a_1>0$为常数。

注 4.7 根据上述$\mathbf{tanh}(\bullet)$的性质，可以得到$\mathbf{tanh}\left(\frac{\hat{e}_{2,i}}{\sigma_i}\right)\leqslant1$和$\mathbf{tanh}\left(\frac{e_{2,i}}{\sigma_i}\right)-\mathbf{tanh}\left(\frac{\hat{e}_{2,i}}{\sigma_i}\right)\leqslant2$（$i=1,2,3$）。因此，在式（4-46）中，$\boldsymbol{e}_2^{\mathrm{T}}\left[\mathbf{Tanh}\left(\frac{\boldsymbol{e}_2}{\boldsymbol{\sigma}}\right)-\mathbf{Tanh}\left(\frac{\hat{\boldsymbol{e}}_2}{\boldsymbol{\sigma}}\right)\right]$

$\boldsymbol{\theta} \leqslant 2\sum_{i=1}^{3}\left|e_{2,i}\theta_i\right|$ 和 $\tilde{\boldsymbol{\theta}}^{\mathrm{T}}\mathbf{Tanh}\left(\frac{\hat{\boldsymbol{e}}_2}{\boldsymbol{\sigma}}\right)\tilde{\boldsymbol{\upsilon}} \leqslant \sum_{i=1}^{3}\left|\tilde{\upsilon}_i\tilde{\boldsymbol{\theta}}_i\right|$ 始终保持。

根据引理 2.3、$\hat{\boldsymbol{e}}_2 = \boldsymbol{e}_2 - \tilde{\boldsymbol{\upsilon}}$ 和 $\tilde{\mathcal{W}}_c = \mathcal{W}_c - \hat{\mathcal{W}}_c$，则可以获得

$$\begin{aligned}
&-\boldsymbol{e}_2^{\mathrm{T}}\hat{\mathcal{W}}_c^{\mathrm{T}}\boldsymbol{\xi}(\hat{\boldsymbol{Z}}) + \boldsymbol{e}_2^{\mathrm{T}}\mathcal{W}_c^{\mathrm{T}}\boldsymbol{\xi}(\boldsymbol{Z}) - \hat{\boldsymbol{e}}_2^{\mathrm{T}}\tilde{\mathcal{W}}_c^{\mathrm{T}}\boldsymbol{\xi}(\hat{\boldsymbol{Z}}) \\
&= \boldsymbol{e}_2^{\mathrm{T}}\mathcal{W}_c^{\mathrm{T}}[\boldsymbol{\xi}(\boldsymbol{Z}) - \boldsymbol{\xi}(\hat{\boldsymbol{Z}})] + \tilde{\boldsymbol{\upsilon}}^{\mathrm{T}}\tilde{\mathcal{W}}_c^{\mathrm{T}}\boldsymbol{\xi}(\hat{\boldsymbol{Z}}) \\
&\leqslant \frac{\boldsymbol{e}_2^{\mathrm{T}}\boldsymbol{e}_2}{2} + \frac{\mathcal{W}_m^2\delta^2\bar{\kappa}^2}{2} + \frac{b_1}{4}\tilde{\mathcal{W}}_c^{\mathrm{T}}\tilde{\mathcal{W}}_c + \frac{1}{b_1}\|\tilde{\boldsymbol{\upsilon}}\|^2\left\|\boldsymbol{\xi}(\hat{\boldsymbol{Z}})\right\|^2
\end{aligned} \tag{4-40}$$

式中，$b_1 > 0$ 为常数。需要说明的是，a_1 和 b_1 仅用于稳定性分析。

通过使用引理 2.2，有以下不等式成立：

$$\tilde{\mathcal{W}}_c^{\mathrm{T}}\hat{\mathcal{W}}_c^{\mathrm{T}} \leqslant -\frac{3}{4}\tilde{\mathcal{W}}_c^{\mathrm{T}}\tilde{\mathcal{W}}_c + \mathcal{W}_m^2 \tag{4-41}$$

$$\tilde{\boldsymbol{\theta}}^{\mathrm{T}}\hat{\boldsymbol{\theta}} \leqslant -\frac{3}{4}\tilde{\boldsymbol{\theta}}^{\mathrm{T}}\tilde{\boldsymbol{\theta}} + \|\boldsymbol{\theta}\|^2 \tag{4-42}$$

将式（4-37）～式（4-42）代入式（4-36）得到

$$\begin{aligned}
\dot{V} \leqslant{}& -\boldsymbol{z}^{\mathrm{T}}\boldsymbol{\beta}_1\boldsymbol{z} - \boldsymbol{e}_2^{\mathrm{T}}\left(\boldsymbol{\beta}_2 - \frac{7}{4}\boldsymbol{I}_3\right)\boldsymbol{e}_2 - \frac{3\kappa - b_1}{4}\tilde{\mathcal{W}}_c^{\mathrm{T}}\tilde{\mathcal{W}} - \\
&\frac{3\chi - a_1}{4}\tilde{\boldsymbol{\theta}}^{\mathrm{T}}\tilde{\boldsymbol{\theta}} + 2\|\boldsymbol{\theta}\|^2 + \frac{1}{2}\mathcal{W}_m^2\delta^2\bar{\kappa}^2 + \|\boldsymbol{\beta}_2\tilde{\boldsymbol{\upsilon}}\|^2 + \\
&\mathcal{W}_m^2 + a_1^{-1}\|\tilde{\boldsymbol{\upsilon}}\|^2 + b_1^{-1}\|\tilde{\boldsymbol{\upsilon}}\|^2\left\|\boldsymbol{\xi}(\hat{\boldsymbol{Z}})\right\|^2 + 0.2785\boldsymbol{\sigma}^{\mathrm{T}}\boldsymbol{\theta}
\end{aligned} \tag{4-43}$$

根据定理 4.1，$\tilde{\boldsymbol{\upsilon}}$ 是有界的。此外，根据引理 2.2 和高斯函数的性质，$\left\|\boldsymbol{\xi}(\hat{\boldsymbol{Z}})\right\|$ 有界。那么，存在一个正常数 Θ，使得 $\|\boldsymbol{\beta}_2\tilde{\boldsymbol{\upsilon}}\|^2 + a_1^{-1}\|\tilde{\boldsymbol{\upsilon}}\|^2 + b_1^{-1}\|\tilde{\boldsymbol{\upsilon}}\|^2\left\|\boldsymbol{\xi}(\hat{\boldsymbol{Z}})\right\|^2 \leqslant \Theta$。因此，式（4-43）可改写为

$$\begin{aligned}
\dot{V} \leqslant{}& -\boldsymbol{z}^{\mathrm{T}}\boldsymbol{\beta}_1\boldsymbol{z} - \boldsymbol{e}_2^{\mathrm{T}}\left(\boldsymbol{\beta}_2 - \frac{7}{4}\boldsymbol{I}_3\right)\boldsymbol{e}_2 - \frac{3\kappa - b_1}{4}\tilde{\mathcal{W}}_c^{\mathrm{T}}\tilde{\mathcal{W}}_c - \frac{3\chi - a_1}{4}\tilde{\boldsymbol{\theta}}^{\mathrm{T}}\tilde{\boldsymbol{\theta}} + \\
&2\|\theta\|^2 + \frac{1}{2}\mathcal{W}_m^2\delta^2\bar{\kappa}^2 + \Theta + \mathcal{W}_m^2 + 0.2785\boldsymbol{\sigma}^{\mathrm{T}}\boldsymbol{\theta} \\
\leqslant{}& -\lambda_{\min}(\boldsymbol{\beta}_1)\boldsymbol{z}^{\mathrm{T}}\boldsymbol{z} - \left[\lambda_{\min}(\boldsymbol{\beta}_2) - \frac{7}{4}\right]\bar{m}^{-1}\boldsymbol{e}_2^{\mathrm{T}}\boldsymbol{M}\boldsymbol{e}_2 - \\
&\frac{3\kappa - b_1}{4}\lambda_{\min}(\boldsymbol{\Lambda}_c)\tilde{\mathcal{W}}_c^{\mathrm{T}}\boldsymbol{\Lambda}_c^{-1}\tilde{\mathcal{W}}_c - \frac{3\chi - a_1}{4}\lambda_{\min}(\boldsymbol{\Gamma})\tilde{\boldsymbol{\theta}}^{\mathrm{T}}\boldsymbol{\Gamma}^{-1}\tilde{\boldsymbol{\theta}} + \\
&2\|\boldsymbol{\theta}\|^2 + \frac{1}{2}\mathcal{W}_m^2\delta^2\bar{\kappa}^2 + \mathcal{W}_m^2 + 0.2785\sigma^{\mathrm{T}}\boldsymbol{\theta} + \Theta \leqslant -\vartheta V + \mu
\end{aligned} \tag{4-44}$$

式中，$\mu = 2\|\boldsymbol{\theta}\|^2 + \frac{1}{2}\mathcal{W}_m^2\delta^2\bar{\kappa}^2 + \mathcal{W}_m^2 + 0.2785\boldsymbol{\sigma}^T\boldsymbol{\theta} + \Theta$，

$\vartheta = \min\left\{2\lambda_{\min}(\boldsymbol{\beta}_1), 2\left[\lambda_{\min}(\boldsymbol{\beta}_2) - \frac{7}{4}\right]\bar{m}^{-1}, \frac{3\kappa - b_1}{2}\lambda_{\min}(\boldsymbol{\Lambda}_c), \frac{3\chi - a_1}{2}\lambda_{\min}(\boldsymbol{\Gamma})\right\}$。此外，设计参数$\boldsymbol{\beta}_2$，$\kappa$和$\chi$应满足：

$$\lambda_{\min}(\boldsymbol{\beta}_2) > \frac{7}{4} \tag{4-45}$$

$$\kappa > \frac{b_1}{3} \tag{4-46}$$

$$\chi > \frac{a_1}{3} \tag{4-47}$$

根据上述分析，满足以下定理。

定理4.2 在假设4.1～假设4.4和初始条件$|e_{1,i}(0)| < \varrho_i(0)$下，设计的控制律（4-32），自适应律（4-33）、（4-34），虚拟控制律（4-26），非线性变换（4-23）和状态观测器（4-3）能够迫使MSV跟踪给定轨迹$\boldsymbol{\eta}_d$，同时确保轨迹跟踪闭环控制系统中的所有信号都是有界的，并且跟踪误差$\boldsymbol{\eta} - \boldsymbol{\eta}_d$可以在预定义的时间内收敛到预定义的残差集。

证明：求解式（4-44），可得

$$V \leqslant \frac{\mu}{\vartheta} + \left[V(0) - \frac{\mu}{\vartheta}\right]e^{-\vartheta t} \tag{4-48}$$

式中，$V(0)$为V初始值。从式（4-44）可以看出V有界。那么，$\boldsymbol{z}$、$\boldsymbol{e}_2$、$\tilde{\mathcal{W}}_c$和$\tilde{\boldsymbol{\theta}}$也有界。同时，因为$\tilde{\mathcal{W}}_c = \mathcal{W}_c - \hat{\mathcal{W}}_c$，$\tilde{\boldsymbol{\theta}} = \boldsymbol{\theta} - \hat{\boldsymbol{\theta}}$，所以$\tilde{\mathcal{W}}_c$、$\tilde{\boldsymbol{\theta}}$也是有界的。此外，根据假设4.3和$\boldsymbol{e}_1 = \boldsymbol{\eta} - \boldsymbol{\eta}_d$，得到式（4-26）中$\boldsymbol{\alpha}$有界，基于式（4-27）和$\alpha$的有界性，$\boldsymbol{\upsilon}$也是有界的。考虑到$\hat{\boldsymbol{e}}_2 = \boldsymbol{e}_2 - \hat{\boldsymbol{\upsilon}}$和$\hat{\boldsymbol{\upsilon}}$的有界性，$\hat{\boldsymbol{e}}_2$也是有界的。因此，式（4-32）中的$\boldsymbol{\tau}$是有界的。基于以上分析，轨迹跟踪闭环控制系统中的所有信号都是有界的。此外，由于$\lim\limits_{t\to\infty} e^{-\vartheta t} = 0$，$\boldsymbol{z}$收敛到紧集$\boldsymbol{\Omega} = \{\boldsymbol{z} \in \mathbf{R}^3 \| \|\boldsymbol{z}\| \leqslant \sqrt{2\mu / \vartheta}\}$，可通过选择设计参数$\boldsymbol{\beta}_1$、$\boldsymbol{\beta}_2$、$\boldsymbol{\Lambda}_c$、$\boldsymbol{\Gamma}$、$\kappa$和$\chi$使其任意小，从而确保式（4-45）～式（4-47）。根据式（4-23），可以发现$|e_{1,i}| < \varrho$代表$\forall t \geqslant 0$（$i = 1,2,3$），即不等式（4-22）成立。因此，由于PTPF ϱ的特性，跟踪误差$\boldsymbol{e}_1$可以在预定义的时间内收敛到预定义的残差集式（4-20）中，定理4.2被证明。

注 4.8 现有的 MSV 自适应神经/模糊控制方案保证跟踪误差$\boldsymbol{e}_1$收敛到一些可调残差集，见文献[1-5,14,15,18-19]。然而，瞬态和稳态跟踪性能的指标不能准确得到。在实践中，从航行安全的角度出发，预定义 MSV 的跟踪性能具有重要意义。由于式（4-20）中的 PTPF，本工作提出了一个有效的解决方案。此外，我们提出的跟踪控制方案可以保证跟踪误差$\boldsymbol{e}_1$的预定义瞬态和稳态行为，$\boldsymbol{e}_1$的稳定时间和跟踪精度可以由离线用户预定义。

注 4.9 在文献[16-19]中，NESO（Nonlinear Extended State Observer，非线性扩展状态观测器）和基于 NN 的状态观测器用于恢复 MSV 不可测速度$\boldsymbol{\upsilon}$，而惯性矩阵$\boldsymbol{M}$必须已知；相反，所提出的状态观测器（4-3）不需要船舶模型的先验知识。此外，所设计的输出反馈跟踪控制方案的主要优点是实现了状态观测器和控制器的独立设计。

4.3 仿真验证

本节使用名为 CyberShip II 的比例模型作为试验对象，以证明所提出控制方案的有效性，式（2-1）和式（2-2）描述的运动模型的动态参数在文献[25]中详细给出。

在仿真实验中，参考轨迹由以下公式生成：$\dot{\boldsymbol{\eta}}_d=\boldsymbol{J}(\psi_d)\boldsymbol{\upsilon}_d$，$\boldsymbol{M}\dot{\boldsymbol{\upsilon}}_d+\boldsymbol{C}(\boldsymbol{\upsilon}_d)\boldsymbol{\upsilon}_d+\boldsymbol{D}(\boldsymbol{\upsilon}_d)\boldsymbol{\upsilon}_d=\boldsymbol{\tau}_d$，式中$\boldsymbol{\tau}_d=[1,0.2\cos^2(0.01\pi t),0.3\sin^3(0.02\pi t)]^{\mathrm{T}}$。扰动为$\boldsymbol{\tau}_w=\boldsymbol{J}^{\mathrm{T}}(\Psi)\boldsymbol{\omega}+\boldsymbol{d}$，式中$\dot{\boldsymbol{\omega}}=-\boldsymbol{\Upsilon}^{-1}\boldsymbol{\omega}+\boldsymbol{\Phi}\boldsymbol{\Xi}$是一阶马尔可夫过程，$\boldsymbol{\Xi}\in\mathbf{R}^3$为零均值高斯白噪声，$\boldsymbol{d}=\begin{bmatrix}1+0.5\sin(0.1t)+0.3\cos(0.2t)+0.2\sin(0.02t)\mathrm{N}\\0.8+0.6\sin(0.1t)+0.3\cos(0.2t)-0.2\cos(0.02t)\mathrm{N}\\1.2+0.4\sin(0.1t)-0.3\cos(0.2t)-0.2\sin(0.02t)\mathrm{N}\cdot\mathrm{m}\end{bmatrix}$，$\boldsymbol{F}(\boldsymbol{X})$的 RBF NN 包含 5 个节点，在范围内均匀分布在$[-2,2]\times[-2,2]\times[-2,2]\times[-20,20]\times[-20,20]\times[-15,15]$，宽度$\omega_{lo}=4(lo=1,\cdots,5)$，$\boldsymbol{\mathcal{H}}(\boldsymbol{Z})$的 RBF NN 包含 20 个节点，中心在范围内均匀分布$[-2,2]\times\overset{\cdots}{22}\times[-2,2]$和宽度$\omega_l=1(l=1,\cdots,20)$，设计参数见表 4.1。

表 4.1 设计参数

模块	参数	数值
观测器	K	100
	K_1	2

续表

模块	参数	数值
观测器	K_2	10
	Λ_o	$20I_{3\times3}$
	K_0	6
控制律	$\boldsymbol{\beta}_1$	diag(0.3,0.3,0.5）
	$\boldsymbol{\beta}_1$	diag(30,30,40）
	Λ_c	$30I_{3\times3}$
	κ	0.05
	$\boldsymbol{\Gamma}$	diag(1,1,1）
	χ	0.08
扰动	$\boldsymbol{\Upsilon}$	diag(2,2,2）
	Ξ	diag(3,3,2)
预定义	$\ell_i i=1,2,3$ $\hbar_i i=1,2,3$	0.5,0.5,1 0.2,0.2,0.5
	$T_{f,i} i=1,2,3$	8,8,5
	$\varrho_{Tf,i} i=1,2,3$	0.1,0.1,0.05

4.3.1 控制方案有效测试

在本节中，对 CyberShip II 进行了仿真，以验证提出的自适应神经输出反馈控制方案对受到动态不确定性、外部干扰和不可测量速度影响的 MSV 的有效性。此外，还与无预定义性能的自适应神经输出反馈控制器（ANOFWPP）和文献[15]中提出的基于高增益观测器的自适应神经输入反馈控制器（HGOANOFC）进行仿真比较，以证明所设计的具有预定义性能的自适应神经输出反馈控制器（ANOFWOPP）的优越性。在模拟中，初始条件取 $\boldsymbol{\eta}(0)=\hat{\boldsymbol{\eta}}(0)=[-1,-1,0.5]^{\mathrm{T}}$，$\boldsymbol{\upsilon}(0)=[0.1,0.1,0.01]^{\mathrm{T}}$，$\hat{\boldsymbol{\upsilon}}(0)=0$，$\hat{\boldsymbol{\theta}}(0)=0$，$\boldsymbol{S}(0)=0$，$\boldsymbol{\omega}(0)=[0.5,0.5,0.5]^{\mathrm{T}}$，$\hat{\boldsymbol{\mathcal{W}}}_c(0)=0$ 和 $\hat{\boldsymbol{\mathcal{W}}}_o=0$。

采用 ANOFWPP 得到的模拟结果分别如图 4.1（a）～（i）所示。

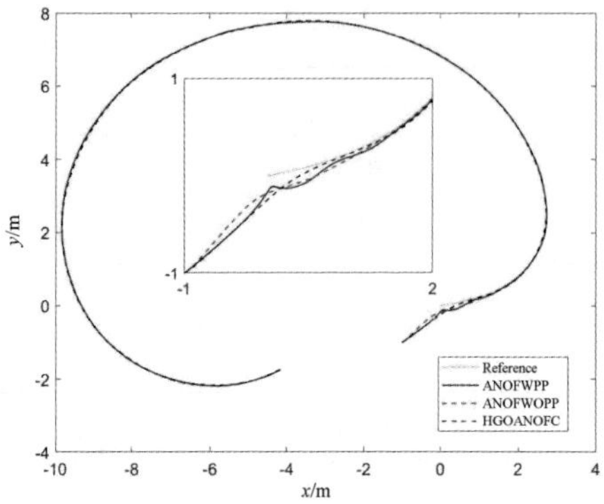

（a）参考轨迹和实际轨迹

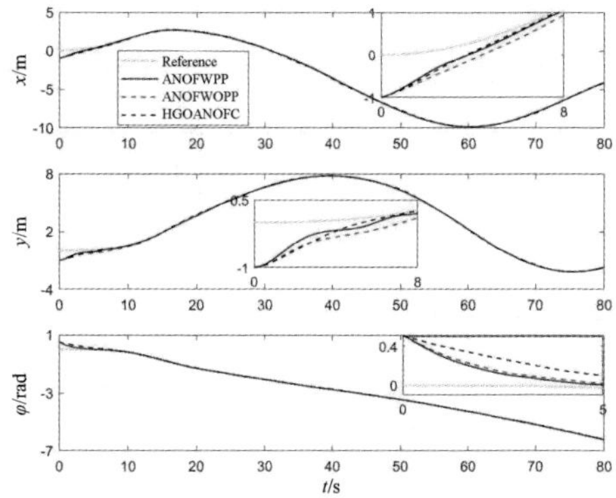

（b）参考和实际位置和偏航角

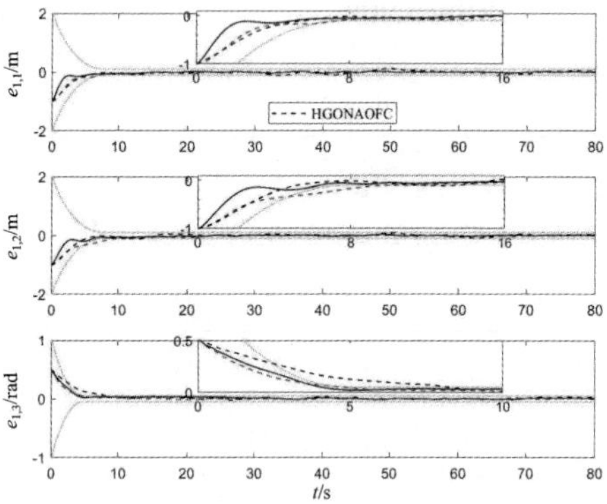

（c）跟踪误差

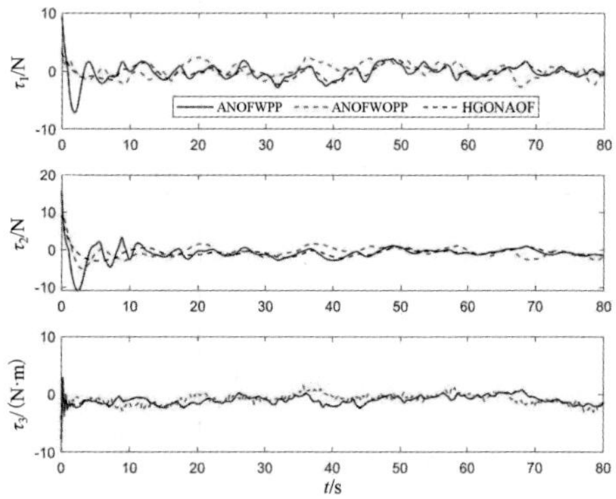

（d）控制输入

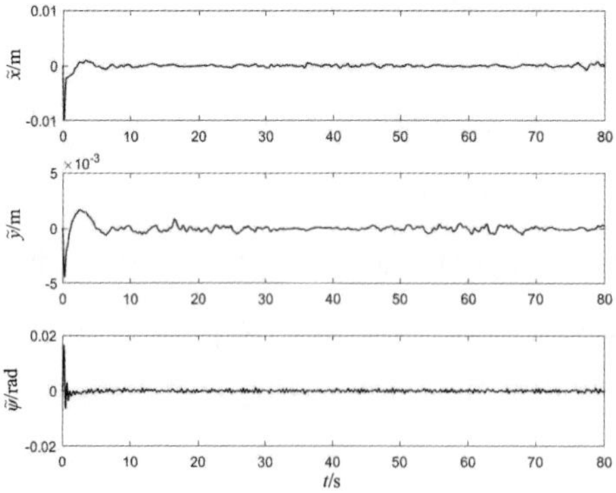

（e）速度 υ 及其估计值

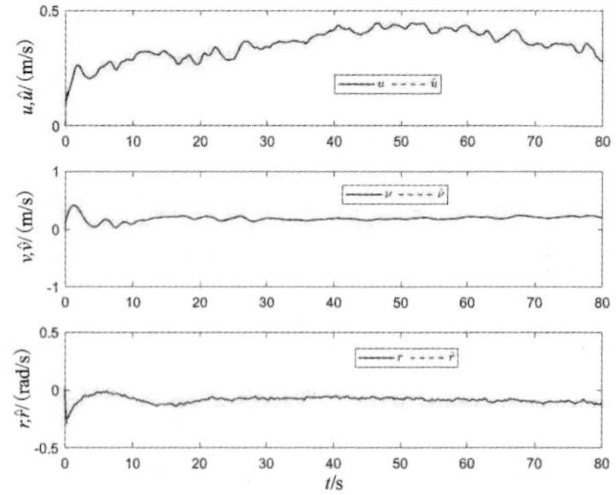

（f）η 位置的观测误差

图 4.1（一）　采用 ANOFWPP，ANOFWOPP 和 HGOANOFC 方法的模拟结果

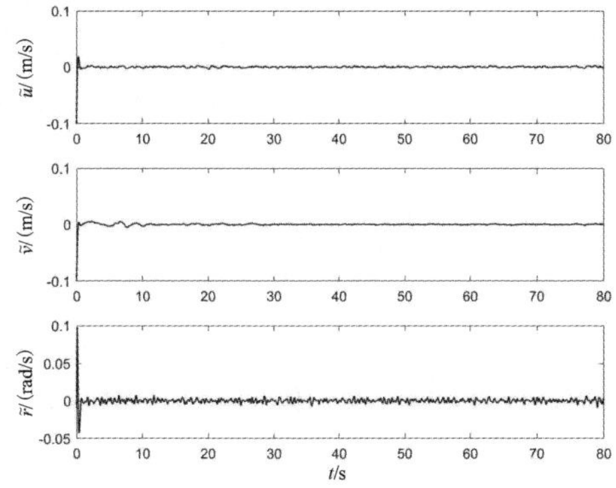

（g）速度 $\boldsymbol{\upsilon}$ 的观测误差

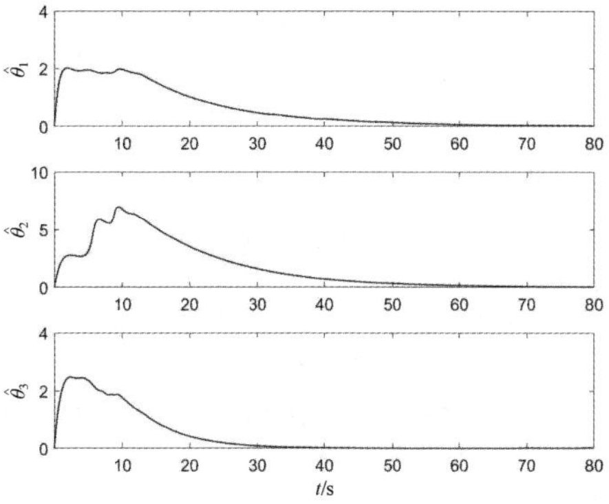

（h）θ_i 的估计值（$i = 1,2,3$）

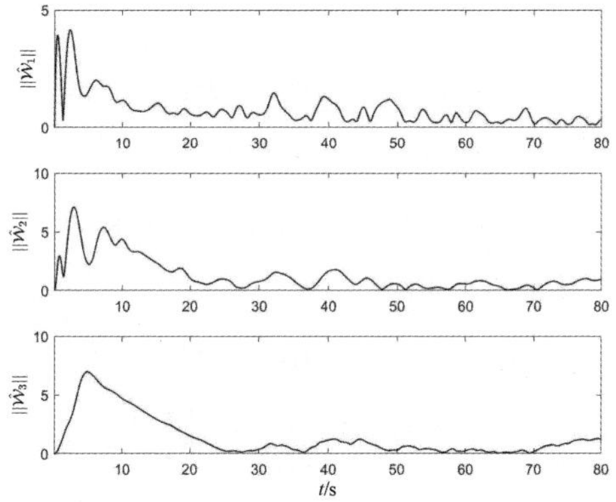

（i）$W_{c,i}$ 估计的 2-范数（$i = 1,2,3$）

图 4.1（二） 采用 ANOFWPP，ANOFWOPP 和 HGOANOFC 方法的模拟结果

图 4.1（a)、(b）表明，所提出的控制方案可以迫使 MSV 沿着参考轨迹 $\boldsymbol{\eta}_d$ 跟踪，并具有令人满意的控制性能。图 4.1（c）绘制了跟踪误差 $\boldsymbol{e}_1$ 的曲线，表明尽管存在动态不确定性、外部干扰和无法测量的速度，预定义的时间性能仍得到保证。图 4.1（d）显示了控制力和力矩，从中可以看出控制输入 $\boldsymbol{\tau}$ 是有界且合理的。图 4.1（e）～（g）绘制 MSV 的速度 $\boldsymbol{\upsilon}$ 及其估计值 $\hat{\boldsymbol{\upsilon}}$，以及观测器误差 $\tilde{\boldsymbol{\eta}}$ 和 $\tilde{\boldsymbol{\upsilon}}$，这表明状态观测器（4-3）和式（4-7）可以恢复 MSV 受到动态不确定性和外部干扰时的不可测量速度 $\boldsymbol{\upsilon}$。从图 4.1（h)、(i）中可以得到，$\hat{\boldsymbol{\theta}}_i$ 和 $\hat{\mathcal{W}}_{c,i}(i=1,2,3)$ 是有界的。这些结果表明，闭环轨迹跟踪控制系统中的所有信号都是有界的，如定理 4.1、定理 4.2 所证明的。因此，提出的自适应神经输出反馈控制方案对于具有

动态不确定性、未知扰动和不可测速度的 MSV 轨迹跟踪是有效的，并且该方案能够以预定义的性能（包括用户定义的稳定时间和跟踪精度）迫使 MSV 沿着参考轨迹跟踪。

此外，为了证明所提出控制方案的优越性，还与 ANOFWOPP 和 HGOANOFC 进行仿真比较。ANOFWOPP 方案下的控制律由下式给出：

$$\boldsymbol{\tau}_{wo} = -\boldsymbol{\beta}_2 \hat{\boldsymbol{e}}_2^{ow} - \boldsymbol{J}^{\mathrm{T}}(\psi)\boldsymbol{e}_1 - \hat{\boldsymbol{\mathcal{W}}}_c^{\mathrm{T}} \boldsymbol{\xi}(\hat{\boldsymbol{Z}}) - \mathbf{Tanh}\left(\frac{\hat{\boldsymbol{e}}_2^{ow}}{\boldsymbol{\sigma}}\right)\hat{\boldsymbol{\theta}} \tag{4-49}$$

$$\hat{\boldsymbol{e}}_2^{ow} = \hat{\boldsymbol{\upsilon}} - \boldsymbol{\alpha}_{wo} \tag{4-50}$$

式中，通过使用式（4-33）和式（4-34）得到了 $\hat{\boldsymbol{\mathcal{W}}}_c^{\mathrm{T}}$ 和 $\hat{\boldsymbol{\theta}}$ 的估计值，虚拟控制律 $\boldsymbol{\alpha}_{wo}$ 为

$$\boldsymbol{\alpha}_{wo} = \boldsymbol{J}^{\mathrm{T}}(\psi)(-\boldsymbol{\beta}_1 \boldsymbol{e}_1 + \dot{\boldsymbol{\eta}}_d) \tag{4-51}$$

注意，控制律 $\boldsymbol{\tau}_{wo}$ 是拟议控制律 $\boldsymbol{\tau}$（4-32）的版本，没有预定义的性能。在仿真中，参考轨迹 $\boldsymbol{\eta}_d$、外部扰动向量 $\boldsymbol{\tau}_w$ 设计参数和初始条件被设置为与式（4-32）中设计控制律 $\boldsymbol{\tau}$ 对应的值相同的值。

根据 HGOANFC 方案制定的控制律由下式给出：

$$\boldsymbol{\tau}_{ko} = -\boldsymbol{J}^{\mathrm{T}}(\psi)\boldsymbol{e}_1 - \boldsymbol{\beta}_k \boldsymbol{e}_2^k - \hat{\boldsymbol{\mathcal{W}}}_k^{\mathrm{T}} \boldsymbol{\xi}(\hat{\boldsymbol{X}}) \tag{4-52}$$

设计如下自适应律：

$$\dot{\hat{W}}_{k,i} = -\Lambda_{k,i}[\boldsymbol{\xi}(\hat{\boldsymbol{X}})e_{2,i} + \bar{\sigma}_i \hat{\mathcal{W}}_{k,i}],\quad i = 1,2,3 \tag{4-53}$$

式中，$\boldsymbol{e}_2^k = \hat{\boldsymbol{\upsilon}} - \boldsymbol{\alpha}_k$，$\boldsymbol{\alpha}_k = \boldsymbol{\alpha}_{wo}$，$\boldsymbol{X} = [\boldsymbol{\eta}^{\mathrm{T}}, \hat{\boldsymbol{\upsilon}}^{\mathrm{T}}, \dot{\boldsymbol{\eta}}_d^{\mathrm{T}}, \ddot{\boldsymbol{\eta}}_d^{\mathrm{T}}]^{\mathrm{T}}$，$\boldsymbol{\Lambda}_k \in \mathbf{R}^{3\times 3}$ 是设计矩阵，$\bar{\sigma}_i$ 是设计常数。在仿真中，参考轨迹 $\boldsymbol{\eta}_d$、外部扰动向量 $\boldsymbol{\tau}_w$ 和初始条件与式（4-32）中设计控制律 $\boldsymbol{\tau}$ 的对应项相同。设计常数均与文献[15]中的相同。

ANOFWOPP 和 HGOANOFC 下的模拟结果如图 4.1（a）～（d）所示，控制律 $\boldsymbol{\tau}_{wo}$ 和 $\boldsymbol{\tau}_{ko}$ 也可以迫使 MSV 的实际位置 (x, y) 和偏航角 ψ 沿参考轨迹 $\boldsymbol{\eta}_{\mathrm{d}}$ 跟踪。从图 4.1（b）、（c）可以清楚地看出，ANOFWPP 下的跟踪控制性能优于 ANOFCWOP 和 HGOANOFC 下的跟踪性能，并且 ANOFWOPP 和 HGOANOFC 无法确保跟踪误差 $e_{1,1}$、$e_{1,2}$ 和 $e_{1,3}$ 在预定义的时间内收敛到预定义的区域。

4.3.2 噪声容忍测试

在本节中，为了进一步说明提出 ANOFWPP 方案的优越性，评估了 ANOFWOPP 方案对船舶位置测量噪声的容差。具有测量噪声的船舶位置为 $\boldsymbol{\eta}+\Xi$，式中白噪声功率 Ξ 设为 0.01，其振幅设置为 $[0.1,0.1,0.02]^{\mathrm{T}}$。

在这种情况下，将在与本节第一小节相同的设计参数和初始条件下进行模拟。此外，还与文献[17]中开发的 HGOANOFC 方案和基于固定时间 ESO 的输出反馈控制（FTESO-OFC）方案进行了仿真比较。FTESO-OFC 方案下的控制律由下式给出：

$$\boldsymbol{\tau}_{fo}=-\boldsymbol{M}\boldsymbol{J}^{\mathrm{T}}(\psi)\left\{[\varsigma^{\ell}](\boldsymbol{k}_1+[\boldsymbol{k}_2]\varsigma^{\hbar})+\hat{\boldsymbol{\omega}}-\ddot{\boldsymbol{\eta}}_d+[\bar{\kappa}][\varsigma^{2\ell-1}]+\frac{2^{1-\ell}}{L^{1/\ell(1+\ell)}}[\varsigma^{2\ell-1}]\right\} \quad (4\text{-}54)$$

式中，$\boldsymbol{k}_1\in\mathbf{R}^3$，$\boldsymbol{k}_2\in\mathbf{R}^3$，$\ell>0$，$\hbar>0$ 和 L 是设计参数。$\hat{\bar{\omega}}$ 是对综合不确定性的估计，由文献[17]中提出的 FTESO 产生。$\varsigma=\hat{\zeta}_e^{1/\ell}-z_c^{1/\hbar}$，其中 $\hat{\boldsymbol{\zeta}}_e=\hat{\boldsymbol{\zeta}}-\dot{\boldsymbol{\eta}}_d$，$\hat{\boldsymbol{\zeta}}$ 是 $\boldsymbol{\zeta}=\mathcal{J}(\psi)\boldsymbol{\upsilon}$ 的估计值。z_c 和 $\bar{\kappa}$ 以及所有设计参数的详细表达式见文献[17]。

三种输出反馈控制律下对测量噪声容忍度的仿真结果如图 4.2 所示，图 4.2（a）～（c）显示跟踪误差 $e_{1,1}$、$e_{1,2}$ 和 $e_{1,3}$ 的曲线，图 4.2（d）显示控制输入的曲线。图 4.2（a）～（c）表明，即使船舶位置测量有噪声，拟议的 ANOFWPP 方案仍能保证满足预定义的性能要求，包括稳定时间和跟踪精度。在相同条件下，HGOANOFC 和 FTESO-OFC 方案未能达到预期的控制性能。此外，图 4.2（a）～（c）显示，ANOFWPP 方案下的位置和航向误差 $\boldsymbol{e}_1$ 曲线比 HGOANOFC 和 FTESO-OFC 方案下的曲线更平滑，这表明位置测量噪声严重影响了 HGOANOFF 和 FTESO-OFC 方案的控制性能。此外，从图 4.2（d）可以清楚地看出，三种控制方案下的控制输入都存在抖振，式中，在 FTESO-OFC 方案下，$\boldsymbol{\tau}_1$ 和 $\boldsymbol{\tau}_2$ 通道中的抖振现象最严重，在 HGOANOFC 方案中，$\boldsymbol{\tau}_3$ 通道中的现象最严重。此外，FTESO-OFC 方案的初始控制输入幅值过大，可能会导致输入饱和问题，损害控制性能。图 4.2 所示的仿真结果表明，相比之下，位置测量噪声对所提出 ANOFWPP 方案的总体控制性能影响最小。

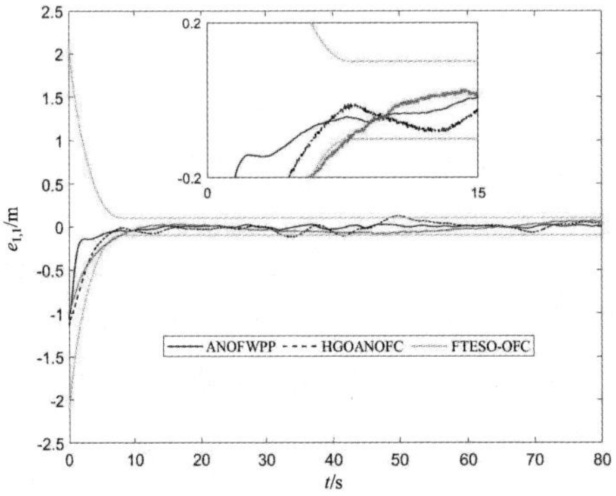

（a）跟踪误差 $e_{1,1}$

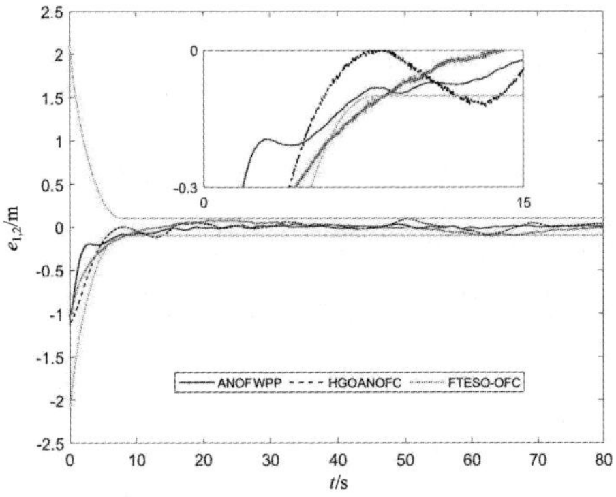

（b）跟踪误差 $e_{1,2}$

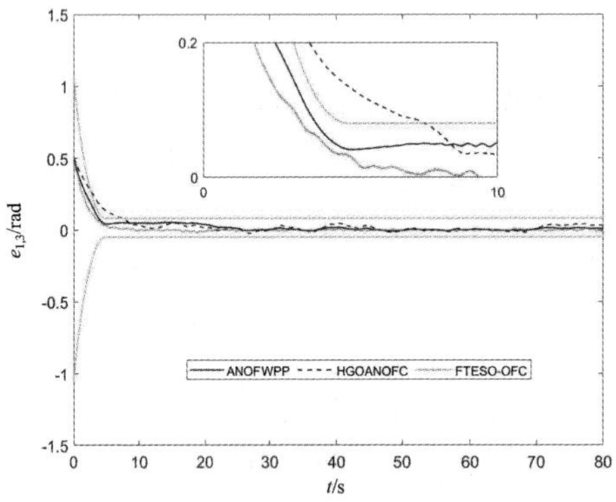

（c）跟踪误差 $e_{1,3}$

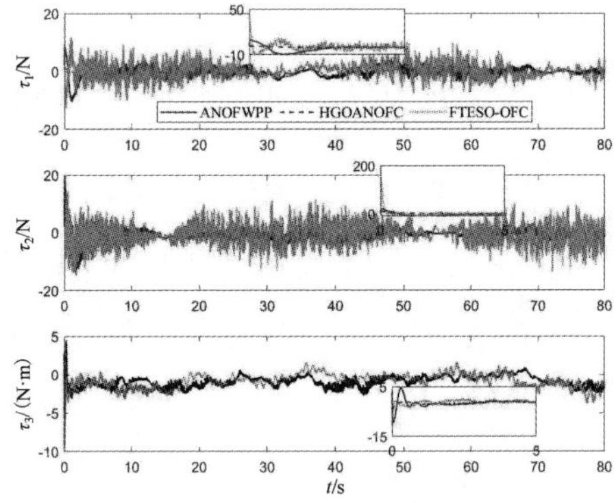

（d）控制输入

图 4.2　对测量噪声容忍度的仿真结果

注 4.10　从状态观测器的结构来看，FTESO-OFC 和提出的基于 NN 的状态观测者（4-10）包含估计误差 $\tilde{\boldsymbol{\eta}}=\boldsymbol{\eta}-\boldsymbol{\eta}_d$。当位置测量有噪声时，噪声包含在误差 $\tilde{\boldsymbol{\eta}}$ 中，并被引入 MSV 的闭环控制系统。具体而言，FTESO-OFC 包含误差 $\tilde{\boldsymbol{\eta}}$ 的分数幂，它放大了噪声对 MSV 控制性能的影响。此外， FTESO-OFC 方案要求惯性矩阵 $\boldsymbol{M}$ 必须在控制设计中可用。与 FTESO 和状态观测器（4-3）不同，文献[15]中提出的 HGO 是线性滤波器，也就是说，噪声不会进入闭环控制系统。然而，HGO 中涉及的一个保守假设是，位置和航向需要提前限定[31,32]，并且需要额外的操作来避免峰值现象[15]。相反，本章提出的基于神经网络的状态观测器（4-3）克服了 FTESO 和 HGO 的缺点。

4.3.3 性能比较

验证不同收敛时间的影响 ϱ_{T_f} 和拟定控制方案跟踪控制性能的初始条件 $\boldsymbol{\eta}(0)$，对影响所提出控制方案的跟踪控制性能的四种情况进行了仿真比较。设计参数见表 4.2。

表 4.2 设计参数

情况	$x(0)$	$y(0)$	$\psi(0)$	$\varrho_{T_{f,1}}$	$\varrho_{T_{f,2}}$	$\varrho_{T_{f,3}}$
C_1	–1.5m	–1.0m	0.7rad	8s	8s	5s
C_2	–1.4m	–1.2m	0.5rad	8s	8s	5s
C_3	–1.0m	–1.0m	0.5rad	5s	5s	4s
C_4	–1.4m	–1.2m	0.7rad	5s	5s	4s

ANOFWPP 方案下的仿真结果如图 4.3、图 4.4 所示。图 4.3 绘制了 C_1 和 C_2 情况下的跟踪误差 $\boldsymbol{e}_1$ 曲线，图 4.4 绘制了 C_3 和 C_4 情况下的追踪误差 $\boldsymbol{e}_1$ 的曲线。图 4.2 和图 4.3 显示了不同的收敛时间 ϱ_{T_f} 和初始条件 $\boldsymbol{\eta}(0)$。

ANOFWPP 方案仍然可以保证预定义的收敛特性，如预定义的时间控制性能和跟踪控制精度。这些结果表明，本章提出的方案允许用户预定义 MSV 的跟踪控制精度和跟踪误差的稳定时间。

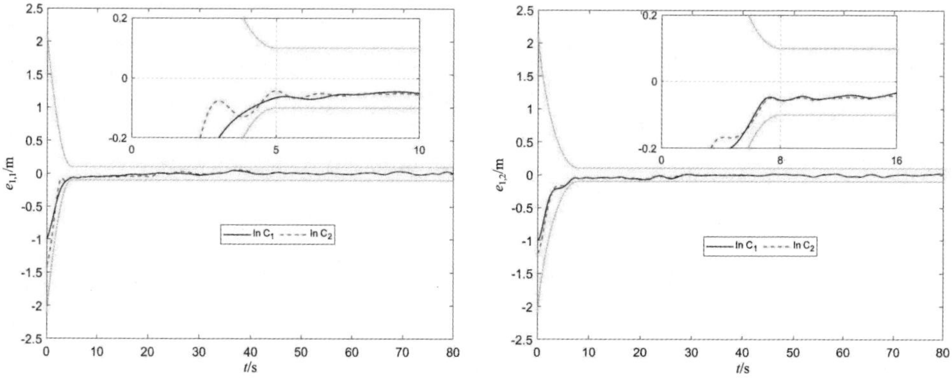

（a）跟踪误差 $e_{1,1}$ （b）跟踪误差 $e_{1,2}$

图 4.3（一） 情况 C_1 和 C_2 的模拟结果

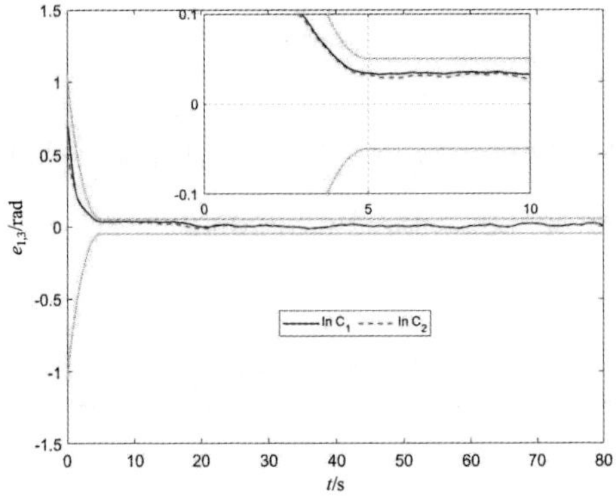

（c）跟踪误差 $e_{1,3}$

图 4.3（二） 情况 C_1 和 C_2 的模拟结果

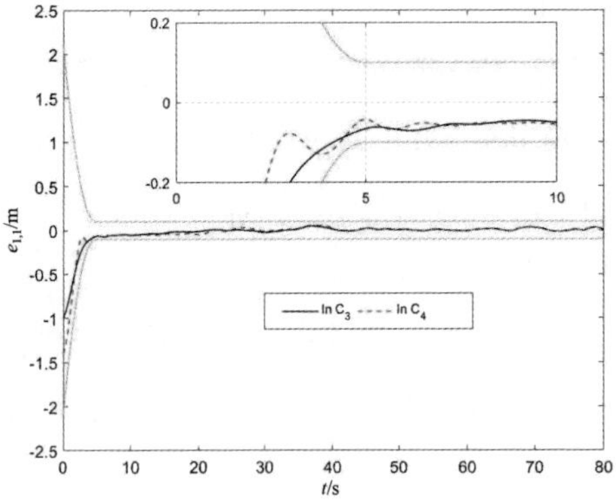

（a）跟踪误差 $e_{1,1}$

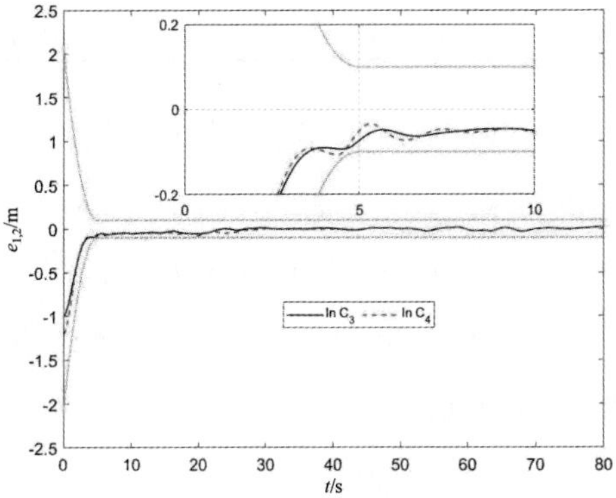

（b）跟踪误差 $e_{1,2}$

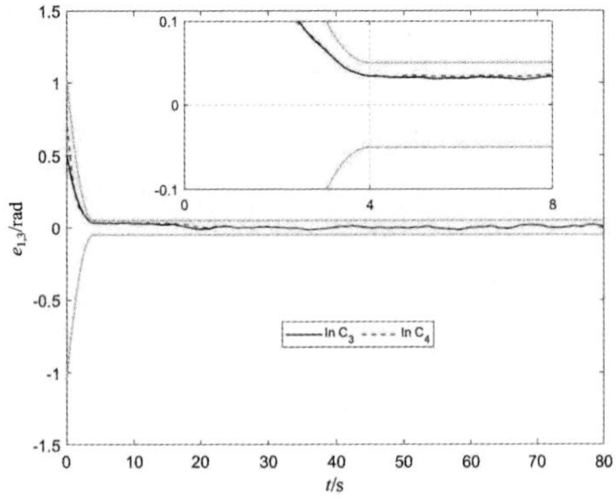

（c）跟踪误差 $e_{1,3}$

图 4.4 情况 C_3 和 C_4 的模拟结果

为进一步分析提出的控制方案、HGOANOFC 方案和 FTESO-OFC 方案的计算性能，使用了计算性能指标，如内存消耗（MC）、总运行时间（TET）、学习参数数目（NOLP）和迭代次数（NOI）来比较这些控制方案的计算性能。表 4.3 定量总结了这些指标。

表 4.3　性能比较

方案	MC	TET	NOLP	NOI
ANOFWPP	44.8MB	19.4s	3×26	40001
HGOANOFC	37.1MB	13.2s	3×20	40003
FTESO-OFC	22.4MB	11.3s	0	40023

从表 4.3 可以看出，ANOFWPP 下的 MC 和 TET 最大。此外，还可以获得每个方法在每个步骤中返回控制命令的平均值，平均值分别为 4.8×10^{-4}s，3.3×10^{-4}s 和 2.8×10^{-4}s。这些定量结果表明在线学习参数的数量越多，计算内存消耗越大。

4.4 结　论

本章将一种新型的基于自适应神经网络的状态观测器、非线性变换方法和自适应神经网络技术与矢量反步法设计工具相结合，提出了具有动态不确定性、外部扰动和速度不可测的无人机自适应神经输出反馈轨迹跟踪控制方案。通过构造一种新的基于神经网络的自适应状态观测器，恢复不可测速度，实现 MSV 的输出反馈跟踪控制设计。通过引入跟踪误差变换，结合新构造的性能函数，在逆向设计过程中，跟踪误差为保证在用户定义的先验时间内收敛到预定义的残差集。李亚普诺夫稳定性分析表明，所提出的自适应神经输出反馈轨迹跟踪控制方案能够在保证 MSV 闭环跟踪控制系统中所有信号有界的情况下，实现预定的瞬态和稳态跟踪性能。

参考文献

[1] PAN C, LAI X, YANG S, et al. An efficient neural network approach to tracking control of an autonomous surface vehicle with unknown dynamics[J]. Expert Systems with Applications, 2013, 40(5): 1629-1635.

[2] LI G, LI W, HILDRE H P, et al. Online learning control of surface vessels for fine trajectory tracking[J]. Journal of Marine Science and Technology, 2016, 21(2): 251-260.

[3] CHEN X, TAN W. Tracking control of surface vessels via adaptive type-2 fuzzy logic control[J]. Ocean Engineering. 2013, 70(4): 97-109.

[4] MA Y, ZHU G, LI X. Error-driven-based nonlinear feedback recursive design for adaptive nn trajectory tracking control of surface ships with input saturation[J]. IEEE Transactions on Intelligent Transportation Systems, 2019, 11(2): 17-28.

[5] PENG Z, WANG J, WANG D. Containment maneuvering of marine surface vehicies with multiple parameterized paths via spatial temporal decoupling[J]. IEEE/ASME Transactions on Mechatronics, 2017, 22(2): 1026-1036.

[6] BECHLIOULIS C P, ROVITHAKIS G A. Robust adaptive control of feedback linearizable mimo nonlinear systems with prescribed performance[J]. IEEE Transactions on Automatic Control, 2008, 53(9): 2090-2099.

[7] BECHLIOULIS C P, ROVITHAKIS G A. Adaptive control with guaranteed transient and steady state tracking error bounds for strict feedback systems[J]. Automatica, 2009, 45(2): 532-538.

[8] GAO T, HUANG J, ZHOU Y, et al. Robust adaptive tracking control of an underactuated ship with guaranteed transient performance[J]. International Journal of Intelligent Systems, 2017,48(2): 1-12.

[9] DAI S, WANG M, WANG C. Neural learning control of marine surface vessels with guaranteed transient tracking performance[J]. IEEE Transactions on

Industrial Electronics, 2016, 63(3): 1717-1727.

[10] LI S, MA T, LUO X, et al. Adaptive fuzzy output regulation for unmanned surface vehicles with prescribed performance[J]. International Journal of Control, Automation, and System, 2019, 17: 1-10.

[11] FOSSEN T I, PEREZ T. Kalman filtering for positioning and heading control of ships and offshore rigs[J]. IEEE Control Systems Magazine, 2009, 29(6): 32-46.

[12] IHLE I, SKJETNE R, FOSSEN T I. Output feedback control for maneuvering systems using observer backstepping[J]. IEEE Xplore, 2005, 7: 27-29.

[13] LOUEIPOUR M, KESHMIRI M, DANESH M, et al. Wave filtering and state estimation in dynamic positioning of marine vessels using position measurement[J]. IEEE Transactions on Instrumentation and Measurement, 2015, 64(12): 3253-3261.

[14] CHEN M, GE S S, HOW B V E, et al. Robust adaptive position mooring control for marine vessels[J]. IEEE Transactions on Control Systems Technology, 2013, 21(2): 395-409.

[15] TEE K P, GE S S, Control of fully actuated ocean surface vessels using a class of feedforward approximators[J]. IEEE Transactions on Control Systems Technology, 2006, 14(4): 5640-5647.

[16] LIU L, WANG D, PENG Z. State recovery and disturbance estimation of unmanned surface vehicles based on nonlinear extended state observers[J]. Ocean Engineering. 2019, 171: 625-632.

[17] ZHANG J, YU S, YAN Y. Fixed-time output feedback trajectory tracking control of marine surface vessels subject to unknown external disturbances and uncertainties[J]. ISA Transactions. 2019, 93: 145-155.

[18] PENG Z, WANG J, WANG D. Distributed containment maneuvering of multiple marine vessels via neurodynamic-based output feedback[J]. IEEE Transactions on Industrial Electronics, 2017, 64(5): 3831-3839.

[19] PARK B S, KWON J W, KIM H. Neural network-based output feedback control

for reference tracking of underactuated surface vessels[J]. Automatica, 2017, 77: 353-359.

[20] SZANTO N, NARAYANAN V, JAGANNATHAN S. Event-sampled direct adaptive NN output- and state-feedback control of uncertain strict-feedback system[J]. IEEE Transactions on Neural Networks and Learning Systems, 2018, 29(5): 1850-1863.

[21] JIA Z, HU Z, ZHANG W. Adaptive output-feedback control with prescribed performance for trajectory tracking of underactuated surface vessels[J]. ISA Transactions. 2019, 95: 18-26.

[22] CHEN L, CUI R, YANG C, et al. Adaptive neural network control of underactuated surface vessels with guaranteed transient performance: Theory and experimental results[J]. IEEE Transactions on Industrial Electronics, 2020, 67(5): 4024-4035.

[23] POLYCARPOU M M. Stable adaptive neural control scheme for nonlinear systems[J]. IEEE Transactions on Automatic Control, 1996, 41(3): 447-451.

[24] DENG H, KRSTIC M. Stochastic nonlinear stabilization-i: A backstepping design[J]. Systems & Control Letters, 1997, 32(3): 143-150.

[25] CHEN X, SHEN W, DAI M. Robust adaptive sliding-mode observer using RBF neural network for lithium-ion battery state of charge estimation in electric vehicles[J]. IEEE Transactions on Vehicular Technology, 2016, 65(4): 1936-1947.

[26] KURDILA A J, NARCOWICH F J, WARD J D. Persistency of excitation in identification using radial basis function approximants[J]. SIAM Journal on Control and Optimization, 1995, 33(2): 625-642.

[27] GE S S, HANG C C, Lee T H. Stable Adaptive Neural Network Control[M]. New York: Springer, 2001.

[28] MA Y, ZHAO Y, INCECIK A. A collision avoidance approach via negotiation protocol for a swarm of USVs[J]. Ocean Engineering. 2021, 224(15): 108713.

[29] DAI S, WANG C, LUO F. Identification and learning control of ocean surface

ship using neural networks[J]. IEEE Transactions on Industrial Informatics, 2012, 8(4): 801-810.

[30] NA J, MAHYUDDIN M N, HERRMANN G. Robust adaptive finite-time parameter estimation and control forrobotic systems[J]. International Journal of Robust and Nonlinear Control, 2015,25(16): 3045-3071.

[31] DU J, HU X, LIU H, et al. Adaptive robust output feedback control for a marine dynamic positioning system based on a high-gain observer[J]. IEEE Transactions on Neural Networks and Learning Systems, 2015, 26(11): 2775-2786.

[32] MA Y, NIE Z, HU S, et al. Fault detection filter and controller co-design for unmanned surface vehicles under DoS attacks[J]. IEEE Transactions on Intelligent Transportation Systems, 2021, 22(3): 1422-1434.

第 5 章　基于复合学习的船舶动态事件触发跟踪控制

本章研究在没有速度信息的情况下受内外部不确定性影响的海洋水面船舶的控制问题。充分利用自适应神经网络和扰动观测器的特有优势，提出分类重构思想。基于这一思想，提出一种带有扰动观测器的新型自适应神经状态观测器来恢复不可测量的速度。在矢量反推设计框架下，利用分类重构思想和基于自适应神经的状态观测器解决了 MSV 的跟踪控制设计问题。

5.1　问题描述

为了便于设计和分析，给出以下假设。

假设 5.1　外部扰动 $\boldsymbol{\tau}_d$ 及其导数是未知且有界的，即存在未知的常数 $\bar{d}_1$ 和 $\bar{d}_2$，满足 $\|\boldsymbol{\tau}_d\| \leqslant \bar{d}_1$ 和 $\|\dot{\boldsymbol{\tau}}_d\| \leqslant \bar{d}_2$。

假设 5.2　惯性矩阵 $\boldsymbol{M}$ 包括标称部分 $\boldsymbol{M}_0$ 和不确定部分，$\boldsymbol{M} = \boldsymbol{M}_0 + \delta\boldsymbol{M}$，$\delta\boldsymbol{M}$，$\boldsymbol{C}(\boldsymbol{\upsilon})$，$\boldsymbol{D}(\boldsymbol{\upsilon})$ 完全未知。

假设 5.3　参考轨迹 $\boldsymbol{\eta}_r = [x_r, y_r, \psi_r]^{\mathrm{T}}$，及其存在一阶和二阶导数。

假设 5.4　速度 $\boldsymbol{\upsilon}$ 在控制设计中不可测。

注 5.1　在实践中，识别作用于 MSV 的外部干扰并不容易。然而，由于外部扰动的能量是有限的，因此它是有限且有界的，除非出现异常的海面条件，否则它不会突然变得异常大。虽然惯性矩阵 $\boldsymbol{M}$ 包含了质量、附加质量和惯性，但标称部分 $\boldsymbol{M}_0$ 可以通过物理实验[12]得到。此外，这种假设是常见的，在文献[9,13]中也提到过。然而，非线性动力学项 $\boldsymbol{C}(\boldsymbol{\upsilon})\boldsymbol{\upsilon} + \boldsymbol{D}(\boldsymbol{\upsilon})\boldsymbol{\upsilon}$ 包含了复杂的水动力学参数，这与机动条件和船舶特性有关。因此，该非线性动力学项的精确知识难以获取。$\boldsymbol{\eta}_r$、$\dot{\boldsymbol{\eta}}_r$ 和 $\ddot{\boldsymbol{\eta}}_r$ 需要可用，这是常见的假设，文献[1-2,6-7]中也采用这样的假设。在控制设计中，速度 $\boldsymbol{\upsilon}$ 是必不可少的，而由于测量噪声、传感器故障等原因而不能使用，则该假设合理。因此，所有上述假设都是合理的。

控制目标：本工作是在假设 5.1～假设 5.4 下，为由式（2-7）和式（2-8）描述的船舶设计事件触发自适应复合学习输出反馈控制律$\boldsymbol{\tau}$，使得 MSV 的实际轨迹$\boldsymbol{\eta}$可以跟踪参考轨迹$\boldsymbol{\eta}_r$，同时保证闭环控制系统中的所有信号都有界，也可以避免由 ETC 方法引起的芝诺现象。

5.2 控制设计

在本节对于 MSV 的数学模型，考虑到内部/外部不确定性及不可测速度，提出一个事件触发自适应神经学习复合控制方案。首先，设计一种新的基于神经的状态观测器和扰动观测器，分别重构由外部扰动和近似误差组成的不可测速度$\boldsymbol{\upsilon}$和集总扰动。然后，在矢量后退设计框架下，利用设计的基于神经元的状态观测器和自适应神经网络技术，同时引入串并联估计模型，设计一个扰动观测器来获得集总扰动。在此基础上，设计一个估计器来获得一个预测误差。此外，基于 ETC 的思想，设计一种事件触发复合学习自适应神经控制律。最后，利用 Lyapunov 稳定性定理，证明了该闭环控制系统的稳定性。

5.2.1 观测器设计

船舶模型（2-7）和船舶模型（2-8）的可改写为

$$\begin{cases}\dot{\boldsymbol{\eta}} = \boldsymbol{J}(\psi)\boldsymbol{\upsilon} \\ \dot{\boldsymbol{\upsilon}} = \boldsymbol{\beta}(\boldsymbol{\upsilon},\boldsymbol{\tau}) + \boldsymbol{\tau}_d^*\end{cases} \tag{5-1}$$

式中，$\boldsymbol{\beta}(\boldsymbol{v},\boldsymbol{\tau}) = \boldsymbol{M}^{-1}[\boldsymbol{\tau} - \boldsymbol{C}(\boldsymbol{\upsilon}) + \boldsymbol{D}(\boldsymbol{\upsilon})\boldsymbol{\upsilon}]$、$\boldsymbol{\tau}_d^* = \boldsymbol{M}^{-1}\boldsymbol{\tau}_d$。考虑到假设 5.2、$\boldsymbol{\beta}(\boldsymbol{\upsilon},\boldsymbol{\tau})$和$\boldsymbol{\tau}_d^*$，在神经网络状态观测器中不可用。则根据引理 2.3，未知项$\boldsymbol{\beta}(\boldsymbol{\upsilon},\boldsymbol{\tau})$可以通过神经网络近似技术在线重构：

$$\boldsymbol{\beta}(\boldsymbol{\zeta}) = \boldsymbol{\vartheta}_o^{\mathrm{T}}\boldsymbol{\varrho}(\boldsymbol{\zeta}) + \boldsymbol{\varepsilon}_o \tag{5-2}$$

式中，$\boldsymbol{\zeta} = [\boldsymbol{\upsilon}^{\mathrm{T}},\boldsymbol{\tau}^{\mathrm{T}}]^{\mathrm{T}}$，$\boldsymbol{\vartheta} = \mathrm{diag}(\boldsymbol{\vartheta}_{o,1}^{\mathrm{T}},\boldsymbol{\vartheta}_{o,2}^{\mathrm{T}},\boldsymbol{\vartheta}_{o,3}^{\mathrm{T}})$为权重矩阵，$\boldsymbol{\varrho}(\boldsymbol{\zeta}) = [\varrho_1^{\mathrm{T}}(\boldsymbol{\zeta}),\varrho_2^{\mathrm{T}}(\boldsymbol{\zeta}),\varrho_3^{\mathrm{T}}(\boldsymbol{\zeta})]$是基函数向量，并且$\boldsymbol{\varepsilon}_o$是近似误差向量。这里$\boldsymbol{\vartheta}_{o,i} = [\vartheta_{o,i,1},\cdots,\vartheta_{o,i,\ell}]^{\mathrm{T}}$，且$\|\boldsymbol{\varepsilon}_o\| \leqslant \varepsilon^{\iota}$其中$\varepsilon^{\iota} > 0$是未知常量。

进一步，$\dot{\boldsymbol{\upsilon}}$ 可以写成

$$\dot{\boldsymbol{\upsilon}}=\boldsymbol{\vartheta}_o^{\mathrm{T}}\varrho(\boldsymbol{\zeta})+\boldsymbol{\omega} \tag{5-3}$$

式中，$\boldsymbol{\omega}=\boldsymbol{\tau}_d^*+\boldsymbol{\varepsilon}_o$ 是复合扰动，根据神经网络的逼近理论和假设 5.1，存在一个未知常数 ϖ 满足 $\|\dot{\boldsymbol{\omega}}\|\leqslant\varpi$。将位置、速度、复合扰动和 $\boldsymbol{\vartheta}_o$ 的估计值定义为 $\hat{\boldsymbol{\eta}}$、$\hat{\boldsymbol{\upsilon}}$、$\hat{\boldsymbol{\omega}}$ 和 $\hat{\boldsymbol{\vartheta}}_o$，即 $\tilde{\boldsymbol{\eta}}=\boldsymbol{\eta}-\hat{\boldsymbol{\eta}}$、$\tilde{\boldsymbol{\upsilon}}=\boldsymbol{\upsilon}-\hat{\boldsymbol{\upsilon}}$、$\tilde{\boldsymbol{\omega}}=\boldsymbol{\omega}-\hat{\boldsymbol{\omega}}$ 和 $\tilde{\boldsymbol{\vartheta}}=\boldsymbol{\vartheta}-\hat{\boldsymbol{\vartheta}}$，$\hat{\boldsymbol{\eta}}$ 和 $\hat{\boldsymbol{\upsilon}}$ 由基于如下状态观测器取得：

$$\begin{cases}\dot{\hat{\boldsymbol{\eta}}}=\boldsymbol{J}(\psi)\hat{\boldsymbol{\upsilon}}+\kappa_1\tilde{\boldsymbol{\eta}}\\ \dot{\boldsymbol{\sigma}}=\hat{\boldsymbol{\vartheta}}_o^{\mathrm{T}}\varrho(\hat{\boldsymbol{\zeta}})+\kappa\boldsymbol{J}^{\mathrm{T}}(\psi)\tilde{\boldsymbol{\eta}}+\hat{\boldsymbol{\omega}}\\ \hat{\boldsymbol{\upsilon}}=\boldsymbol{\sigma}+\kappa_2\boldsymbol{J}^{\mathrm{T}}(\psi)\tilde{\boldsymbol{\eta}}\end{cases} \tag{5-4}$$

式中，$\hat{\boldsymbol{\zeta}}=[\hat{\boldsymbol{\upsilon}}^{\mathrm{T}},\boldsymbol{\tau}^{\mathrm{T}}]^{\mathrm{T}}$、$\boldsymbol{\sigma}$ 为辅助变量，$\kappa>0$、$\kappa_1>0$ 和 $\kappa_2>0$ 为观测器增益。

为了获得复合扰动 $\boldsymbol{\omega}$ 的估计值 $\hat{\boldsymbol{\omega}}$，设计如下辅助变量 $\boldsymbol{\delta}_o\in\mathbf{R}^3$：

$$\boldsymbol{\delta}_o=\boldsymbol{\omega}-\kappa_o\hat{\boldsymbol{\upsilon}} \tag{5-5}$$

式中，$\kappa_o>0$ 是一个设计常数，由式（5-5）可知，如果取得 $\hat{\boldsymbol{\delta}}_o$ 和 $\hat{\boldsymbol{\upsilon}}$，则可以得到复合扰动 $\boldsymbol{\omega}$ 的估计值，而根据式（5-4），$\hat{\boldsymbol{\upsilon}}$ 可以由基于神经网络的状态观测器得到。为了获得 $\hat{\boldsymbol{\delta}}_o$，设计如下动态：

$$\dot{\hat{\boldsymbol{\delta}}}_o=-\kappa_o\hat{\boldsymbol{\delta}}_o-\kappa_o[\hat{\boldsymbol{\vartheta}}^{\mathrm{T}}\varrho(\hat{\boldsymbol{\zeta}})+\kappa_o\hat{\boldsymbol{\nu}}] \tag{5-6}$$

进一步，复合扰动的估计值为

$$\hat{\boldsymbol{\omega}}=\hat{\boldsymbol{\delta}}_o+\kappa_o\hat{\boldsymbol{\upsilon}} \tag{5-7}$$

记 $\tilde{\boldsymbol{\delta}}_o=\boldsymbol{\delta}_o-\hat{\boldsymbol{\delta}}_o$；应用式（5-5）和式（5-7），可以得到 $\tilde{\boldsymbol{\delta}}_o=\tilde{\boldsymbol{\omega}}-\kappa_o\tilde{\boldsymbol{\upsilon}}$。进一步，取 $\tilde{\boldsymbol{\delta}}_o$ 的导数，利用式（5-3）和式（5-5）～式（5-7），可得

$$\dot{\tilde{\boldsymbol{\delta}}}_o=\dot{\boldsymbol{\omega}}-\kappa_o\tilde{\boldsymbol{\delta}}_o-\kappa_o^2\tilde{\boldsymbol{\upsilon}}-\kappa_o\tilde{\boldsymbol{\vartheta}}_o^{\mathrm{T}}\varrho(\hat{\boldsymbol{\zeta}})+\kappa_o\varepsilon_o \tag{5-8}$$

式中，$\varepsilon_o=\boldsymbol{\vartheta}_o^{\mathrm{T}}[\varrho(\boldsymbol{\zeta})-\varrho(\hat{\boldsymbol{\zeta}})]$。

根据式（5-4），基于神经网络的状态观测器（5-4）的误差动力方程为

$$\dot{\tilde{\boldsymbol{\eta}}}=\boldsymbol{J}(\psi)\tilde{\boldsymbol{\upsilon}}-\kappa_1\tilde{\boldsymbol{\eta}} \tag{5-9}$$

$$\begin{aligned}\dot{\tilde{\boldsymbol{\upsilon}}}=&\tilde{\boldsymbol{\vartheta}}_o^{\mathrm{T}}\varrho(\hat{\boldsymbol{\zeta}})-\kappa_2\tilde{\boldsymbol{\upsilon}}-\kappa\boldsymbol{J}^{\mathrm{T}}(\psi)\tilde{\boldsymbol{\eta}}+\kappa_2\kappa_1\boldsymbol{J}^{\mathrm{T}}(\psi)\tilde{\boldsymbol{\eta}}\\&-\kappa_2\dot{\boldsymbol{J}}^{\mathrm{T}}(\psi)\tilde{\boldsymbol{\eta}}+\varepsilon_o+\tilde{\boldsymbol{\omega}}\end{aligned} \tag{5-10}$$

在神经网络状态观测器（5-4）中，设计如下神经网络权重自适应律：

$$\dot{\hat{\boldsymbol{\vartheta}}}_o = \boldsymbol{K}_o[\mathrm{tr}(\boldsymbol{\varrho}(\hat{\boldsymbol{\zeta}})\tilde{\boldsymbol{\eta}}^{\mathrm{T}}) - k_3\hat{\boldsymbol{\vartheta}}] \tag{5-11}$$

式中，$\boldsymbol{K}_o = \mathrm{diag}(K_{o,1}, K_{o,2}, K_{o,3})$ 是一个设计矩阵，$K_{o,i}$ 为常数，k_3 是一个设计常数。

当涉及 MSV 的基于神经网络的状态观测器（5-4）时，可以总结出以下定理。

定理 5.1 在假设 5.2 下，考虑 MSVs（5-1）、神经网络状态观测器（5-4）、神经网络扰动干扰观测器（5-6）、干扰观测器（5-7）、干扰观测器（5-10）的动态性。如果设计参数 l、κ、κ_1、κ_2、k_3 和 κ_o 满足以下不等式，则观测器（5-4）和（5-7）的误差（5-8）～（5-10）有界。

$$\begin{cases} 2\kappa_2 > \kappa_1 + l + 1 + 2\kappa_0 + (\kappa_0^2 - 1)^2 \\ 2\kappa\kappa_1 > \kappa_2^2 + l \\ k_3 > \kappa_0^2 + 1 \\ 2\kappa_0 > 3 + l \end{cases} \tag{5-12}$$

式中，l 为神经元的总数。

证明：构造如下李雅普诺夫函数：

$$\mathcal{L}_{\mathrm{V}_0} = \frac{\kappa}{2}\tilde{\boldsymbol{\eta}}^{\mathrm{T}}\tilde{\boldsymbol{\eta}} + \frac{1}{2}\boldsymbol{\upsilon}_1^{\mathrm{T}}\boldsymbol{\upsilon}_1 + \frac{1}{2}\tilde{\boldsymbol{\vartheta}}^{\mathrm{T}}\boldsymbol{K}_o\tilde{\boldsymbol{\vartheta}} + \frac{1}{2}\tilde{\boldsymbol{\delta}}_o^{\mathrm{T}}\tilde{\boldsymbol{\delta}}_o \tag{5-13}$$

对 $\mathcal{L}_{V_0}$ 求导，应用式（5-8）～式（5-10）和 $\|\boldsymbol{R}(\psi)\| = 1$，可得

$$\begin{aligned}
\dot{\mathcal{L}}_{\mathrm{V}_0} &= \kappa\tilde{\boldsymbol{\eta}}^{\mathrm{T}}[\boldsymbol{J}(\psi)\hat{\boldsymbol{\upsilon}} - \kappa_1\tilde{\boldsymbol{\eta}}] + \\
&\quad \hat{\boldsymbol{\upsilon}}^{\mathrm{T}}(\tilde{\vartheta}_o^{\mathrm{T}}\boldsymbol{\varrho}(\hat{\zeta}) - \kappa_2\hat{\boldsymbol{\upsilon}} - \kappa\boldsymbol{J}^{\mathrm{T}}(\psi)\tilde{\boldsymbol{\eta}} + \kappa_2\kappa_1\boldsymbol{J}^{\mathrm{T}}(\psi)\tilde{\boldsymbol{\eta}} - \kappa_2\dot{\boldsymbol{J}}^{\mathrm{T}}(\psi)\tilde{\boldsymbol{\eta}} + \tilde{\boldsymbol{\omega}}) + \\
&\quad \tilde{\boldsymbol{\vartheta}}_o^{\mathrm{T}}[\mathrm{tr}(\boldsymbol{\varrho}(\hat{\zeta})\tilde{\boldsymbol{\eta}}^{\mathrm{T}}) - k_3\hat{\vartheta}] + \tilde{\boldsymbol{\delta}}_o^{\mathrm{T}}[\dot{\boldsymbol{\omega}} - \kappa_o\tilde{\boldsymbol{\delta}}_o - \kappa_o^2\hat{\boldsymbol{\upsilon}} - \kappa_o\tilde{\vartheta}_o^{\mathrm{T}}\boldsymbol{\varrho}(\hat{\zeta}) + \boldsymbol{\kappa}_o\boldsymbol{\varepsilon}_o] \\
&\leqslant \kappa_2\kappa_1\hat{\boldsymbol{\upsilon}}^{\mathrm{T}}\boldsymbol{J}^{\mathrm{T}}(\psi)\tilde{\boldsymbol{\eta}} - \kappa\kappa_1\tilde{\boldsymbol{\eta}}^{\mathrm{T}}\tilde{\boldsymbol{\eta}} - \kappa_2\hat{\boldsymbol{\upsilon}}^{\mathrm{T}}\hat{\boldsymbol{\upsilon}} + \hat{\boldsymbol{\upsilon}}^{\mathrm{T}}(\varepsilon_o + \tilde{\omega}) + \\
&\quad (\hat{\boldsymbol{\upsilon}} - \tilde{\boldsymbol{\eta}} - \kappa_o\tilde{\boldsymbol{\delta}}_o)^{\mathrm{T}}\tilde{\vartheta}_o^{\mathrm{T}}\boldsymbol{\varrho}(\hat{\zeta}) - \tilde{\boldsymbol{\delta}}_o^{\mathrm{T}}(\kappa_o^2\hat{\boldsymbol{\upsilon}} - \dot{\boldsymbol{\omega}} - \kappa_o\boldsymbol{\varepsilon}_0)
\end{aligned} \tag{5-14}$$

运用 $\tilde{\boldsymbol{\delta}}_o = \tilde{\boldsymbol{\omega}} - \kappa_o\tilde{\boldsymbol{\upsilon}}$，式（5-14）可改写为

$$\begin{aligned}
\dot{\mathcal{L}}_{\mathrm{V}_0} &\leqslant \kappa_2\kappa_1\tilde{\boldsymbol{v}}^{\mathrm{T}}\boldsymbol{J}^{\mathrm{T}}(\psi)\tilde{\boldsymbol{\eta}} - \kappa\kappa_1\tilde{\boldsymbol{\eta}}^{\mathrm{T}}\tilde{\boldsymbol{\eta}} - \kappa_2\hat{\boldsymbol{\upsilon}}^{\mathrm{T}}\hat{\boldsymbol{\upsilon}} + \hat{\boldsymbol{\upsilon}}^{\mathrm{T}}(\boldsymbol{\varepsilon}_o + \tilde{\boldsymbol{\delta}}_o + \kappa_o\hat{\boldsymbol{\upsilon}}) + \\
&\quad (\hat{\boldsymbol{\upsilon}} - \tilde{\boldsymbol{\eta}} - \kappa_o\tilde{\boldsymbol{\delta}}_o)^{\mathrm{T}}\tilde{\boldsymbol{\vartheta}}_o^{\mathrm{T}}\boldsymbol{\varrho}(\hat{\zeta}) + k_3\tilde{\boldsymbol{\vartheta}}_o{}^{\mathrm{T}}\hat{\vartheta} - \kappa_o\tilde{\boldsymbol{\delta}}_o^{\mathrm{T}}\tilde{\boldsymbol{\delta}}_o - \\
&\quad \tilde{\boldsymbol{\delta}}_o^{T}(\kappa_o^2\hat{\boldsymbol{\upsilon}} - \dot{\boldsymbol{\omega}} - \kappa_o\boldsymbol{\varepsilon}_o)
\end{aligned} \tag{5-15}$$

应用引理 2.2，得到不等式：

$$
\begin{cases}
(\hat{\boldsymbol{\upsilon}}+\kappa_o\tilde{\boldsymbol{\delta}}_o)^{\mathrm{T}}\varepsilon_o \leqslant \dfrac{1}{2}(\|\hat{\boldsymbol{\upsilon}}\|^2+\|\tilde{\boldsymbol{\delta}}_o\|^2)+\dfrac{\kappa_o^2+1}{2}\|\varepsilon_o\|^2 \\
(\hat{\boldsymbol{\upsilon}}-\tilde{\boldsymbol{\eta}})^{\mathrm{T}}\tilde{\boldsymbol{\vartheta}}^{\mathrm{T}}\varrho(\hat{\boldsymbol{\zeta}}) \leqslant \dfrac{l(\|\hat{\boldsymbol{\upsilon}}\|+\|\tilde{\boldsymbol{\eta}}\|^2)}{2}+\dfrac{1}{2}\|\tilde{\boldsymbol{\vartheta}}_o\|^2 \\
\tilde{\boldsymbol{\delta}}_o^{\mathrm{T}}(\kappa_o\boldsymbol{\varepsilon}_o+\dot{\boldsymbol{\omega}}) \leqslant \dfrac{1}{2}\|\tilde{\boldsymbol{\delta}}_0\|^2+\dfrac{1}{2}\|\kappa_o\boldsymbol{\varepsilon}_o+\dot{\boldsymbol{\omega}}\| \\
\kappa_2\kappa_1\hat{\boldsymbol{\nu}}^{\mathrm{T}}\boldsymbol{J}^{\mathrm{T}}(\psi)\tilde{\boldsymbol{\eta}} \leqslant \dfrac{1}{2}\kappa_1^2\|\hat{\boldsymbol{\upsilon}}\|^2+\dfrac{1}{2}\kappa_2^2\|\tilde{\boldsymbol{\eta}}\|^2 \\
(1-\kappa_o^2)\hat{\boldsymbol{\upsilon}}^{\mathrm{T}}\tilde{\boldsymbol{\delta}}_o \leqslant \dfrac{(\kappa_o^2-1)^2}{2}\|\hat{\boldsymbol{\upsilon}}\|^2+\dfrac{1}{2}\|\tilde{\boldsymbol{\delta}}_o\|^2 \\
-\kappa_o\tilde{\boldsymbol{\delta}}_o\tilde{\boldsymbol{\vartheta}}_o^{\mathrm{T}}\varrho(\hat{\boldsymbol{\zeta}}) \leqslant \dfrac{l}{2}\|\tilde{\boldsymbol{\delta}}_o\|^2+\dfrac{\kappa_o^2}{2}\|\tilde{\boldsymbol{\vartheta}}_o\|^2 \\
\tilde{\boldsymbol{\vartheta}}_o^{\mathrm{T}}\hat{\boldsymbol{\vartheta}} \leqslant -\dfrac{1}{2}\|\tilde{\boldsymbol{\vartheta}}_o\|^2-\dfrac{1}{2}\|\boldsymbol{\vartheta}_o\|^2
\end{cases}
\tag{5-16}
$$

应用（5-15），（5-16）可得：

$$
\begin{aligned}
\dot{\mathcal{L}}_{V_0} \leqslant & -\left(\kappa\kappa_1-\frac{1}{2}\kappa_2^2-\frac{l}{2}\right)\tilde{\boldsymbol{\eta}}^{\mathrm{T}}\tilde{\boldsymbol{\eta}}-\left(\kappa_2-\frac{1}{2}\kappa_1^2-\frac{l}{2}-\kappa_o-\frac{(\kappa_o^2-1)^2}{2}\right)\hat{\boldsymbol{\upsilon}}^{\mathrm{T}}\hat{\boldsymbol{\upsilon}}+ \\
& -\frac{1}{2}(k_3-\kappa_o^2-1)\tilde{\boldsymbol{\vartheta}}_o{}^{\mathrm{T}}\hat{\boldsymbol{\vartheta}}-\left(\kappa_o-\frac{3+l}{2}\right)\tilde{\boldsymbol{\delta}}_o^{\mathrm{T}}\tilde{\boldsymbol{\delta}}_o+\frac{\kappa_o^2+1}{2}\|\boldsymbol{\varepsilon}_o\|^2+\frac{1}{2}\|\tilde{\boldsymbol{\vartheta}}_o\|^2 \\
& +\frac{1}{2}\|\kappa_o\boldsymbol{\varepsilon}_o+\dot{\boldsymbol{\omega}}\|
\end{aligned}
\tag{5-17}
$$

令 $B_o=\dfrac{\kappa_o^2+1}{2}\|\boldsymbol{\varepsilon}_o\|^2+\dfrac{1}{2}\|\tilde{\boldsymbol{\vartheta}}_o\|^2+\dfrac{1}{2}\|\kappa_o\boldsymbol{\varepsilon}_o+\dot{\boldsymbol{\omega}}\|$，根据引理 2.3，可得 $\|\boldsymbol{\varepsilon}_o\|\leqslant\bar{\epsilon}_o$ 与 $\bar{\epsilon}_o$ 是一个正的常数。此外，利用 $\|\dot{\boldsymbol{\omega}}\|\leqslant\bar{\boldsymbol{\varpi}}$，存在一个满足 $B_o\leqslant\bar{B}_o$。因此，式（5-17）可写为

$$
\dot{\mathcal{L}}_{V_0}\leqslant-\chi_o\mathcal{L}_{V_0}+\bar{B}_o \tag{5-18}
$$

式中，

$$
\chi_o=\min\left\{\kappa_1-\frac{1}{2}\kappa_2^2-\frac{l}{2},\kappa_2-\frac{1}{2}\kappa_1^2-\frac{1+l}{2}-\kappa_o-\frac{(\kappa_o^2-1)^2}{2},k_3-\kappa_o^2-1,\kappa_o-\frac{3+l}{2}\right\} \tag{5-19}
$$

对于式（5-19），如果式（5-12）成立，则 χ_o 是一个正的常数。此外，还可以

得到 $\dot{\mathcal{L}}_{V_0} \leqslant \frac{\bar{B}_o}{\chi_o} + \left[\mathcal{L}_{V_0}(0) - \frac{\bar{B}_o}{\chi_o}\right] e^{-\chi_o t}$，以 $\mathcal{L}_{V_0}(0)$ 为 $\mathcal{L}_{V_0}$ 的初始值，这意味着 $t \to \infty$ 时 $\mathcal{L}_{V_0} \leqslant \frac{\bar{B}_o}{\chi_o}$，$\mathcal{L}_{V_0}$ 对于 $\forall t \geqslant 0$ 是有界的。此外，根据式（5-13），$\tilde{\boldsymbol{\eta}}$、$\tilde{\boldsymbol{\upsilon}}$、$\tilde{\boldsymbol{\delta}}_o$ 和 $\tilde{\boldsymbol{\vartheta}}_o$ 是有界的。

此外，根据式（5-13）和式（5-19），可得

$$\|\tilde{\boldsymbol{\eta}}\| \leqslant \sqrt{\frac{2\bar{B}_o}{\kappa\chi_o} + \frac{2\mathcal{L}_{V_0}(0)}{\kappa}},\ \|\tilde{\boldsymbol{v}}\| \leqslant \sqrt{\frac{2\bar{B}_o}{\chi_o} + 2\mathcal{L}_{V_0}(0)},\ \|\tilde{\boldsymbol{\delta}}_o\| \leqslant \sqrt{\frac{2\bar{B}_o}{\chi_o} + 2\mathcal{L}_{V_0}(0)} \quad (5\text{-}20)$$

因此，对于任意一个 $\epsilon_\eta > \sqrt{\frac{2\bar{B}_o}{\kappa\chi_o}}$，$\epsilon_v > \sqrt{\frac{2\bar{B}_o}{\chi_o}}$，$\epsilon_\delta > \sqrt{\frac{2\bar{B}_o}{\chi_o}}$，存在常数 T_η、T_υ、T_δ，使 $\|\tilde{\boldsymbol{\eta}}\| \leqslant \epsilon_\eta$ 对任意 $t > T_\eta$，$\|\tilde{\boldsymbol{\upsilon}}\| \leqslant \epsilon_\upsilon$ 对任意 $t > T_v$，$\|\tilde{\boldsymbol{\delta}}_o\| \leqslant \epsilon_\delta$ 对任意 $t > T_\delta$。因此观测器误差 $\tilde{\boldsymbol{\eta}}$、$\tilde{\boldsymbol{\upsilon}}$、$\tilde{\boldsymbol{\delta}}_o$ 可以通过选择设计参数使其尽可能小。因此，定理 5.1 合理。

注 5.3 从定理 5.1 中可以发现，自适应基于神经网络的状态观测器（5-4）是独立于控制定律设计的，即使 MSV 受到内部和外部的不确定性，它也符合分离原理。虽然在文献[8-10]中提出的状态观测器也实现了与控制律的分离设计，但两者的区别在于，作者在状态观测器的设计中考虑了集总扰动项 $\dot{\boldsymbol{\omega}}$ 的重建。在文献[8-10]中，$\boldsymbol{\omega}$ 项的影响通过增加观测器的增益而被抑制。

5.2.2 控制律设计

在本节中，对于具有内外不确定性和不可测量速度的 MSV，在 Backstepping 设计框架下，采用基于神经网络状态观测器（5-4）、ETC 方法、自适应神经技术和扰动观测器技术，设计了一种事件触发的自适应神经输出反馈控制律。整个设计过程包括两个步骤。在控制设计前，请定义以下位置误差 $\boldsymbol{e}_\eta \in \mathbf{R}^3$ 和速度误差 $\boldsymbol{e}_\upsilon \in \mathbf{R}^3$：

$$\boldsymbol{e}_\eta = \boldsymbol{\eta} - \boldsymbol{\eta}_r \quad (5\text{-}21)$$

$$\boldsymbol{e}_\upsilon = \boldsymbol{\upsilon} - \boldsymbol{\alpha} \quad (5\text{-}22)$$

式中，$\boldsymbol{\alpha} \in \mathbf{R}^3$ 为 $\boldsymbol{\alpha}_\upsilon \in \mathbf{R}^3$ 的滤波形式，这里，$\boldsymbol{\alpha} \in \mathbf{R}^3$ 可通过以下滤波器获得：

$$\jmath\dot{\boldsymbol{\alpha}} + \boldsymbol{\alpha} = \boldsymbol{\alpha}_\upsilon \quad (5\text{-}23)$$

式中，$\jmath > 0$ 是滤波器的时间常数。设 $\tilde{\boldsymbol{\alpha}} = \boldsymbol{\alpha}_\upsilon - \boldsymbol{\alpha}$，得到 $\dot{\boldsymbol{\alpha}} = \jmath^{-1}\tilde{\boldsymbol{\alpha}}$。

注 5.4 由于使用了滤波器（5-23），因此存在过滤器误差$\tilde{\boldsymbol{\alpha}}$。不可避免地引入滤波误差$\tilde{\boldsymbol{\alpha}}$，影响控制性能。在现有的工作中，文献[14-17]中的滤波器可以对滤波器引起的误差进行补偿。

步骤 1：对$\boldsymbol{e}_\eta$求导，根据式（5-22）和式（5-23）可得

$$\dot{\boldsymbol{e}}_\eta = \boldsymbol{J}(\psi)(\boldsymbol{e}_\upsilon + \boldsymbol{\alpha}_\upsilon + \tilde{\boldsymbol{\alpha}}) - \dot{\boldsymbol{\eta}}_r \tag{5-24}$$

设计虚拟控制律$\boldsymbol{\alpha}_\upsilon$：

$$\boldsymbol{\alpha}_\upsilon = \boldsymbol{J}^{-1}(\psi)(-\boldsymbol{c}_1\boldsymbol{e}_\eta + \dot{\boldsymbol{\eta}}_r) \tag{5-25}$$

式中，$\boldsymbol{c}_1 \in \mathbf{R}^3$是对称正定设计矩阵。

通过（5-25）可得

$$\dot{\boldsymbol{e}}_\eta = \boldsymbol{J}(\psi)(\boldsymbol{e}_\upsilon + \tilde{\boldsymbol{\alpha}}) - \boldsymbol{c}_1\boldsymbol{e}_\eta \tag{5-26}$$

步骤 2：对$\boldsymbol{e}_\upsilon \in R^3$求导，可得

$$\dot{\boldsymbol{e}}_\upsilon = -\boldsymbol{M}_0^{-1}\boldsymbol{F}(\boldsymbol{\upsilon}') + \boldsymbol{M}_0^{-1}(\boldsymbol{\tau} + \boldsymbol{\tau}_d) - \dot{\boldsymbol{\alpha}} \tag{5-27}$$

式中，$\boldsymbol{F}(\boldsymbol{\upsilon}') = \boldsymbol{C}(\boldsymbol{\upsilon})\boldsymbol{\upsilon} + \boldsymbol{D}(\boldsymbol{\upsilon})\boldsymbol{\upsilon} + \boldsymbol{\delta}_M\dot{\boldsymbol{\upsilon}}$和$\boldsymbol{\upsilon}' = [\boldsymbol{\upsilon}^{\mathrm{T}}, \dot{\boldsymbol{\upsilon}}^{\mathrm{T}}]^{\mathrm{T}}$。根据假设 5.1 和假设 5.2，知道式（5-18）中存在两个未知项，即$\boldsymbol{F}(\boldsymbol{\upsilon}')$和$\boldsymbol{\tau}_d$。显然，控制律$\boldsymbol{\tau}$中不直接使用$\boldsymbol{F}(\boldsymbol{\upsilon}')$和$\boldsymbol{\tau}_d$。根据 NN 的在线重构理论，$\boldsymbol{F}(\boldsymbol{\upsilon}')$可以在线重构，但$\boldsymbol{\tau}_d$不能在线重构，因为状态$\boldsymbol{\eta}$和$\boldsymbol{\upsilon}$无关。进一步，利用引理 2.2，可以得到

$$-\boldsymbol{M}_0^{-1}\boldsymbol{F}(\boldsymbol{\upsilon}') = \boldsymbol{\vartheta}_\upsilon^{\mathrm{T}}\boldsymbol{\varrho}(\boldsymbol{\upsilon}) + \boldsymbol{\varepsilon}_\upsilon \tag{5-28}$$

式中，$\boldsymbol{\vartheta}_\upsilon = \mathrm{diag}(\boldsymbol{\vartheta}_{\upsilon,1}^{\mathrm{T}}, \boldsymbol{\vartheta}_{\upsilon,2}^{\mathrm{T}}, \boldsymbol{\vartheta}_{\upsilon,3}^{\mathrm{T}})$，$\boldsymbol{\varrho}(\boldsymbol{\upsilon}) = [\varrho_1(\boldsymbol{\upsilon})^{\mathrm{T}}, \varrho_2(\boldsymbol{\upsilon})^{\mathrm{T}}, \varrho_3(\boldsymbol{\upsilon})^{\mathrm{T}}]^{\mathrm{T}}$，$\boldsymbol{\varepsilon}_\upsilon = [\varepsilon_{\upsilon,1}, \varepsilon_{\upsilon,2}, \varepsilon_{\upsilon,3}]^{\mathrm{T}}$。根据 NN 的逼近原理，误差向量$\boldsymbol{\varepsilon}_c$满足$\|\boldsymbol{\varepsilon}_c\| \leqslant \bar{\varepsilon}_c$和$\|\dot{\boldsymbol{\varepsilon}}_c\| \leqslant \breve{\varepsilon}_c$，$\bar{\varepsilon}_c$和$\breve{\varepsilon}_c$均为常数。

注 5.5 根据式（5-22）和式（5-27），如果采用传统的 Backstepping 方法，项式$\dot{\boldsymbol{\alpha}}$将被取代。此外，从式（5-21）、式（5-25）、性质 2.1 和性质 2.2 中，可以获得$\dot{\boldsymbol{\alpha}}_\upsilon = -r\Lambda\boldsymbol{\alpha}_\upsilon + \boldsymbol{J}^{\mathrm{T}}(\psi)[(-\boldsymbol{c}_1\boldsymbol{R}(\psi)\boldsymbol{\upsilon} - \dot{\boldsymbol{\eta}}_r) - \ddot{\boldsymbol{\eta}}_r]$。回顾假设 5.4，其中一个有$r$和$\boldsymbol{\upsilon}$未知，即$\dot{\boldsymbol{\alpha}}_\upsilon$在控制设计中不可用。即使$\hat{\boldsymbol{\upsilon}}$可以由基于自适应神经网络状态观测器提供（5-4），耦合项$r\Lambda\boldsymbol{\alpha}_\upsilon$也会在设计和分析中造成很大的困难。此外，$\dot{\boldsymbol{\alpha}}_\upsilon$的差分操作导致了项数的增加。因此，引入滤波器（5-23）的好处是双重的。

记$\boldsymbol{\tau}_w = \boldsymbol{\varepsilon}_c + \boldsymbol{M}_0^{-1}\boldsymbol{\tau}_d$。根据假设 5.1 和$\|\dot{\boldsymbol{\varepsilon}}_c\| \leqslant \breve{\varepsilon}_c$，存在未知常数$\bar{\tau}_w$，使得$\|\boldsymbol{\tau}_w\| \leqslant \bar{\tau}_w$。此外，将式（5-28）和$\boldsymbol{\tau}_w = \boldsymbol{\varepsilon}_c + \boldsymbol{M}_0^{-1}\boldsymbol{\tau}_d$代入式（5-28）可得

$$\dot{\boldsymbol{e}}_{\upsilon} = \boldsymbol{\vartheta}_{\upsilon}^{\mathrm{T}} \boldsymbol{\varrho}(\boldsymbol{\upsilon}) + \boldsymbol{M}_0^{-1} \boldsymbol{\tau} - \dot{\boldsymbol{\alpha}} + \boldsymbol{\tau}_w \tag{5-29}$$

船舶的轨迹跟踪控制律设计如下：

$$\hat{\boldsymbol{\tau}} = \boldsymbol{M}_o \boldsymbol{\phi} \tag{5-30}$$

$$\boldsymbol{\phi} = -\boldsymbol{c}_2 \hat{\boldsymbol{e}}_{\upsilon} - \boldsymbol{J}(\psi) \boldsymbol{e}_{\eta} - \hat{\boldsymbol{\vartheta}}_c^{\mathrm{T}} \boldsymbol{\varrho}(\hat{\boldsymbol{\upsilon}}) + \dot{\boldsymbol{\alpha}} - \hat{\boldsymbol{\tau}}_w \tag{5-31}$$

动态事件触发协议（DETP）为

$$\begin{aligned} &\tau_\imath(t) = \hat{\tau}_\imath(t_\kappa^\imath), \quad \forall t \in [t_\kappa^\imath, t_{\kappa+1}^\imath) \quad \kappa \in \mathrm{N}, \quad \imath = 1,2,3 \\ &t_{\kappa+1}^\imath = \inf\{t \in R \,|\, \theta_\imath + a_\imath(b_\imath - |\tau_\imath - \hat{\tau}_\imath|) \leqslant 0\} \end{aligned} \tag{5-32}$$

式中，$\boldsymbol{c}_2 \in \mathbf{R}^{3\times3}$ 是对称正定设计矩阵，$\hat{\boldsymbol{v}} = [\hat{\boldsymbol{\upsilon}}^{\mathrm{T}}, \dot{\hat{\boldsymbol{\upsilon}}}^{\mathrm{T}}]^{\mathrm{T}}$、$\hat{\boldsymbol{e}}_v = \hat{\boldsymbol{\upsilon}} - \boldsymbol{\alpha}$ 是 $\boldsymbol{\vartheta}_c$ 的估计值，$\hat{\boldsymbol{\tau}}_w$ 是 $\boldsymbol{\tau}_w$ 的估计；$a_\imath$ 和 $b_\imath$ 是设计常数，$\theta_\imath$ 由以下动态确定：

$$\dot{\theta}_\imath = -\rho_\imath \theta_\imath + a_\imath(b_\imath - |\tau_\imath - \hat{\tau}_\imath|), \quad \theta_\imath(0) = 0 \tag{5-33}$$

式中，$\rho_\imath \in \mathbf{R}^+$ 为设计常数，$\theta_\imath(0)$ 为 $\theta_\imath$ 的初始值。

注 5.6 在文献[3-5]中，由扰动观测器重建了包括外部扰动、近似误差和模型扰动在内的集总不确定性。然而，在文献[3-5]中，一个常见的假设是 MSVs 的速度必须在控制设计中可用。当速度传感器出现故障或被攻击时，它无法强制执行。相比之下，提出的控制方案（5-31）、控制方案（5-32）只依赖 MSVs 的位置(x,y)和航向ψ，即使速度传感器故障或攻击，本工作中的控制方案仍然是可执行的。

注 5.7 在式（5-31）中，$\hat{\boldsymbol{\vartheta}}_c^{\mathrm{T}} \boldsymbol{\varrho}(\hat{\boldsymbol{\upsilon}}')$ 的输入向量 $\hat{\boldsymbol{\upsilon}}'$ 包含向量 $\dot{\hat{\boldsymbol{\upsilon}}}$。根据基于自适应神经网络状态观测器（5-4），$\dot{\hat{\boldsymbol{\upsilon}}}$ 包括 $\dot{\tilde{\boldsymbol{\eta}}}$，由于估计误差 $\tilde{\boldsymbol{\upsilon}}$ 不可用。为了做到这一点，可以通过使用类似于式（5-23）的过滤器来获得 $\hat{\boldsymbol{\upsilon}}'$。在定理 5.1 中，证明了 $\tilde{\boldsymbol{\upsilon}}$ 的有界性，并对 $\tilde{\boldsymbol{\upsilon}}$ 的滤波器版本 $\hat{\boldsymbol{\upsilon}}'$ 也有界。也就是说，$\hat{\boldsymbol{\upsilon}}$ 是有界的，即 $\hat{\boldsymbol{\upsilon}}$ 可以作为神经网络的输入向量。

定理 5.2 对于动态协议（5-33）和事件触发协议（5-32），可以通过 $\forall t \in [0, t_\infty]$ 得到 $0 \leqslant \theta \leqslant \dfrac{a_\imath b_\imath}{\rho_\imath}$。

证明：根据式（5-32），对于 $\forall t > 0$，如果 $\theta_\imath + a_\imath(b_\imath - |\tau_\imath - \hat{\tau}_\imath|) \leqslant 0$ $t = t_{\kappa+1}$，可得 $\tau_\imath(t_{\kappa+1}) = \hat{\tau}_\imath(t)$，$\theta_\imath + a_\imath(b_\imath - |\tau_\imath - \hat{\tau}_\imath|) = \theta_\imath + a_\imath b_\imath \geqslant 0$。对于 $\forall t \in [t_\kappa, t_{\kappa+1})$，可得 $\theta_\imath + a_\imath(b_\imath - |\tau_\imath - \hat{\tau}_\imath|) > 0$ 来自 DETP。此外，通过式（5-33），可得 $\dot{\theta}_\imath > -(\rho_\imath + 1)\theta_\imath$，

由于 $\theta_\iota(0)=0$，可得 $\forall t>0$ 时，$\theta_\iota \geqslant 0$。如果 $\theta_\iota > \frac{a_\iota b_\iota}{\rho_\iota}$，通过式（5-33）可得 $\theta_\iota < -a_\iota b_\iota + a_\iota(b_\iota - |\tau_\iota - \hat{\tau}_\iota|) = -a_\iota|\tau_\iota - \hat{\tau}_\iota|$ 表示 $\dot{\theta}_\iota < 0$，θ_ι 是衰减函数。此外，考虑 $\frac{a_\iota b_\iota}{\rho_\iota} > 0$，得到 $\theta_\iota \leqslant \frac{a_\iota b_\iota}{\rho_\iota}$，$\theta_\iota(0)=0$ 这与 $\theta_\iota > \frac{a_\iota b_\iota}{\rho_\iota}$ 相矛盾。因此，证明 $0 \leqslant \theta_\iota \leqslant \frac{a_\iota b_\iota}{\rho_\iota}$ 和定理 5.2。

在式（5-32）中，复合扰动的估计值 $\hat{\boldsymbol{\tau}}_w$ 可以由以下扰动观测器得到：

$$\hat{\boldsymbol{\delta}}_w = \hat{\boldsymbol{\tau}}_w - \kappa_w \hat{\boldsymbol{e}}_\upsilon \tag{5-34}$$

式中，$\hat{\boldsymbol{\delta}}_w$ 是辅助变量 $\boldsymbol{\delta}_w$ 的估计值。这里，$\boldsymbol{\delta}_w = \boldsymbol{\tau}_w - \kappa_w \hat{\boldsymbol{e}}_\upsilon$，其中 κ_w 是用户设计的常数。在这项工作中，为了获得 $\boldsymbol{\delta}_w$ 的估计值，设计如下动态：

$$\dot{\hat{\boldsymbol{\delta}}}_w = \hat{\boldsymbol{e}}_\upsilon - \kappa_w[\boldsymbol{\vartheta}_\upsilon^{\mathrm{T}} \boldsymbol{\varrho}(\hat{\boldsymbol{v}}) + \boldsymbol{M}_0^{-1}\boldsymbol{\tau} - \dot{\boldsymbol{\alpha}} + \hat{\boldsymbol{\tau}}_w] - \boldsymbol{\kappa}_\varphi \boldsymbol{\mu} \tag{5-35}$$

式中，$\boldsymbol{\kappa}_\varphi \in \mathbf{R}^{3\times3}$ 是正定设计矩阵，$\boldsymbol{\mu} \in \mathbf{R}^{3\times3}$ 是一个预测误差变量，在后续过程中设计。

定义预测误差变量为

$$\boldsymbol{\mu} = \breve{\boldsymbol{e}}_\upsilon - \hat{\boldsymbol{e}}_\upsilon \tag{5-36}$$

式中，$\breve{\boldsymbol{e}}_\upsilon$ 是 $\boldsymbol{e}_\upsilon$ 的预测值。为了获得预测值 $\breve{\boldsymbol{e}}_\upsilon$，通过序列并行估计模型建立以下预测器：

$$\dot{\breve{\boldsymbol{e}}}_\upsilon = -\boldsymbol{\kappa}_p \boldsymbol{\mu} + [\hat{\boldsymbol{\vartheta}}_\upsilon^{\mathrm{T}} \boldsymbol{\varrho}(\hat{\boldsymbol{\upsilon}}') + \boldsymbol{M}_o^{-1}\boldsymbol{\tau} - \dot{\boldsymbol{\alpha}} + \hat{\boldsymbol{\tau}}_w] \tag{5-37}$$

式（5-31）中，自适应律 $\hat{\boldsymbol{\vartheta}}_\upsilon$ 设计为

$$\dot{\hat{\boldsymbol{\vartheta}}}_\upsilon = \boldsymbol{K}_c\{\mathrm{tr}[\boldsymbol{\varrho}(\hat{\boldsymbol{\upsilon}}')](\hat{\boldsymbol{e}}_\upsilon - \boldsymbol{\kappa}_\varphi \boldsymbol{\mu} + \kappa_w \hat{\boldsymbol{\tau}}_w)^{\mathrm{T}} - \kappa_c \hat{\boldsymbol{\vartheta}}_c\} \tag{5-38}$$

式中，$\boldsymbol{K}_c \in \mathbf{R}^{3\times3}$ 为正定设计矩阵，$\kappa_c \in \mathbf{R}^+$ 为设计常数。

注 5.8 从式（5-32）开始，DETP 的关键特征引入了额外的动态变量 $\boldsymbol{\theta}_\iota$，它由动态变量（5-33）生成。因此，可以动态地调整阈值。如果 $\boldsymbol{\theta}_\iota = 0$，DETP（5-32）可以重写为 $t_{\kappa+1}^{\iota} = \inf\{t \in \mathbf{R} \mid b_\iota - |\tau_\iota - \hat{\tau}_\iota| \leqslant 0\}$，它属于文献[11]中提出的固定阈值。在这种情况下，ETP 可以被调用为静态 ETP。因此，与静态 ETP 相比，所提出的 DETP（5-32）更灵活。

注 5.9 在式（5-27）中，$\boldsymbol{F}(\boldsymbol{\upsilon}')$ 和 $\boldsymbol{\tau}_d$ 未知。根据神经网络的近似原理，神经网络可以重建 $\boldsymbol{F}(\boldsymbol{\upsilon}')$，但 $\boldsymbol{\tau}_d$ 不能。准确地说，扰动观测者能够重建外部扰动 $\boldsymbol{\tau}_d$。

由于存在由自适应神经重构器 $\boldsymbol{\vartheta}_{\upsilon}^{\mathrm{T}}\boldsymbol{\varrho}(\boldsymbol{\nu})$ 引起的近似误差向量 ϵ_{υ}，因此本章以 ϵ_{υ} 和 $\boldsymbol{M}_{o}^{-1}\boldsymbol{\tau}$ 作为集总扰动。利用自适应神经网络和干扰观测器的具体优势，本章开发两个不确定估计分类重建的未知动态 $-\boldsymbol{M}_{0}^{-1}\boldsymbol{F}(\boldsymbol{\upsilon})$ 和集中干扰 $\boldsymbol{\tau}_{w}$，即自适应神经重构 $\boldsymbol{\vartheta}_{\upsilon}^{\mathrm{T}}\boldsymbol{\varrho}(\hat{\boldsymbol{\upsilon}}')$ 与学习定律（5-38）用于重建内部不确定性，和扰动观测器（5-34）重建外部不确定性。值得指出的是，分类重建思想的困难在于没有速度 $\boldsymbol{\nu}$ 。

为了使所提出的方案更容易理解，图 5.1 描述了所提出的设计方案。

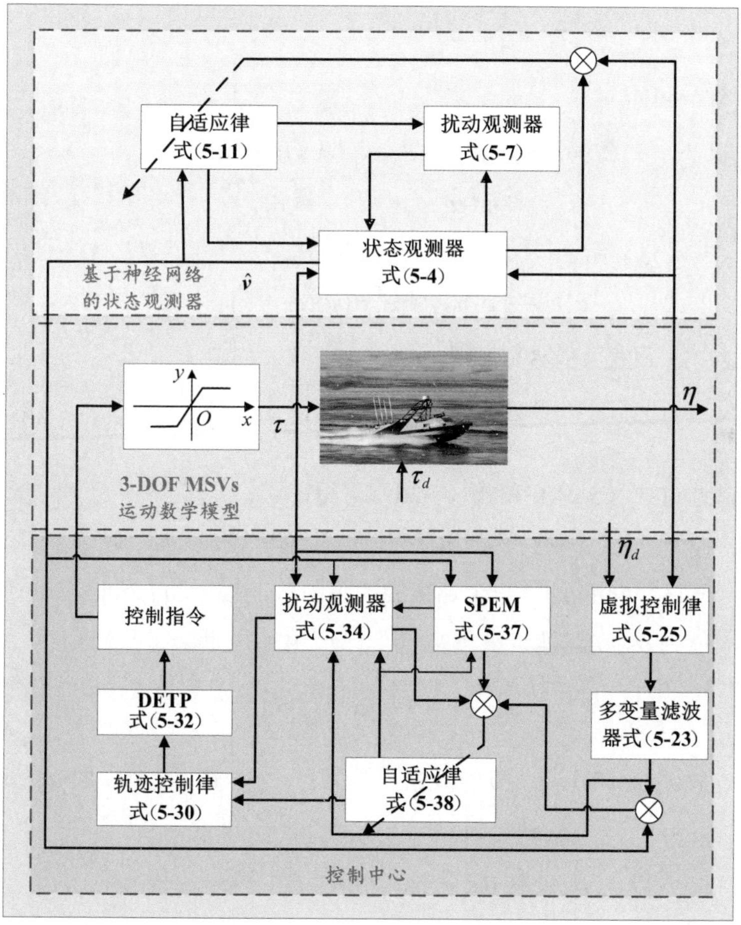

图 5.1　设计方案思维框图

5.3 稳定性分析

基于上述设计构建 MSV 闭环控制系统，根据式（5-4）、式（5-6）、式（5-7）、式（5-10）、式（5-11）、式（5-23）、式（5-25）、式（5-30）～式（5-38）可得

$$\mathcal{L}_V=\frac{1}{2}\boldsymbol{e}_\eta^{\mathrm{T}}\boldsymbol{e}_\eta+\frac{1}{2}\boldsymbol{e}_v^{\mathrm{T}}\boldsymbol{e}_v+\frac{1}{2}\tilde{\boldsymbol{\vartheta}}_v^{\mathrm{T}}\boldsymbol{K}_c^{-1}\tilde{\boldsymbol{\vartheta}}_v+\frac{1}{2}\boldsymbol{\mu}^{\mathrm{T}}\boldsymbol{\kappa}_\varphi\boldsymbol{\mu}+\frac{1}{2}\tilde{\boldsymbol{\tau}}_w^{\mathrm{T}}\tilde{\boldsymbol{\tau}}_w+\frac{1}{2}\tilde{\boldsymbol{\alpha}}^{\mathrm{T}}\tilde{\boldsymbol{\alpha}} \tag{5-39}$$

对 $\mathcal{L}_V$ 求导可得

$$\dot{\mathcal{L}}_V=\boldsymbol{e}_\eta^{\mathrm{T}}\dot{\boldsymbol{e}}_\eta+\boldsymbol{e}_v^{\mathrm{T}}\dot{\boldsymbol{e}}_v-\tilde{\boldsymbol{\vartheta}}_v^{\mathrm{T}}\boldsymbol{K}_c^{-1}\dot{\hat{\boldsymbol{\vartheta}}}_v+\boldsymbol{\mu}^{\mathrm{T}}\boldsymbol{\kappa}_\varphi\dot{\boldsymbol{\mu}}+\tilde{\boldsymbol{\tau}}_w^{\mathrm{T}}\dot{\tilde{\boldsymbol{\tau}}}_w+\tilde{\boldsymbol{\alpha}}^{\mathrm{T}}\dot{\tilde{\boldsymbol{\alpha}}} \tag{5-40}$$

根据式（5-26）可得

$$\boldsymbol{e}_\eta^{\mathrm{T}}\dot{\boldsymbol{e}}_\eta=-\boldsymbol{e}_\eta^{\mathrm{T}}\boldsymbol{c}_1\boldsymbol{e}_\eta+\boldsymbol{e}_\eta^{\mathrm{T}}\boldsymbol{R}(\psi)(\boldsymbol{e}_\upsilon+\tilde{\boldsymbol{\alpha}}) \tag{5-41}$$

通过 $\dot{\boldsymbol{\alpha}}=\jmath\tilde{\boldsymbol{\alpha}}$ 和式（5-23）可得

$$\tilde{\boldsymbol{\alpha}}^{\mathrm{T}}\dot{\tilde{\boldsymbol{\alpha}}}=-\frac{1}{\jmath}\tilde{\boldsymbol{\alpha}}^{\mathrm{T}}\tilde{\boldsymbol{\alpha}}+\tilde{\boldsymbol{\alpha}}^{\mathrm{T}}\dot{\boldsymbol{\alpha}}_v \tag{5-42}$$

此外，通过式（5-21）和式（5-25）可得

$$\dot{\boldsymbol{\alpha}}_v=-r\boldsymbol{E}\boldsymbol{J}^{\mathrm{T}}(\psi)(-\boldsymbol{c}_1\boldsymbol{e}_\eta+\dot{\boldsymbol{\eta}}_r)+\boldsymbol{J}^{\mathrm{T}}(\psi)\{-\boldsymbol{c}_1[\boldsymbol{J}(\psi)\boldsymbol{\upsilon}-\dot{\boldsymbol{\eta}}]-\ddot{\boldsymbol{\eta}}\} \tag{5-43}$$

式中，式（5-43）表示 $\dot{\boldsymbol{\alpha}}_v$ 是一个连续的向量函数，根据动态表面控制（DSC）技术具有最大值为 $\boldsymbol{\alpha}_m$（详情请参考文献[18-19]）。由此可得

$$\tilde{\boldsymbol{\alpha}}^{\mathrm{T}}\dot{\tilde{\boldsymbol{\alpha}}}=-\left(\frac{1}{\jmath}-\frac{1}{4}\right)\tilde{\boldsymbol{\alpha}}^{\mathrm{T}}\tilde{\boldsymbol{\alpha}}+\boldsymbol{\alpha}_m^2 \tag{5-44}$$

根据 $\hat{\boldsymbol{e}}_\upsilon=\hat{\boldsymbol{\upsilon}}-\boldsymbol{\alpha}$ 和 $\hat{\boldsymbol{\upsilon}}=\boldsymbol{\upsilon}-\tilde{\boldsymbol{\upsilon}}$ 的数据，其中 $\hat{\boldsymbol{e}}_\upsilon=\boldsymbol{e}_\upsilon-\tilde{\boldsymbol{\upsilon}}$。此外，取 $\boldsymbol{\mu}$ 的时间导数，并使用式（5-29）、式（5-35）、式（5-36）可得

$$\dot{\boldsymbol{\mu}}=-\boldsymbol{\kappa}_p\boldsymbol{\mu}-\hat{\boldsymbol{\vartheta}}_\upsilon^{\mathrm{T}}\varrho(\hat{\boldsymbol{\upsilon}}')+\boldsymbol{\varepsilon}_v-\boldsymbol{\tau}_w+\dot{\tilde{\boldsymbol{\upsilon}}} \tag{5-45}$$

式中，$\boldsymbol{\varepsilon}_v=\boldsymbol{\vartheta}_\upsilon^{\mathrm{T}}[\varrho(\boldsymbol{\upsilon}')-\varrho(\hat{\boldsymbol{\upsilon}}')]$。

通过式（5-45），项 $\boldsymbol{\mu}^{\mathrm{T}}\boldsymbol{\kappa}_\varphi\dot{\boldsymbol{\mu}}$ 在式（5-40）可被写为

$$\boldsymbol{\mu}^{\mathrm{T}}\boldsymbol{\kappa}_\varphi\dot{\boldsymbol{\mu}}=-\boldsymbol{\mu}^{\mathrm{T}}\boldsymbol{\kappa}_\varphi\boldsymbol{\kappa}_p\boldsymbol{\mu}+\boldsymbol{\mu}^{\mathrm{T}}\boldsymbol{\kappa}_\varphi[-\hat{\boldsymbol{\vartheta}}_\upsilon^{\mathrm{T}}\varrho(\hat{\boldsymbol{\upsilon}}')+\boldsymbol{\varepsilon}_v-\boldsymbol{\tau}_w+\dot{\tilde{\boldsymbol{\upsilon}}}] \tag{5-46}$$

根据式（5-30）～式（5-32），式（5-42）中的 $\boldsymbol{e}_\nu^{\mathrm{T}}\boldsymbol{e}_\nu$ 可以写为

$$\boldsymbol{e}_\nu^{\mathrm{T}}\dot{\boldsymbol{e}}_\nu=\boldsymbol{e}_\nu^{\mathrm{T}}\boldsymbol{M}_o^{-1}(\boldsymbol{\tau}-\hat{\boldsymbol{\tau}})+\boldsymbol{e}_\nu^{\mathrm{T}}[\boldsymbol{\vartheta}_\upsilon^{\mathrm{T}}\varrho(\hat{\boldsymbol{\upsilon}}')+\boldsymbol{\varepsilon}_\nu-c_2\hat{\boldsymbol{e}}_\nu-\boldsymbol{J}^{\mathrm{T}}(\psi)\boldsymbol{e}_\eta+\tilde{\boldsymbol{\tau}}_w] \tag{5-47}$$

根据式（5-33）和 $\boldsymbol{\delta}_w=\boldsymbol{\tau}_w-\boldsymbol{\kappa}_w\hat{\boldsymbol{e}}_\nu$，可得：

$$\bar{\boldsymbol{\delta}}_w=\boldsymbol{\delta}_w-\hat{\boldsymbol{\delta}}_w=\boldsymbol{\tau}_w-\hat{\boldsymbol{\tau}}_w=\tilde{\boldsymbol{\tau}}_w \tag{5-48}$$

此外，取 $\bar{\boldsymbol{\delta}}_w$ 的时间导数，并利用式（5-29）、式（5-34）和 $\hat{\boldsymbol{e}}_\nu=\boldsymbol{e}_\nu-\tilde{\boldsymbol{\upsilon}}$ 可得

$$\tilde{\boldsymbol{\tau}}_w^{\mathrm{T}}\dot{\tilde{\boldsymbol{\tau}}}_w=-\tilde{\boldsymbol{\tau}}_w^{\mathrm{T}}\boldsymbol{\kappa}_w(\boldsymbol{\vartheta}_\upsilon^{\mathrm{T}}\varrho(\hat{\boldsymbol{\upsilon}})+\boldsymbol{\varepsilon}_\nu+\tilde{\boldsymbol{\tau}}_w)+\tilde{\boldsymbol{\tau}}_w^{\mathrm{T}}\boldsymbol{\kappa}_\varphi\boldsymbol{\mu}-\tilde{\boldsymbol{\tau}}_w^{\mathrm{T}}\hat{\boldsymbol{e}}_\nu+\tilde{\boldsymbol{\tau}}_w^{\mathrm{T}}\dot{\boldsymbol{\tau}}_w \tag{5-49}$$

合成式（5-41）、式（5-44）、式（5-46）～式（5-49）和 $\hat{\boldsymbol{e}}_\nu=\boldsymbol{e}_\nu-\tilde{\boldsymbol{\upsilon}}$，得到

$$\begin{aligned}\dot{\mathcal{L}}_V=&-\boldsymbol{e}_\eta^{\mathrm{T}}\boldsymbol{c}_1\boldsymbol{e}_\eta+\boldsymbol{e}_\eta^{\mathrm{T}}\boldsymbol{J}(\psi)\tilde{\boldsymbol{\alpha}}-\left(\frac{1}{\jmath}-\frac{1}{4}\right)\tilde{\boldsymbol{\alpha}}^{\mathrm{T}}\tilde{\boldsymbol{\alpha}}+\boldsymbol{\alpha}_m^2-\\&\boldsymbol{\mu}^{\mathrm{T}}\boldsymbol{\kappa}_\varphi\boldsymbol{\kappa}_p\boldsymbol{\mu}-\tilde{\boldsymbol{\tau}}_w^{\mathrm{T}}\boldsymbol{\kappa}_w\tilde{\boldsymbol{\tau}}_w-\boldsymbol{e}_\nu^{\mathrm{T}}c_2\hat{\boldsymbol{e}}_\nu+\boldsymbol{\mu}^{\mathrm{T}}\boldsymbol{\kappa}_\varphi()\boldsymbol{\varepsilon}_\nu+\dot{\hat{\boldsymbol{\upsilon}}}+\\&\tilde{\boldsymbol{\tau}}_w^{\mathrm{T}}(\tilde{\boldsymbol{\nu}}_\nu+\dot{\boldsymbol{\tau}}_w-\boldsymbol{\kappa}_w\boldsymbol{\varepsilon}_\nu)+\boldsymbol{e}_\nu^{\mathrm{T}}[\boldsymbol{\varepsilon}_\nu+\boldsymbol{M}_o^{-1}(\boldsymbol{\tau}-\hat{\boldsymbol{\tau}})]+\\&(\tilde{\boldsymbol{\upsilon}}_\nu-\boldsymbol{\mu}^{\mathrm{T}}\boldsymbol{\kappa}_\varphi-\boldsymbol{\tau}_w^{\mathrm{T}}\boldsymbol{\kappa}_w)\boldsymbol{\vartheta}_\upsilon^{\mathrm{T}}\varrho(\hat{\boldsymbol{\upsilon}})+\boldsymbol{\kappa}_c\tilde{\boldsymbol{\vartheta}}_\nu^{\mathrm{T}}\hat{\boldsymbol{\vartheta}}_\nu\end{aligned} \tag{5-50}$$

根据定理 5.2，存在一个常数满足 $\|\boldsymbol{\tau}-\hat{\boldsymbol{\tau}}\|\leqslant\Xi$，此外，使用 $\hat{\boldsymbol{e}}_\nu=\boldsymbol{e}_\nu-\tilde{\boldsymbol{\upsilon}}$，$\|\boldsymbol{J}(\psi)\|=1$ 和引理 2.2，可得

$$\begin{cases}-\boldsymbol{e}_\nu^{\mathrm{T}}c_2\hat{\boldsymbol{e}}_\nu\leqslant-\dfrac{1}{4}\boldsymbol{e}_\nu^{\mathrm{T}}c_2\boldsymbol{e}_\nu+h_1\\ \boldsymbol{e}_\eta^{\mathrm{T}}\boldsymbol{J}(\psi)\tilde{\boldsymbol{\alpha}}\leqslant\dfrac{1}{2}\boldsymbol{e}_\eta^{\mathrm{T}}\boldsymbol{e}_\eta+\dfrac{1}{2}\tilde{\boldsymbol{\alpha}}^{\mathrm{T}}\tilde{\boldsymbol{\alpha}}\\ \tilde{\boldsymbol{\vartheta}}_\nu^{\mathrm{T}}\hat{\boldsymbol{\vartheta}}_\nu\leqslant-\dfrac{1}{2}\|\tilde{\boldsymbol{\vartheta}}_\nu\|^2+\dfrac{1}{2}\|\boldsymbol{\vartheta}_\nu\|^2\\ \boldsymbol{e}_\nu^{\mathrm{T}}[\boldsymbol{\varepsilon}_\nu+\boldsymbol{M}_o^{-1}(\boldsymbol{\tau}-\hat{\boldsymbol{\tau}})]\leqslant\dfrac{\|\boldsymbol{e}_\nu\|^2}{4}+h_2\\ \boldsymbol{\mu}^{\mathrm{T}}\boldsymbol{\kappa}_\varphi(\boldsymbol{\varepsilon}_\nu+\dot{\hat{\boldsymbol{\upsilon}}})\leqslant\dfrac{\boldsymbol{\mu}^{\mathrm{T}}\boldsymbol{\kappa}_\varphi\boldsymbol{\kappa}_P\boldsymbol{\mu}}{4}+h_3\\ \tilde{\boldsymbol{\tau}}_w^{\mathrm{T}}(\tilde{\boldsymbol{\upsilon}}_\nu+\dot{\boldsymbol{\tau}}_w-\boldsymbol{\kappa}_w\boldsymbol{\varepsilon}_\nu)\leqslant\dfrac{1}{2}\|\tilde{\boldsymbol{\tau}}_w\|^2+h_4\\ (\tilde{\boldsymbol{\upsilon}}_\nu-\boldsymbol{\tau}^{\mathrm{T}}{}_w\boldsymbol{\kappa}_w)\boldsymbol{\vartheta}_\upsilon^{\mathrm{T}}\varrho(\hat{\boldsymbol{\upsilon}}')\leqslant\dfrac{1}{4}\|\boldsymbol{\vartheta}_\nu\|^2+h_5\\ -\boldsymbol{\mu}^{\mathrm{T}}\boldsymbol{\kappa}_\varphi\boldsymbol{\vartheta}_\nu^{\mathrm{T}}\varrho(\hat{\boldsymbol{\upsilon}}')\leqslant\dfrac{1}{2}\boldsymbol{\mu}^{\mathrm{T}}\boldsymbol{\kappa}_\varphi\boldsymbol{\kappa}_P\boldsymbol{\mu}+\dfrac{l_c}{2\boldsymbol{\lambda}_M^{\boldsymbol{\kappa}_P}}\|\tilde{\boldsymbol{\vartheta}}_\nu\|^2\end{cases} \tag{5-51}$$

式中，$h_1=\|c_2\tilde{\boldsymbol{\upsilon}}\|^2$，$h_2=\|\boldsymbol{\varepsilon}_\nu+\boldsymbol{M}_o^{-1}(\boldsymbol{\tau}-\hat{\boldsymbol{\tau}})\|^2$，$h_3=\|\boldsymbol{\kappa}_\varphi\boldsymbol{\kappa}_p^{-1}(\boldsymbol{\varepsilon}_\nu+\dot{\hat{\boldsymbol{\upsilon}}})\|^2$，$h_4=\dfrac{1}{2}\|\tilde{\boldsymbol{\upsilon}}_\nu+\dot{\boldsymbol{\tau}}_w-$

$\boldsymbol{\kappa}_w\boldsymbol{\varepsilon}_{\boldsymbol{v}}\|^2$，$h_5=l_c\left\|(\tilde{\boldsymbol{v}}_v-\boldsymbol{\tau}_w^{\mathrm{T}}\boldsymbol{\kappa}_w)\boldsymbol{\varrho}(\hat{\boldsymbol{\upsilon}}')\right\|^2$。根据定理 5.3，$\|\boldsymbol{\varrho}(\hat{\boldsymbol{\upsilon}}')\|\leqslant l_c$ 存在常数满足 $\|\boldsymbol{\varepsilon}_v\|\leqslant\bar{\varepsilon}_v$。此外，回顾定理 5.1 得出的 $\tilde{\boldsymbol{v}}$ 和 $\dot{\boldsymbol{v}}$ 是有界的，考虑到假设 5.1 和 $\|\boldsymbol{\tau}-\hat{\boldsymbol{\tau}}\|\leqslant\Xi$，它可以得到 h_1（$i=1,\cdots,5$) 是有界的，即 $\sum_{i=1}^{5}h_i\leqslant H$。

使用式（5-51)，可得

$$\begin{aligned}\dot{\mathcal{L}}_V\leqslant&-\left(\boldsymbol{\lambda}_m^{c_1}-\frac{1}{2}\right)\|\boldsymbol{e}_\eta\|^2-\frac{1}{4}(\boldsymbol{\lambda}_m^{c_1}-1)\|\boldsymbol{e}_v\|^2-\frac{1}{2}\left(\boldsymbol{\kappa}_c-\frac{l_c}{2\boldsymbol{\lambda}_m^{\boldsymbol{\kappa}_p}}-\frac{1}{2}\right)\|\tilde{\boldsymbol{\vartheta}}\|^2-\\&\frac{\boldsymbol{\lambda}_m^{\boldsymbol{\kappa}_P}}{4}\boldsymbol{\mu}^{\mathrm{T}}\boldsymbol{\kappa}_\varphi\boldsymbol{\mu}-\frac{1}{2}(2\boldsymbol{\lambda}_m^{\boldsymbol{\kappa}_m}-1)\|\tilde{\boldsymbol{\tau}}_w\|^2-\left(\frac{1}{\jmath}-\frac{3}{4}\right)\tilde{\boldsymbol{\alpha}}^{\mathrm{T}}\tilde{\boldsymbol{\alpha}}+H+\frac{\boldsymbol{\kappa}_c}{2}\|\boldsymbol{\vartheta}_v\|^2+\\&\boldsymbol{\alpha}_m^2\leqslant-\boldsymbol{\chi}_c\mathcal{L}_V+B_c\end{aligned}\tag{5-52}$$

式中，$\boldsymbol{\chi}_c=\min\left\{2\boldsymbol{\lambda}_m^{c_1}-1,\frac{1}{2}(\boldsymbol{\lambda}_m^{c_1}-1),\boldsymbol{\kappa}_c-\frac{l_c}{2\boldsymbol{\lambda}_m^{\boldsymbol{\kappa}_p}}-\frac{1}{2},\frac{\boldsymbol{\lambda}_p^{\boldsymbol{\kappa}_p}}{2},2\boldsymbol{\lambda}_m^{\boldsymbol{\kappa}_m}-1,\frac{1}{\jmath}-\frac{3}{4}\right\}$，$B_c=H+\frac{\boldsymbol{\kappa}_c}{2}\|\boldsymbol{\vartheta}_v\|^2+\boldsymbol{\alpha}_m^2$。

对于式（5-52)，设计参数 $\boldsymbol{c}_1,\boldsymbol{c}_2,\boldsymbol{\kappa}_w,\boldsymbol{\kappa}_p,\boldsymbol{\kappa}_c$ 应该满足：

$$\boldsymbol{\kappa}_c>\frac{l_c}{2\boldsymbol{\lambda}_m^{\boldsymbol{\kappa}_P}}+\frac{1}{2},\ \boldsymbol{\lambda}_m^{c_1}>\frac{1}{2},\ \boldsymbol{\lambda}_m^{c_2}>1,\ \boldsymbol{\lambda}_m^{\boldsymbol{\kappa}_w}>\frac{1}{2},\ \frac{1}{\jmath}>\frac{3}{4}\tag{5-53}$$

由以下定理给出了在所提出的事件触发自适应神经复合学习控制解下的闭环控制系统稳定性的结果。

定理 5.3 基于假设 5.1～假设 5.4，针对具有内部和外部不确定以及速度不可测的船舶模型，利用事件触发控制定律（5-30)、（5-31)，虚拟控制函数（5-25)，扰动观测器（5-34）和（5-35)，控制器（5-37）以及自适应律（5-38)，如果式（5-53）成立，提出的事件触发复合学习输出控制方案可以驱使 MSV 遵循参考轨迹 $\boldsymbol{\eta}_r$，并保证 MSV 闭环控制系统中所有信号的有界性及免除 DETP 引起的芝诺现象。

证明：（1）MSVs 闭环控制系统中信号的有界性。由式（5-52）得

$$\mathcal{L}_V\leqslant\frac{B_c}{\boldsymbol{\chi}_c}+\left[\mathcal{L}_V(0)-\frac{B_c}{\boldsymbol{\chi}_c}\right]\exp(-\boldsymbol{\chi}_c t)\tag{5-54}$$

式中，$\mathcal{L}_V(0)$ 为 $\mathcal{L}_V$ 的初始值。根据式（5-54），它可以得到 $\lim\limits_{x\to\infty}\mathcal{L}_V=\dfrac{B_c}{\chi_c}$，这意味着 $\mathcal{L}_V$ 是有界的。此外，从式（5-39）中，可以得到 $\boldsymbol{e}_\eta$、$\boldsymbol{e}_v$、$\tilde{\boldsymbol{\vartheta}}$、$\boldsymbol{\mu}$、$\tilde{\boldsymbol{\tau}}_w$ 和 $\tilde{\boldsymbol{\alpha}}$ 是有界的。此外，利用假设 5.3 和 $\tilde{\boldsymbol{\vartheta}}=\boldsymbol{\vartheta}-\hat{\boldsymbol{\vartheta}}$，可以确定 $\boldsymbol{\eta}$，$\boldsymbol{\alpha}_v$ 和 $\hat{\boldsymbol{\vartheta}}$ 的有界性。$\boldsymbol{\alpha}$、$\hat{\boldsymbol{\upsilon}}$ 和 $\boldsymbol{\upsilon}$ 也可以由 $\hat{\boldsymbol{e}}_v=\boldsymbol{e}_v-\tilde{\boldsymbol{\upsilon}}$ 和定理 5.1 确定为有界。回顾式（5-54）、假设 5.1 和引理 2.2，可以得到 $\boldsymbol{\tau}_w$ 是有界的，然后从式（5-34）中得知 $\hat{\boldsymbol{\delta}}$ 是有界的。此外，根据式（5-31），由于 $\boldsymbol{e}_\eta$、$\hat{\boldsymbol{e}}_v$、$\hat{\hat{\boldsymbol{\vartheta}}}_c$、$\boldsymbol{\alpha}$、$\boldsymbol{\alpha}_v$ 和 $\hat{\boldsymbol{\tau}}_w$ 的有界性，可以得到 $\hat{\boldsymbol{\tau}}_w$ 有界，即 $\hat{\boldsymbol{\tau}}$ 有界。因此，在闭环控制系统中的所有信号都是有界的。

（2）免除芝诺现象。根据 DETP（5-32），对于 $\forall t\in[t_k^{\iota},t_{k+1}^{\iota})$，控制命令 τ_ι 处于保持阶段，即 τ_ι 是一个常数。将测量误差定义为 $z_\iota=\tau_\iota-\hat{\tau}_\iota$，可得

$$\frac{\mathrm{d}|z_\iota|}{\mathrm{d}t}\leqslant|\dot{z}_\iota|=\left|\dot{\tau}_\iota-\dot{\hat{\tau}}_\iota\right|=\left|\dot{\hat{\tau}}_\iota\right| \tag{5-55}$$

通过式（5-30），可得 $\dot{\hat{\tau}}_\iota=\dot{\phi}_\iota$。此外，从式（5-31）中，可得

$$\begin{aligned}\dot{\hat{\tau}}_\iota=&\frac{\partial\boldsymbol{\phi}_\iota}{\partial e_{\eta,\iota}}\dot{\boldsymbol{e}}_{\eta,\iota}+\frac{\partial\boldsymbol{\phi}_\iota}{\partial\boldsymbol{\psi}}r+\frac{\partial\boldsymbol{\phi}_\iota}{\partial\hat{e}_{v,\iota}}\dot{\hat{\boldsymbol{e}}}_{v,\iota}+\frac{\partial\boldsymbol{\phi}}{\partial\hat{\boldsymbol{\vartheta}}_\iota}\dot{\hat{\boldsymbol{\vartheta}}}_\iota+\frac{\partial\boldsymbol{\phi}}{\partial\hat{\boldsymbol{\upsilon}}_\iota}\frac{\partial\hat{\boldsymbol{\upsilon}}_\iota}{\partial\hat{\boldsymbol{\upsilon}}_\iota}\dot{\hat{\boldsymbol{\upsilon}}}_\iota+\\&\frac{\partial\boldsymbol{\phi}_\iota}{\partial\hat{\boldsymbol{\upsilon}}_\iota}\frac{\partial\hat{\boldsymbol{\upsilon}}_\iota}{\partial\hat{\boldsymbol{v}}_\iota}\ddot{\hat{\boldsymbol{\upsilon}}}_\iota'+\frac{\partial\boldsymbol{\phi}_\iota}{\partial\dot{\boldsymbol{\alpha}}_\iota}\ddot{\boldsymbol{\alpha}}_\iota+\frac{\partial\boldsymbol{\phi}_\iota}{\partial\hat{\boldsymbol{\tau}}_{w,\iota}}\dot{\hat{\boldsymbol{\tau}}}_{w,\iota}\end{aligned} \tag{5-56}$$

从式（5-56）中可得，$\dot{\hat{\boldsymbol{\tau}}}_\iota$ 是变量 $\dot{\boldsymbol{e}}_{\eta,\iota}$，$\dot{\hat{\boldsymbol{\vartheta}}}_\iota$，$\dot{\hat{\boldsymbol{\upsilon}}}_\iota$，$\ddot{\hat{\boldsymbol{\upsilon}}}_\iota'$，$\ddot{\boldsymbol{\alpha}}_\iota$ 和 $\dot{\hat{\boldsymbol{\tau}}}_{w,\iota}$ 的函数。在上述分析中，可以确定 $\dot{\boldsymbol{e}}_{\eta,\iota}$，$\dot{\hat{\boldsymbol{\vartheta}}}_\iota$ 和 $\boldsymbol{r}$ 是有界的。根据引理 2.1 和式（5-10），可得 $\dot{\tilde{\boldsymbol{\upsilon}}}$ 和 $\dot{\hat{\boldsymbol{\upsilon}}}$ 是有界的，然后 $\dot{\hat{\boldsymbol{e}}}_v$ 上的有界性可以由式（5-28）和 $\boldsymbol{e}_v=\hat{\boldsymbol{e}}_v-\tilde{\boldsymbol{\upsilon}}$ 来确定。由于 $\dot{\hat{\boldsymbol{\upsilon}}}_\iota$ 的有界性，$\ddot{\hat{\boldsymbol{\upsilon}}}_\iota'$ 也是有界的。同样地，$\ddot{\hat{\boldsymbol{\upsilon}}}_\iota'$ 也有界于式（5-23）和 $\boldsymbol{\alpha}$ 的有界性。从式（5-48）和式（5-49）中，可以得到 $\dot{\tilde{\boldsymbol{\tau}}}_w$ 是有界的。此外，从式（5-35）中，我们可以得到 $\dot{\boldsymbol{\tau}}_w-\dot{\hat{\boldsymbol{\tau}}}_w=\dot{\tilde{\boldsymbol{\tau}}}_w$，即 $\dot{\hat{\boldsymbol{\tau}}}_w$ 是有界的。因此，$\dot{\hat{\boldsymbol{\tau}}}_\iota$ 是光滑的、可微的和有界的，这意味着存在一个 $\bar{p}$ 满足 $\left|\dot{\hat{\boldsymbol{\tau}}}_\iota\right|\leqslant\bar{p}$。考虑到 $z(t_{k+1})=0$ 和 $\|\boldsymbol{\tau}-\hat{\boldsymbol{\tau}}\|\leqslant\Xi$，即 $|z_\iota(t)|\leqslant\Xi_\iota$，则有 $\boldsymbol{\delta}t^\iota=t_{k+1}^\iota-t_k^\iota\geqslant\Xi_\iota/\bar{p}$。因此，在所提出的控制解决方案下不存在芝诺现象。

5.4 仿真验证

本节采用尺度模型容器作为测试对象，验证了所提出的最终触发自适应神经

复合学习控制方案的有效性。由式（2-7）、式（2-8）所描述的MSVs运动数学模型的动态参数可以在0中详细定位。

在仿真中，参考轨迹$\boldsymbol{\eta}_r$由以下动力学方程生成：

$$\begin{cases}\dot{\boldsymbol{\eta}}_r=\boldsymbol{J}(\psi_r)\boldsymbol{\upsilon}_r\\ \boldsymbol{M}\dot{\boldsymbol{\upsilon}}_r+\boldsymbol{C}(\boldsymbol{\upsilon}_r)\boldsymbol{\upsilon}_r+\boldsymbol{D}(\boldsymbol{\upsilon}_r)\boldsymbol{\upsilon}_r=\boldsymbol{\tau}_r\end{cases}\tag{5-57}$$

式中，$\boldsymbol{\tau}_r=[1,0.2\cos^2(0.01\pi t),0.3\sin^2(0.01\pi t)]^{\mathrm{T}}$。外界扰动设置为$\boldsymbol{\tau}_d=\boldsymbol{\varpi}+\boldsymbol{d}_w$。这里，$\boldsymbol{\varpi}$由一阶马尔可夫过程$\dot{\boldsymbol{\varpi}}+\boldsymbol{\Pi}^{-1}\boldsymbol{\varpi}=\boldsymbol{\Phi}\wp$生成，$\wp$为零均值高斯白噪声过程。$\boldsymbol{d}_w=\begin{bmatrix}1+0.5\sin(0.1t)+0.3\cos(0.2t)+0.2\cos(0.2t)\sin(0.02t)\\0.8+0.6\sin(0.1t)+0.3\cos(0.2t)+0.2\cos(0.2t)\sin(0.02t)\\1.2+0.4\sin(0.1t)-0.3\cos(0.2t)\end{bmatrix}$。设计参数（见表5.1）选择为$\kappa=120$、$\kappa_1=4.5$、$\kappa_2=10$、$\kappa_o=1$、$\kappa_3=5$、$\kappa_c=0.01$、$J=0.01$、$\boldsymbol{K}_o=\mathrm{diag}([30I_7,30I_7,30I_7])$、$\boldsymbol{c}_1=\mathrm{diag}([0.6,0.5,0.7])$、$\boldsymbol{\rho}_\iota=(1,1,1)$、$\boldsymbol{\kappa}_w=\mathrm{diag}([6,6,3])$、$\boldsymbol{\kappa}_\psi=\mathrm{diag}([4,4,2])$、$\boldsymbol{\kappa}_p=\mathrm{diag}([10,10,5])$、$\boldsymbol{\Pi}=\mathrm{diag}(2,2,3)$、$\boldsymbol{\Phi}=\mathrm{diag}(3,3,2)$、$\boldsymbol{c}_2=\mathrm{diag}([35,35,42])$、$a_\iota=(2,1,1)$、$b_\iota=(2,1.5,0.5)$。初始条件选择为：$\hat{\boldsymbol{\eta}}_r(0)=\boldsymbol{\eta}(0)=[-1.5\mathrm{m},1\mathrm{m},0.7\mathrm{rad}]^{\mathrm{T}}$、$\boldsymbol{\upsilon}(0)=[0.1\mathrm{m/s},0.1\mathrm{m/s},0.01\mathrm{rad/s}]^{\mathrm{T}}$，其余均设置为0。$\boldsymbol{\beta}(\boldsymbol{\zeta})$和$-\boldsymbol{M}_0^{-1}\boldsymbol{F}(\boldsymbol{\upsilon}')$的节点数分别为6和20，中心分别在$[-2,2]\times[-2,2]\times[-2,2]\times[-20,20]\times[-25,25]\times[-20,20]$和$[-2,2]\times\ddot{4}\times[-2,2]$范围内均匀分布，宽度设置为$\boldsymbol{\omega}_{\ell,o}=4$和$\boldsymbol{\omega}_{\ell,\upsilon}=2$。

表5.1 设计参数

索引	参数	值
观测器	κ	120
	κ_1	4.5
	κ_2	10
	κ_o	1
	$\boldsymbol{K}_o$	diag([30I$_7$,30 I$_7$, 30 I$_7$])
	κ_3	5
控制律	$\boldsymbol{c}_1$	diag([0.6,0.5,0.7])
	$\boldsymbol{c}_2$	diag([35,35,42])
	$\boldsymbol{\kappa}_w$	diag([6,6,3])
	$\boldsymbol{\kappa}_\varphi$	diag([4,4,2])

续表

索引	参数	值
控制律	$\boldsymbol{\kappa}_p$	diag([10,10,5])
	$\boldsymbol{K}_o$	diag([10I$_{20}$, 3I$_{20}$, 4I$_{20}$])
	κ_c	0.01
	ι	0.01
扰动	$\boldsymbol{\pi}$	diag(2,2,2)
	$\boldsymbol{\Phi}$	diag(3,3,2)
事件触发协议	ρ_ι	1,1,1
	a_ι	2,1,1
	b_ι	2,1.5,0.5

5.4.1 控制方案的有效性测试

在本小节中，通过对比仿真验证所提出的控制方案，其中采用连续时间自适应神经复合学习控制方案和基于高增益观测器的[7]输出反馈控制方案来证明该方案的优越性。

采用该方案进行的仿真结果分别如图 5.2～图 5.9 所示。图 5.2 和图 5.3 显示了该方案下 MSV 的跟踪控制性能，由此可以发现该方案可以迫使 MSV 遵循参考轨迹$\boldsymbol{\eta}_r$，达到了满意的控制性能。位置误差(e_x,e_y)和航向误差e_ψ的曲线如图 5.4 所示，表明$\boldsymbol{e}_\eta$是有界的，所提出的控制方案可以保证满意的控制精度，同时自适应神经重构$\hat{\boldsymbol{\vartheta}}_v\boldsymbol{\varrho}(\hat{\boldsymbol{\upsilon}}')$和干扰观测器（5-34）、（5-35）可以有效补偿$-\boldsymbol{M}_0^{-1}\boldsymbol{F}(\boldsymbol{\upsilon}')$和$-\boldsymbol{M}_0^{-1}\boldsymbol{\tau}_d$的集中不确定性。图 5.5 绘制了控制力$\boldsymbol{\tau}_1$、$\boldsymbol{\tau}_2$和控制力矩$\boldsymbol{\tau}_3$，由此可以看出执行器控制输入$\boldsymbol{\tau}$是有界和合理的。图 5.6 为$\hat{\boldsymbol{\vartheta}}_\iota(\iota=u,\upsilon,r)$的 2 范数的曲线，说明$\hat{\boldsymbol{\vartheta}}_\iota$是有界的。图 5.7 为估计误差$\tilde{\boldsymbol{\upsilon}}$的曲线，图 5.8 为船舶位置和航向的估计误差$\tilde{\boldsymbol{\eta}}$的曲线。图 5.7 和图 5.8 表明，基于神经的状态观测器（5-4）可以准确地恢复不可测量的速度$\boldsymbol{\upsilon}$，即使这些速度$\boldsymbol{\upsilon}$受到内外不确定性的影响。图 5.9 显示了事件触发实例和事件触发时间间隔，说明执行器控制命令$\boldsymbol{\tau}_i$没有无限传输，由 ETC 方法引起的芝诺现象不会发生。

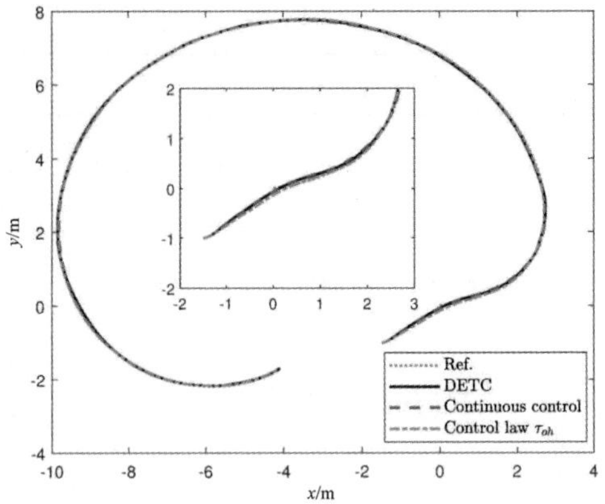

图 5.2　坐标系上的实际和参考轨迹

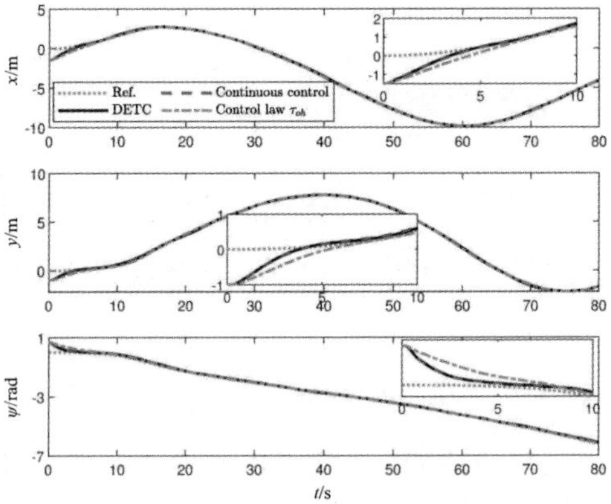

图 5.3　参考轨迹和实际轨迹

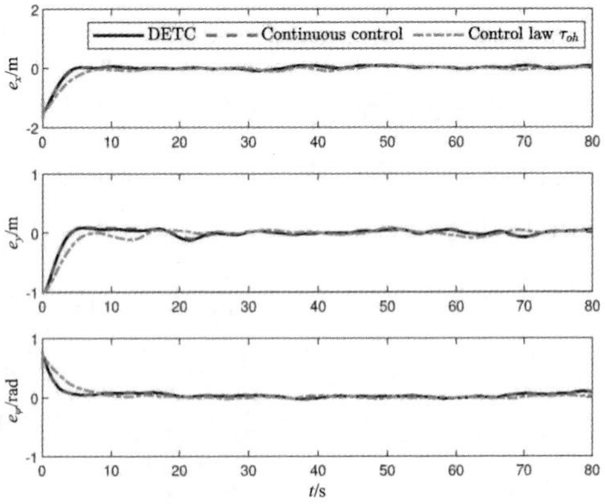

图 5.4　轨迹误差

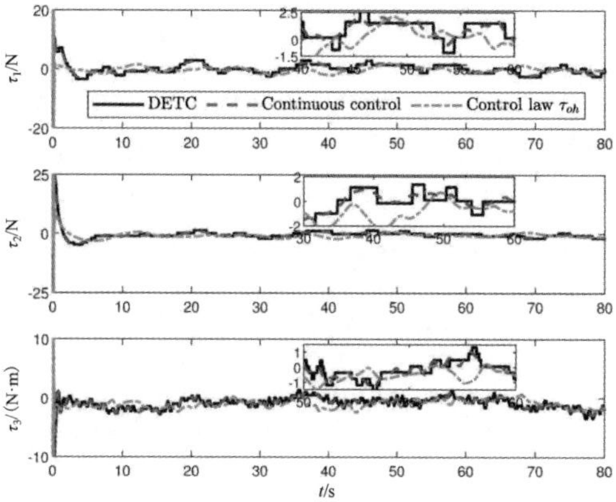

图 5.5　实际控制输入

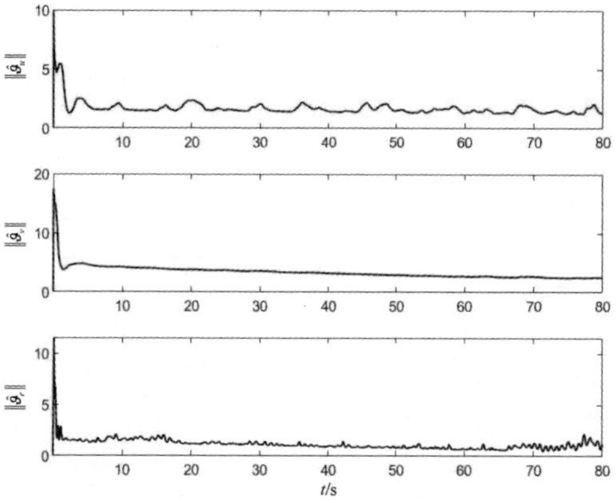

图 5.6　神经网络权重的 2 范数估计值

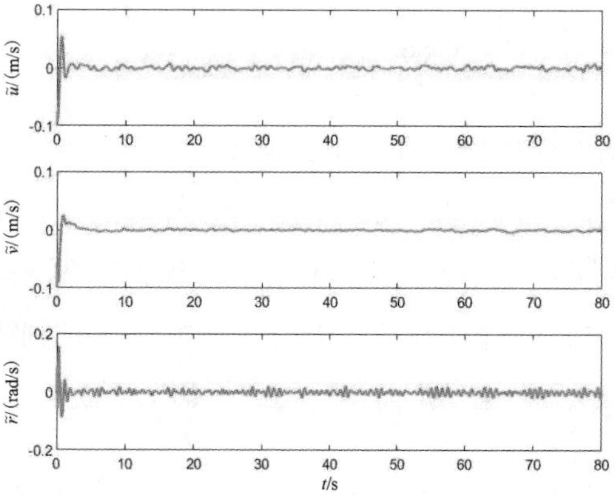

图 5.7　观测器误差 $\tilde{\upsilon}$

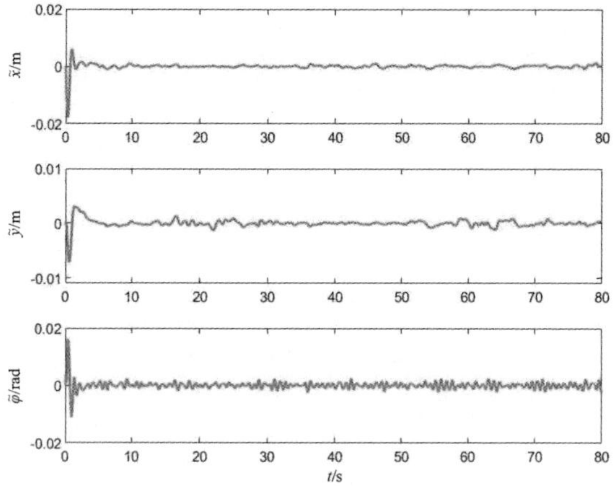

图 5.8　观测器误差 $\tilde{\eta}$

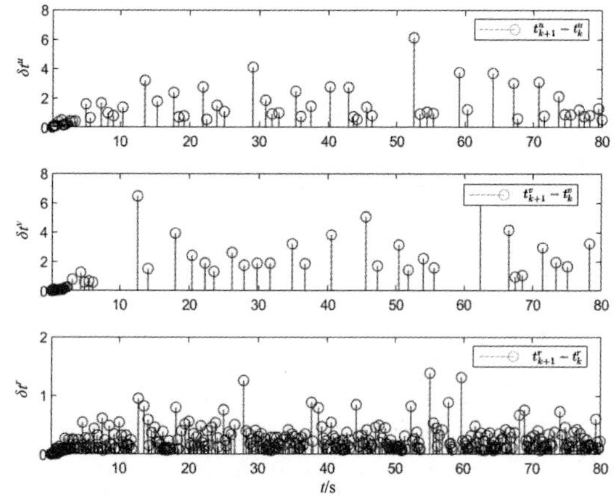

图 5.9　时间触发时间间隔

此外，为了证明所提出控制方案的优越性，作者对连续时间自适应神经复合学习控制方案和基于高增益观测器的自适应神经输出反馈控制方案进行了仿真。式（5-31）给出了连续时间自适应神经复合学习控制方案下的控制律，并给出了基于高增益观测器的自适应神经输出反馈控制方案下的控制律：

$$\boldsymbol{\tau}_{oh} = -\boldsymbol{J}^{\mathrm{T}}(\boldsymbol{\psi})e_{\eta} - k_{oh}e_{\nu}^{h} - \hat{\boldsymbol{\vartheta}}_{h}^{\mathrm{T}}\boldsymbol{\varrho}(\hat{\boldsymbol{\chi}}_{h}) \tag{5-58}$$

自适应定律：

$$\dot{\hat{\boldsymbol{\vartheta}}}_{h}^{\mathrm{T}} = -\Gamma_{h,l}[\boldsymbol{\varrho}(\hat{\boldsymbol{\chi}}_{h})e_{vl}^{h} + \bar{\boldsymbol{\theta}}_{l}\hat{\boldsymbol{\vartheta}}_{h}] \tag{5-59}$$

式中，$e_v^h=\hat{\boldsymbol{\upsilon}}-\boldsymbol{\alpha}_h$，$\boldsymbol{\alpha}_h=\boldsymbol{\alpha}$，$\hat{\boldsymbol{\chi}}_h=[\boldsymbol{\eta}^{\mathrm{T}},\hat{\boldsymbol{\upsilon}}^{\mathrm{T}},\dot{\boldsymbol{\eta}}_r^{\mathrm{T}},\ddot{\boldsymbol{\eta}}_r^{\mathrm{T}}]^{\mathrm{T}}$，$\boldsymbol{k}_{oh}$和$\Gamma_{h,l}$是设计矩阵，$\bar{\boldsymbol{\theta}}_l$是设计常数。在模拟中，$\boldsymbol{\eta}_r,\boldsymbol{\tau}_d,\hat{\boldsymbol{\eta}}(0),\boldsymbol{\eta}(0),\boldsymbol{\upsilon}(0)$均相同作为 ETANCLC 方案。另外，这些设计参数均为文献[7]中的对应参数。

5.4.2 DETP 和静态 ETP 下的性能比较

为了验证 DETP 在控制方案控制性能上的优越性，并与静态 ETP 进行仿真比较，静态的 ETP 被设计为

$$\begin{aligned}&\tau_\iota(t)=\hat{\tau}_\iota(t_\kappa^\iota),\forall t\in[t_\kappa^\iota,t_{\kappa+1}^\iota)\quad \kappa\in\mathbf{N},\ \ \iota=1,2,3\\&t_{\kappa+1}^\iota=\inf\{t\in\mathbf{R}\,|\,b_\iota-|\tau_\iota-\hat{\tau}_\iota|\leqslant 0\}\end{aligned}\tag{5-60}$$

控制性能的比较见表 5.2。

表 5.2 控制性能的比较

方案	e_x	e_y	e_ψ	t_1	t_2	t_3
ETC	131.09	98.69	114.6	1.352	1.221	1.019
CTC	130.5	97.88	115.7	1.198	1.144	0.9978
HGOBC	146	108	78.98	1.082	1.353	1.213

为评价 ETP 对控制性能影响的优越性，采用了基于$\operatorname{int} j=\int_0^t|e_j(t_f)|\mathrm{d}t_f$中跟踪误差的综合绝对值和触发率$N_r=\dfrac{N_{triN}}{N_{total}}$的定量指标。这里，$N_{triN}$和$N_{total}$分别是式（5-30）中由$\hat{\boldsymbol{\tau}}$生成的事件和控制命令的总数。定量性能的比较见表 5.3。从表 5.3 中可以看出，在静态 ETP 和 DETP 条件下的控制精度差别不大。从总体定量结果来看，DETP 下的触发率 N_r 低于静态 ETP。因此，表 5.3 表明提出的 DETP 不仅可以保证控制的准确性，还可以减少触发次数。

表 5.3 定量性能的比较

方案	int x	int y	int ψ	$N_{r,1}$	$N_{r,2}$	$N_{r,3}$
DETP	5.752	4.596	4.077	1.41%	4.22%	1.91%
Static	5.935	4.618	4.101	1.53%	4.24%	2.23%

5.4.3 不同参数下的性能比较

在本小节中，评估不同设计参数a_ι和ρ_ι的控制性能。为此，考虑了 10 个案例。在案例 1～5 中，a_ι被设置为$a_\iota=1$，ρ_ι分别被设置为 0.01、0.1、1、2 和 5。在案例 6～8 中，ρ_ι设置为 0.1，a_ι分别设置为 0.01、0.1 和 2。在案例 9、10 中，ρ_ι设置为 0.5，a_ι分别设置为 0.01 和 0.1。在仿真过程中，b_ι等设计参数保持不变。定量结果见表 5.4。从案例 1～5 中可以发现，当确定a_ι时，ρ_ι越大，控制精度越好。此外，从案例 6-8 中可以看出，ρ_ι越小，控制精度越好。此外，案例 9、10 表明，$\rho_\iota=0.5$的控制精度、触发速率N_r和能耗差异不大。从案例 1～10 中可以看出，控制精度越好，触发率N_r越大。因此，在参数选择的过程中，应考虑触发速率N_r与控制性能之间的权衡。

表 5.4 在不同参数条件下的性能比较

值	int j			N_r			τ		
c1	8.137	6.532	4.123	0.91	2.63	1.19	1.832	1.492	1.082
c2	7.266	6.525	4.073	0.93	2.64	1.16	1.394	1.266	1.081
c3	6.325	5.333	4.048	0.94	2.66	1.24	1.696	1.414	1.067
c4	6.247	5.060	4.068	0.98	2.67	1.25	1.657	1.164	1.029
c5	6.11	4.955	4.031	1.06	2.76	1.36	1.390	1.231	1.034
c6	7.01	6.357	4.071	0.88	2.61	1.17	1.505	1.256	1.061
c7	7.266	6.524	4.073	1.06	2.76	1.36	1.394	1.266	1.081
c8	7.266	6.524	4.073	1.06	2.76	1.36	1.394	1.266	1.081
c9	6.314	5.225	4.064	0.98	2.63	1.21	1.586	1.475	1.091
c10	6.305	5.219	4.054	1.03	2.65	1.26	1.588	1.481	1.105

5.5 结　论

本章提出了一种动态事件触发的受内外干扰的复合学习自适应神经输出反馈控制方案。考虑到不确定性的构成部分，并利用神经网络和干扰估计技术的独特优势，提出了一种分类重构思想，并将其应用于状态观测器和控制律的控制设计中。仿真和比较结果表明，该控制方案不仅在没有速度信息的情况下保证了令人满意的控制性能，而且可以减少控制命令的传输次数。

参 考 文 献

[1] ZHU G, DU J. Global robust adaptive trajectory tracking control for surface ships under input saturation[J]. IEEE Journal of Oceanic Engineering, 2020, 45(2): 442-450.

[2] MA Y, ZHU G, LI X. Error-driven-based nonlinear feedback recursive design for adaptive NN trajectory tracking control of surface ships with input saturation[J]. IEEE Intelligent Transportation Systems Magazine, 2019,1(2): 17-28.

[3] VAN M. An enhanced tracking control of marine surface vessels based on adaptive integral sliding mode control and disturbance observer[J]. ISA Transactions,2019, 90: 30-40.

[4] YU S, LU S, ZHU G, et al. Event-triggered finite-time tracking control of underactuated MSVs based on neural network disturbance observer[J]. Ocean Engineering. 2022, 253: 111169.

[5] LIU L, LI Z, CHEN Y, et al. Disturbance observer-based adaptive intelligent control of marine vessel with position and heading constraint condition related to desired output[J]. IEEE Transactions on Neural Networks and Learning Systems, early access, 2022, 11: 1-10.

[6] CHEN M, GE S S, HOW B V E, et al. Robust adaptive position mooring control for marine vessels[J]. IEEE Transactions on Control Systems Technology, 2013, 21(2): 395-409.

[7] TEE K P, Ge S S. Control of fully actuated ocean surface vessels using a class of feedforward approximators[J]. IEEE Transactions on Control Systems Technology, 2006,14(4): 5640-5647.

[8] ZHU G, MA Y, LI Z, et al. Adaptive neural output feedback control for MSVs with predefined performance[J]. IEEE Transactions on Vehicular Technology, 2021, 70(4): 2994-3006.

[9] PARK B S, KWON J W, Kim H. Neural network-based output feedback control for reference tracking of underactuated surface vessels[J]. Automatica,2017, 77: 353-359.

[10] DENG Y, ZHANG X. Event-triggered composite adaptive fuzzy output-feedback control for path following of autonomous surface vessels[J]. IEEE Transactions on Fuzzy Systems, 2021, 29(9): 2701-2713.

[11] PENG Z, JIANG Y, WANG J. Event-triggered dynamic surface control of an underactuated autonomous surface vehicle for target enclosing[J]. IEEE Transactions on Industrial Electronics, 2021, 68(4): 3402-3412.

[12] SKJETNE R, FOSSEN T I, KOKOTOVIC P V. Adaptive maneuvering, with experiments, for a model ship in a marine control laboratory[J]. Automatica, 2005, 41(2): 289-298.

[13] HE S, DAI S, LUO F. Asymptotic trajectory tracking control with guaranteed transient behavior for MSV with uncertain dynamics and external disturbances[J]. IEEE Transactions on Industrial Electronics, 2019, 66(5): 3712-3720.

[14] FARRELL J A, POLYCARPOU M, SHARMA M, et al. Command filtered backstepping[J]. IEEE Transactions on Automatic Control, 2009, 54(6): 1391-1395.

[15] WANG L, WANG H, LIU P X, et al. Fuzzy finite-time command filtering output feedback control of nonlinear systems[J]. IEEE Transactions on Fuzzy Systems, 2022, 30(1): 97-107.

[16] ZHU G, DU J, KAO Y. Command filtered robust adaptive NN control for a class of uncertain strict-feedback nonlinear systems under input saturation[J]. Journal of the Franklin Institute, 2018, 355(15): 7548-7569.

[17] LING S, WANG H, LIU P X. Adaptive fuzzy tracking control of flexible-joint

robots based on command filtering[J]. IEEE Transactions on Industrial Electronics, 2020, 67(5): 4046-4055.

[18] SWAROOP D, HEDRICK J K, Yip P P, et al. Dynamic surface control for a class of nonlinear systems[J]. IEEE Transactions on Automatic Control, 2000, 45(10): 1893-1899.

[19] LI T, WANG D, FENG G, et al. A DSC approach to robust adaptive NN tracking control for strict-feedback nonlinear systems[J]. IEEE Transactions on Systems, Man, and Cybernetics, Part B (Cybernetics),2010, 40(3): 915-927.

第 6 章　基于神经网络扰动观测器的欠驱动船舶有限时间跟踪控制

本章将研究遭受动态不确定性和未知时变环境扰动影响下的欠驱动船舶轨迹跟踪控制问题。针对由船舶未知非线性部分引起动态不确定性和外部扰动引起的外部不确定性的非同类不确定性对船舶跟踪控制的影响，利用自适应神经网络和扰动观测器技术对内部和外部不确定的精确重构优势，从设计上将两者进行有机融合，并提出一种分类重构的思想。基于该思想，并引入有限时间控制技术，设计一种新的基于神经网络的有限时间扰动观测器。

6.1　问题描述

为便于控制方案的设计与分析，给出以下几条假设。

假设 6.1　欠驱动船舶遭受的未知时变扰动$\boldsymbol{\tau}_{wu}$、$\boldsymbol{\tau}_{wv}$、$\boldsymbol{\tau}_{wr}$及其一阶导数存在且有界，满足：

$$\left|\boldsymbol{\tau}_{wu}\right| \leqslant \tau_{wu}^{*},\ \left|\boldsymbol{\tau}_{wv}\right| \leqslant \tau_{wv}^{*},\ \left|\boldsymbol{\tau}_{wr}\right| \leqslant \tau_{wr}^{*} \tag{6-1}$$

$$\left|\dot{\boldsymbol{\tau}}_{wu}\right| \leqslant d_{wu},\ \left|\dot{\boldsymbol{\tau}}_{wv}\right| \leqslant d_{wv},\ \left|\dot{\boldsymbol{\tau}}_{wr}\right| \leqslant d_{wr} \tag{6-2}$$

式中，外界环境扰动的未知界满足$\tau_{wu}^{*}>0$、$\tau_{wv}^{*}>0$、$\tau_{wr}^{*}>0$，外界环境扰动导数的未知界满足$d_{wu}>0$、$d_{wv}>0$、$d_{wr}>0$。

假设 6.2　船舶的期望轨迹$\boldsymbol{\eta}_d=[x_d,y_d,\psi_d]^{\mathrm{T}}$及其一阶导数$\dot{\boldsymbol{\eta}}_d$二阶导数$\ddot{\boldsymbol{\eta}}_d$均是有界的。

假设 6.3　非线性动态$f_{\iota^*}(\upsilon)$（$\iota^*=u,v,r$）是未知的。

假设 6.4　船舶横漂速度v是无源有界的。

注 6.1 事实上，由风、浪、流引起的外界环境扰动通常被认为是缓慢变化的，具有的能量是有限的，即$\boldsymbol{\tau}_{wu}$、$\boldsymbol{\tau}_{wv}$、$\boldsymbol{\tau}_{wr}$是有界的。假设 6.2 要求$\dot{\boldsymbol{\eta}}_d$、$\ddot{\boldsymbol{\eta}}_d$存在且有界[10]，表明期望轨迹需是光滑的。船舶运动模型本身具有高度非线性特性，且该非线性特征中包含着复杂的水动力参数。由于船舶模型本身的复杂性以及建模技术的原因，非线性项$f_{i^*}(\upsilon)$是很难直接获取的。对于欠驱动船舶来说，假设 6.4 是一个很常用的假设，同时该假设也是符合实际情况的[67]。因此，假设 6.1～假设 6.4 是合理的。

控制目标：考虑欠驱动船舶存在外界未知时变环境扰动和动态不确定性情况下的轨迹跟踪控制问题，设计欠驱动船舶执行器纵向、转向控制输入$\boldsymbol{\tau}_u$和$\boldsymbol{\tau}_r$，使船舶按照参考轨迹运动，并且保证控制系统具有优秀的稳态以及瞬态性能。

6.2 控制律设计

定义如下跟踪误差变量：

$$\begin{bmatrix} x_e \\ y_e \\ \psi_e \end{bmatrix} = \boldsymbol{J}^{\mathrm{T}}(\psi)\begin{bmatrix} x_d - x \\ y_d - y \\ \psi_d - \psi \end{bmatrix} \tag{6-3}$$

式中，x_e、y_e、ψ_e为位置误差，记$z_e = \sqrt{{x_e}^2 + {y_e}^2}$；$x_d$、$y_d$、$\psi_d$分别为参考轨迹的横纵坐标及艏向角，式中船舶期望航向通过如下等式给出：

$$\psi_d = \begin{cases} \arctan\left(\dfrac{\dot{y}_d}{\dot{x}_d}\right), & z_e = 0 \\ 0.5[1-\mathrm{sgn}(x_e)]\mathrm{sgn}(y_e)\pi + \arctan\left(\dfrac{y_e}{x_e}\right) \end{cases} \tag{6-4}$$

根据图 6.1 所示的关系，变量x_e、y_e和z_e存在着以下关系：

$$x_e = z_e\cos(\psi_d) \qquad y_e = z_e\sin(\psi_d) \tag{6-5}$$

对变量z_e、ψ_e求导，可得

$$\dot{z}_e = \dot{x}_d\cos(\psi_d) + \dot{y}_d\sin(\psi_d) - u\cos(\psi_e) - v\sin(\psi_e) \tag{6-6}$$

$$\dot{\psi}_e = \dot{\psi}_d - r \tag{6-7}$$

设计如下虚拟控制律α_u与α_r：

$$\begin{aligned}\alpha_u = \cos^{-1}(\psi_e)[&k_{ze1}z_e + k_{ze2}\,\mathrm{sgn}^{\delta}(z_e) + \dot{x}_d\cos(\psi_d) + \\ &\dot{y}_d\sin(\psi_d) - v\sin(\psi_e)]\end{aligned} \tag{6-8}$$

$$\alpha_r = k_{\psi e1}\psi_e + k_{\psi e2}\,\mathrm{sgn}^{\delta}(\psi_e) + \dot{\psi}_d \tag{6-9}$$

式中，$k_{ze1}>0$、$k_{ze2}>0$、$k_{\psi e1}>0$、$k_{\psi e2}>0$为设计参数。

需说明的是，对于$\psi_e=\pm\dfrac{\pi}{2}$时，α_u未定义。因此，在实际工程中首先假设条件$|\psi_e|<\dfrac{\pi}{2}$成立，并利用以下转换保证假设的成立：

$$\psi_e = \begin{cases}\psi_e - \pi, & \psi_e \geqslant 0.5\pi \\ \psi_e, & -0.5\pi < \psi_e < 0.5\pi \\ \psi_e + \pi, & \psi_e \leqslant -0.5\pi\end{cases} \tag{6-10}$$

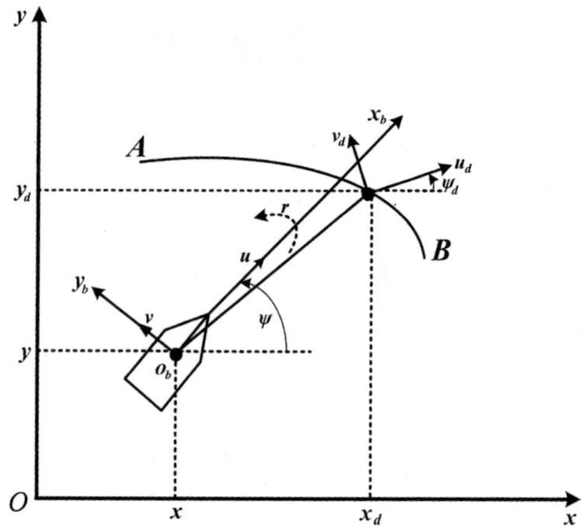

图 6.1　船舶运动轨迹跟踪基本原理图

本节在 Backstepping 设计框架下，引入 DSC 方法，得到α_u的滤波形式避免对α_u直接求导。引入神经网络在线重构方法、扰动估计技术和有限时间原理，设计一个基于神经网络的有限时间扰动观测器。然后，针对具有动态不确定性和外部扰动的欠驱动船舶，提出一种有限时间跟踪控制方案。具体设计步骤包括两步：

（1）针对欠驱动船舶的纵向非线性动态不确定项$f_u(\boldsymbol{v})$，本节引入神经网络技术，对未知项进行在线实时逼近。

（2）考虑神经网络逼近误差ε_1及外界环境在纵向的时变扰动$\boldsymbol{\tau}_{wu}$，设计了一种基于有限时间原理的扰动观测器，对复合扰动ω_u进行估计。

在这一步中，为了避免对α_u直接求导，引入以下滤波器：

$$\mu_u\dot{\gamma}_u+\gamma_u=\alpha_u,\quad \gamma_u(0)=\alpha_u(0) \tag{6-11}$$

式中，γ_u为一阶滤波器，α_u以时间常数μ_u通过滤波器。定义一个滤波误差$e_u=\gamma_u-\alpha_u$，记$\dot{\gamma}_u=-e_u/\mu_u$。

根据式（6-8），可得

$$\begin{aligned}\dot{e}_u&=\dot{\gamma}_u-\dot{\alpha}_u\\&=-\frac{e_u}{\mu_u}+A_u(z_e,x_d,y_d,\psi_d,\psi_e,v,\dot{z}_e,\dot{x}_d,\dot{y}_d,\dot{\psi}_d,\dot{\psi}_e,\dot{v},\ddot{x}_d,\ddot{y}_d)\end{aligned} \tag{6-12}$$

式中，$A_u(\bullet)$是一个连续函数且最大值为M_u。

根据Backstepping的设计程序，定义如下的纵向速度误差：

$$u_e=u-\gamma_u \tag{6-13}$$

对式（6-13）求导，并结合船舶运动学及动力学数学模型可得

$$\dot{u}_e=\dot{u}-\dot{\gamma}_u=\frac{1}{m_{11}}f_u(\boldsymbol{v})+\frac{1}{m_{11}}(\tau_u+\tau_{wu})-\dot{\gamma}_u \tag{6-14}$$

式（6-14）中的$f_u(\boldsymbol{v})$为非线性动态不确定部分，为此，这里将采用具有对未知非线性在线重构能力的神经网络，对$f_u(\boldsymbol{v})$进行在线重构。

根据引理2.3，未知项$f_u(\boldsymbol{v})$可以等价地写成

$$f_u(\boldsymbol{v})=\boldsymbol{W}_u^{*\mathrm{T}}\boldsymbol{s}(\boldsymbol{v})+\varepsilon_1 \tag{6-15}$$

式中，$\boldsymbol{v}=[u,\ v,\ r]^{\mathrm{T}}$为NN的输入向量，$\boldsymbol{s}(\boldsymbol{v})=[s_1(\boldsymbol{v}),\cdots,s_n(\boldsymbol{v})]^{\mathrm{T}}$为NN的径向基函数向量，NN权重向量$\boldsymbol{W}_u^*=[w_{u,1}^*,w_{u,2}^*,\cdots,w_{u,n}^*]^{\mathrm{T}}\in\mathbf{R}^{n\times1}$，$\varepsilon_1$为NN的逼近误差。

将式（6-15）代入式（6-14）得

$$\dot{u}_e=\frac{1}{m_{11}}\boldsymbol{W}_u^{*\mathrm{T}}s(\boldsymbol{v})+\frac{1}{m_{11}}\tau_u-\dot{\gamma}_u+\frac{1}{m_{11}}\omega_u \tag{6-16}$$

式中，$\omega_u=\tau_{wu}+\varepsilon_1$，$\omega_u$为复合扰动项。根据引理2.5，$\boldsymbol{W}_u^*$满足$\left\|\boldsymbol{W}_u^*\right\|\leqslant W_U$，$W_U$为未知常数。

进一步，式（6-16）可以写成

$$m_{11}\dot{u}_e=(\hat{\boldsymbol{W}}_u^{\mathrm{T}}+\tilde{\boldsymbol{W}}_u^{\mathrm{T}})s(\boldsymbol{v})+\tau_u-m_{11}\dot{\gamma}_u+(\hat{\omega}_u+\tilde{\omega}_u) \tag{6-17}$$

式中，$\tilde{W}_u = W_u^* - \hat{W}_u$ 为权重误差，$\tilde{\omega}_u = \omega_u - \hat{\omega}_u$ 为参数估计误差。

根据式（6-16），设计如下预估器：

$$m_{11}\dot{\hat{u}}_e = \hat{\boldsymbol{W}}_u^{\mathrm{T}} s(\boldsymbol{v}) + \tau_u - m_{11}\dot{\gamma}_u + \hat{\omega}_u \tag{6-18}$$

式中，$\hat{\omega}_u$ 通过如下扰动估计器获取：

$$\theta = m_{11}u_e - m_{11}\hat{u}_e \tag{6-19}$$

$$\hat{\omega}_u = \beta_1 \operatorname{sgn}^{\delta}(\theta) + \beta_2\theta + \beta\int[\operatorname{sgn}^{\delta}(\theta) + \theta]dt \tag{6-20}$$

式中，β，β_1，$\beta_2 \in \mathbf{R}$ 为正的设计常数。δ 为待设计常数，δ 满足 $0.5 \leqslant \delta < 1$。

注 6.2 从假设 6.1 与假设 6.3 可知，式（6-14）中包含了未知非线性动态项 $f_u(\boldsymbol{v})$ 与未知时变扰动 τ_{wu}，这两项不可直接用于控制设计。在文献[1,5,10]中，为有效处理未知非线性动态项 $f_u(\boldsymbol{v})$，要求 $f_u(\boldsymbol{v})$ 满足参数化分解条件。文献[8,9]将神经网络用于在线重构未知非线性动态项 $f_u(\boldsymbol{v})$，释放了 $f_u(\boldsymbol{v})$ 需满足参数化分解的条件。同时，为了提高系统对不确定部分的鲁棒性，文献[6-7,9]将重构误差 ε_1 与时变扰动项 τ_{wu} 视为复合不确定项，即 $\omega_u = \tau_{wu} + \varepsilon_1$。进一步，采用参数自适应方法在线估计 ω_u 的上界。这种用估计上界替代实际误差的方法过于保守。为了降低这样的保守性，文献[12-15]将扩张状态观测器（ESO）技术引入，将 $f_u(\boldsymbol{v})$ 与 τ_{wu} 记为复合不确定，但是一个隐含的假设是要求 $\dot{v}$ 是有界的。针对这一问题，本章将神经网络技术和扰动观测器有机结合，采用神经网络在线重构 $f_u(\boldsymbol{v})$，并且建立基于神经网络的扰动观测器（6-19）、（6-20），实时估计复合不确定项 ω_u。相比之下，解决了文献[6-7,9]中参数自适应方法引起的保守性，并且释放了对 $\dot{v}$ 的隐含假设，同时还可弥补智能逼近器不可重构外部环境引起的扰动以及逼近器的逼近残差补偿问题。

设计纵向推力控制律 τ_u 的控制指令 $\hat{\tau}_u$：

$$\hat{\tau}_u = -\gamma_1 m_{11}\hat{u}_e - \gamma_2 m_{11}\operatorname{sgn}^{\delta}(\hat{u}_e) - \hat{\omega}_u - \hat{\boldsymbol{W}}_u^{\mathrm{T}} s(\boldsymbol{v}) + m_{11}\dot{\gamma}_u \tag{6-21}$$

自适应律：

$$\dot{\hat{W}}_u = \Xi[s(\boldsymbol{v})\theta - \vartheta_u \hat{W}_u] \tag{6-22}$$

事件触发协议：

$$\begin{aligned} &\tau_u(t) = \hat{\tau}_u(t_{t_1}),\quad t_1 \in \mathbf{N} \\ &t_{t_1+1} = \inf\{t \in \mathbf{R} \mid (\|\rho_u\| \geqslant \tau_{uo}) \cup (\|z_e\| \geqslant p_z) \cap \|\rho_u\| \geqslant \tau_{u1}\} \end{aligned} \tag{6-23}$$

式中，$\gamma_1>0$、$\gamma_2>0$、Ξ、ϑ_u、τ_{uo}、τ_{u1}和p_z为设计常数。$\rho_u=\tau_u-\hat{\tau}_u$为测量误差。

注 6.3 在神经网络自适应律的设计中，文献[6-7,9]使用速度误差变量作为学习律的激励条件。这种神经网络自适应律的设计方法，无法避免由快速自适应控制引起的高频振荡，最终导致自适应控制系统的瞬态性能难以保证。针对这一问题，本章引入预估误差θ，设计了一种新的自适应律（6-22）。这样，它克服了传统更新规律引起的控制信号的高频振荡问题，改善了瞬态性能，提高了神经网络技术的自适应速度，实现了对非线性动态不确定性的稳定快速自适应[16]。

进一步，根据式（6-20）～式（6-22），有

$$\dot{\theta}=m_{11}\dot{u}_e-m_{11}\dot{\hat{u}}_e=\omega_u-\hat{\omega}_u+\tilde{\boldsymbol{W}}_u^{\mathrm{T}}s(\boldsymbol{v}) \tag{6-24}$$

将式（6-20）代入式（6-24）得

$$\dot{\theta}=-\beta_1\operatorname{sgn}^{\delta}(\theta)-\beta_2\theta-\beta\int[\operatorname{sgn}^{\delta}(\theta)+\theta]\mathrm{d}t+\omega_u+\tilde{\boldsymbol{W}}_u^{\mathrm{T}}s(\boldsymbol{v}) \tag{6-25}$$

本节提出了一种基于神经网络有限时间扰动观测器的控制方法来控制转向力矩。具体设计步骤包括两部分。

（1）针对欠驱动船舶模型转向不确定项$f_r(\boldsymbol{v})$，本节引入神经网络技术，对未知项进行在线实时逼近；

（2）考虑神经网络逼近误差ε_2及外界环境在转向的时变扰动τ_{wr}，设计了一种基于有限时间原理的扰动观测器，对复合扰动ω_r进行估计。

在这一步中，为了避免对α_r直接求导，引入以下滤波器：

$$\mu_r\dot{\gamma}_r+\gamma_r=\alpha_r\quad \gamma_r(0)=\alpha_r(0) \tag{6-26}$$

式中，γ_r为一阶滤波器，α_r以时间常数μ_r通过滤波器。定义一个滤波误差$e_r=\gamma_r-\alpha_r$，记$\dot{\gamma}_r=-e_r/\mu_r$。

进一步，根据式（6-9）可以得到

$$\dot{e}_r=\dot{\gamma}_r-\dot{\alpha}_r=-\frac{e_r}{\mu_r}+A_r(\psi_e,\psi_d,\dot{\psi}_e,\dot{\psi}_d,\ddot{\psi}_d) \tag{6-27}$$

式中，$A_r(\bullet)$是一个连续函数且最大值为M_r。

定义转矩速度误差为

$$r_e=r-\gamma_r \tag{6-28}$$

对式（6-28）求导，并结合欠驱动水面船舶运动学和动力学数学模型可得

$$\dot{r}_e = \dot{r} - \dot{\gamma}_r = \frac{1}{m_{33}} f_r(\boldsymbol{v}) + \frac{1}{m_{33}}(\tau_r + \tau_{wr}) - \dot{\gamma}_r \tag{6-29}$$

式中，$f_r(\boldsymbol{v})$ 的为模型不确定部分，为此，采用神经网络技术对模型不确定部分 $f_r(\boldsymbol{v})$ 进行逼近。

根据引理 2.3，未知项 $f_r(\boldsymbol{v})$ 的神经网络输出表达式为

$$f_r(\boldsymbol{v}) = \boldsymbol{W}_r^{*\mathrm{T}} s(\boldsymbol{v}) + \varepsilon_2 \tag{6-30}$$

式中，$\boldsymbol{W}_r^* = [w_{r,1}^*, w_{r,2}^*, \cdots, w_{r,n}^*]^{\mathrm{T}} \in \mathbf{R}^{n\times 1}$ 表示 NN 的理想权重向量，ε_2 为 NN 的逼近误差。根据引理 2.5，$\boldsymbol{W}_r^*$ 满足 $\left\|\boldsymbol{W}_r^*\right\| \leqslant W_R$，$W_R$ 为未知常数。

将式（6-30）代入式（6-29），可得

$$\dot{r}_e = \frac{1}{m_{33}} \boldsymbol{W}_r^{*\mathrm{T}} s(\boldsymbol{v}) + \frac{1}{m_{33}} \tau_r - \dot{\gamma}_r + \frac{1}{m_{33}} \omega_r \tag{6-31}$$

式中，$\omega_r = \tau_{wr} + \varepsilon_2$，$\omega_r$ 为复合扰动项。

进一步，式（6-31）可以写成

$$\dot{r}_e = \frac{1}{m_{33}} (\hat{\boldsymbol{W}}_r^{\mathrm{T}} + \tilde{\boldsymbol{W}}_r^{\mathrm{T}}) s(\boldsymbol{v}) + \frac{1}{m_{33}} \tau_r - \dot{\gamma}_r + \frac{1}{m_{33}} (\hat{\omega}_r + \tilde{\omega}_r) \tag{6-32}$$

式中，$\tilde{W}_r = W_r^* - \hat{W}_r$ 为权重误差。$\hat{\omega}_r$ 是 ω_r 的估计值。$\tilde{\omega}_r = \omega_r - \hat{\omega}_r$ 为参数估计误差。

根据式（6-32），设计如下估计器：

$$m_{33} \dot{\hat{r}}_e = \hat{\boldsymbol{W}}_r^{\mathrm{T}} s(\boldsymbol{v}) + \tau_r - m_{33} \dot{\gamma}_r + \hat{\omega}_r \tag{6-33}$$

式中，$\hat{\omega}_r$ 通过如下扰动估计器获取：

$$\phi = m_{33} r_e - m_{33} \hat{r}_e \tag{6-34}$$

$$\hat{\omega}_r = \beta_3 \operatorname{sgn}^{\delta}(\phi) + \beta_4 \phi + \beta \int [\operatorname{sgn}^{\delta}(\phi) + \phi] \mathrm{d}t \tag{6-35}$$

式中，β_3、$\beta_4 \in \mathbf{R}$ 为正的设计常数。

设计转向力矩控制律：

$$\hat{\tau}_r = -\gamma_3 m_{33} \hat{r}_e - \gamma_4 m_{33} \operatorname{sgn}^{\delta}(\hat{r}_e) - \hat{\omega}_r - \hat{\boldsymbol{W}}_r^{\mathrm{T}} s(\boldsymbol{v}) + m_{33} \dot{\gamma}_r \tag{6-36}$$

设计自适应律：

$$\dot{\hat{W}}_r = \Pi [s(\boldsymbol{v}) \phi - \vartheta_r \hat{W}_r] \tag{6-37}$$

事件触发协议：

$$\begin{aligned} &\tau_r(t)=\hat{\tau}_r(t_{\iota_2}),\quad \iota_2\in\mathbf{N} \\ &t_{\iota_2+1}=\inf\{t\in\mathbf{R}\big|(\|\rho_r\|\geqslant\tau_{ro})\cup(\|\psi_e\|\geqslant p_\psi)\cap\|\rho_r\|\geqslant\tau_{r1}\} \end{aligned} \tag{6-38}$$

式中，$\gamma_3>0$、$\gamma_4>0$、Π、ϑ_r、τ_{ro}、τ_{r1}和p_ψ为设计常数。$\rho_r=\tau_r-\hat{\tau}_r$为测量误差。

进一步，根据式（6-32）～式（6-34）和式（6-36）、式（6-37）可得

$$\dot{\phi}=m_{33}\dot{r}_e-m_{33}\dot{\hat{r}}_e=\omega_r-\hat{\omega}_r+\tilde{\boldsymbol{W}}_r^{\mathrm{T}}s(\boldsymbol{v}) \tag{6-39}$$

将式（6-35）代入式（6-39）得

$$\dot{\phi}=-\beta_3\operatorname{sgn}^\delta(\phi)-\beta_4\phi-\beta\int[\operatorname{sgn}^\delta(\phi)+\phi]dt+\omega_r+\tilde{\boldsymbol{W}}_r^{\mathrm{T}}s(\boldsymbol{v}) \tag{6-40}$$

6.3 稳定性分析

针对整个欠驱动船舶闭环跟踪控制系统，考虑如下 Lyapunov 函数：

$$\begin{aligned} V=&\frac{1}{2}m_{11}\hat{u}_e^{\,2}+\frac{1}{2}m_{33}\hat{r}_e^{\,2}+\frac{1}{2}\psi_e^{\,2}+\frac{1}{2}z_e^{\,2}+\frac{1}{2}\theta^2+\frac{1}{2}\phi^2+ \\ &\frac{1}{2\Xi}\tilde{\boldsymbol{W}}_u^{\mathrm{T}}\tilde{\boldsymbol{W}}_u+\frac{1}{2\Pi}\tilde{\boldsymbol{W}}_r^{\mathrm{T}}\tilde{\boldsymbol{W}}_r+\frac{1}{2}e_u^2+\frac{1}{2}e_r^2 \end{aligned} \tag{6-41}$$

对式（6-41）求导，并将式（6-6）～式（6-9）、式（6-12）、式（6-21）、式（6-22）、式（6-25）、式（6-27）、式（6-33）、式（6-36）、式（6-37）与式（6-40）代入，可得

$$\begin{aligned} \dot{V}=&-\hat{u}_e[\gamma_1\hat{u}_e+\gamma_2\operatorname{sgn}^\delta(\hat{u}_e)]-\hat{r}_e[\gamma_3\hat{r}_e+\gamma_4\operatorname{sgn}^\delta(\hat{r}_e)]- \\ &\psi_e\left[\frac{\phi}{m_{33}}+\hat{r}_e+k_{\psi e1}\psi_e+k_{\psi e2}\operatorname{sgn}^\delta(\psi_e)\right]- \\ &z_e\left[k_{ze1}z_e+k_{ze2}\operatorname{sgn}^\delta(z_e)+u_e\cos(\psi_e)\right]- \\ &\theta\left[\beta_1\operatorname{sgn}^\delta(\theta)+\beta_2\theta+\beta\int(\operatorname{sgn}^\delta(\theta)+\theta)dt-\omega_u-\tilde{\boldsymbol{W}}_u^{\mathrm{T}}s(\boldsymbol{v})\right]- \\ &\phi\left[\beta_3\operatorname{sgn}^\delta(\phi)+\beta_4\phi+\beta\int(\operatorname{sgn}^\delta(\phi)+\phi)dt-\omega_r-\tilde{\boldsymbol{W}}_r^{\mathrm{T}}s(\boldsymbol{v})\right]- \\ &\tilde{\boldsymbol{W}}_u^{\mathrm{T}}s(\boldsymbol{v})\theta+\vartheta_u\tilde{\boldsymbol{W}}_u^{\mathrm{T}}\hat{\boldsymbol{W}}_u-\tilde{\boldsymbol{W}}_r^{\mathrm{T}}s(\boldsymbol{v})\phi+\vartheta_r\tilde{\boldsymbol{W}}_r^{\mathrm{T}}\hat{\boldsymbol{W}}_r+ \\ &e_u\left(-\frac{e_u}{\mu_u}+A_u\right)+e_r\left(-\frac{e_r}{\mu_r}+A_r\right) \end{aligned} \tag{6-42}$$

根据假设 6.1，对于任意参数$|\dot{\omega}_u|\leqslant\beta$，有

$$-\theta\left[\beta_1\operatorname{sgn}^\delta(\theta)+\beta_2\theta+\beta\int(\operatorname{sgn}^\delta(\theta)+\theta)\mathrm{d}t-\omega_u\right]\leqslant-\beta_1|\theta|^{\delta+1}-\beta_2\theta^2 \tag{6-43}$$

同理，对于任意参数$|\dot{\omega}_r| \leqslant \beta$，有

$$-\phi\left[\beta_3 \operatorname{sgn}^{\delta}(\phi)+\beta_4\phi+\beta\int(\operatorname{sgn}^{\delta}(\phi)+\phi)\mathrm{d}t-\omega_r\right] \leqslant -\beta_3|\phi|^{\delta+1}-\beta_4\phi^2 \tag{6-44}$$

进一步，可得

$$\begin{aligned}\dot{V} \leqslant & -\gamma_1\hat{u}_e{}^2-\gamma_2|\hat{u}_e|^{\delta+1}-(\gamma_3-0.5)\hat{r}_e{}^2-\gamma_4|\hat{r}_e|^{\delta+1}- \\ & (k_{\psi e1}-1)\psi_e{}^2-k_{\psi e2}|\psi_e|^{\delta+1}- \\ & k_{ze1}z_e{}^2-k_{ze2}|z_e|^{\delta+1}-z_e u_e\cos\psi_e-\beta_1|\theta|^{\delta+1}-\beta_2\theta^2- \\ & \beta_3|\phi|^{\delta+1}-\left(\beta_4-\frac{1}{2m_{33}^2}\right)\phi^2+\vartheta_u\tilde{\boldsymbol{W}}_u{}^{\mathrm{T}}\hat{\boldsymbol{W}}_u+\vartheta_r\tilde{\boldsymbol{W}}_r{}^{\mathrm{T}}\hat{\boldsymbol{W}}_r+ \\ & e_u\left(-\frac{e_u}{\mu_u}+A_u\right)+e_r\left(-\frac{e_r}{\mu_r}+A_r\right)\end{aligned} \tag{6-45}$$

根据 Young's 不等式，可得

$$-z_e u_e\cos(\psi_e)=-z_e\left(\hat{u}_e+\frac{\theta}{m_{11}}\right)\cos(\psi_e) \leqslant z_e{}^2+0.5\hat{u}_e{}^2+\frac{\theta^2}{2m_{11}^2} \tag{6-46}$$

$$\vartheta_u\tilde{\boldsymbol{W}}_u{}^{\mathrm{T}}\hat{\boldsymbol{W}}_u \leqslant -0.5\vartheta_u\tilde{\boldsymbol{W}}_u{}^{\mathrm{T}}\tilde{\boldsymbol{W}}_u+0.5\vartheta_u\boldsymbol{W}_U{}^2 \tag{6-47}$$

$$\vartheta_r\tilde{\boldsymbol{W}}_r{}^{\mathrm{T}}\hat{\boldsymbol{W}}_r \leqslant -0.5\vartheta_r\tilde{\boldsymbol{W}}_r{}^{\mathrm{T}}\tilde{\boldsymbol{W}}_r+0.5\vartheta_r\boldsymbol{W}_R{}^2 \tag{6-48}$$

$$e_u\dot{e}_u \leqslant -\frac{e_u^2}{\mu_u}+\frac{1}{2}e_u^2A_u^2 \tag{6-49}$$

$$e_r\dot{e}_r \leqslant -\frac{e_r^2}{\mu_r}+\frac{1}{2}e_r^2A_r^2 \tag{6-50}$$

将式（6-46）～式（6-50）代入式（6-45）得

$$\begin{aligned}\dot{V}= & -(\gamma_1-0.5)\hat{u}_e{}^2-(\gamma_3-0.5)\hat{r}_e{}^2-(k_{\psi e1}-1)\psi_e{}^2-(k_{ze1}-1)z_e{}^2- \\ & \left(\beta_2-\frac{1}{2m_{11}^2}\right)\theta^2-\left(\beta_4-\frac{1}{2m_{33}^2}\right)\phi^2-0.5\vartheta_u\tilde{\boldsymbol{W}}_u{}^{\mathrm{T}}\tilde{\boldsymbol{W}}_u-0.5\vartheta_r\tilde{\boldsymbol{W}}_r{}^{\mathrm{T}}\tilde{\boldsymbol{W}}_r- \\ & \gamma_2|\hat{u}_e|^{\delta+1}-\gamma_4|\hat{r}_e|^{\delta+1}-k_{\psi e2}|\psi_e|^{\delta+1}-k_{ze2}|z_e|^{\delta+1}-\beta_1|\theta|^{\delta+1}-\beta_3|\phi|^{\delta+1}- \\ & \left\|\tilde{\boldsymbol{W}}_u{}^{\mathrm{T}}\right\|^{\delta+1}-\left\|\tilde{\boldsymbol{W}}_r{}^{\mathrm{T}}\right\|^{\delta+1}+0.5\vartheta_u\boldsymbol{W}_U{}^2+0.5\vartheta_r\boldsymbol{W}_R{}^2+\left\|\tilde{\boldsymbol{W}}_u{}^{\mathrm{T}}\right\|^{\delta+1}+\left\|\tilde{\boldsymbol{W}}_r{}^{\mathrm{T}}\right\|^{\delta+1}- \\ & \left(\frac{1}{\mu_u}-\frac{1}{2}A_u^2\right)e_u^2-\left(\frac{1}{\mu_r}-\frac{1}{2}A_r^2\right)e_r^2\end{aligned} \tag{6-51}$$

根据引理 2.2，可得

$$\left\|\tilde{\boldsymbol{W}}_u^{\mathrm{T}}\right\|^{\delta+1} \leqslant \frac{\delta+1}{2} b\left\|\tilde{\boldsymbol{W}}_u^{\mathrm{T}}\right\|^2+\frac{1-\delta}{2} b^{-\frac{1+\delta}{1-\delta}} \tag{6-52}$$

同理，可得

$$\left\|\tilde{\boldsymbol{W}}_r^{\mathrm{T}}\right\|^{\delta+1} \leqslant \frac{\delta+1}{2} b\left\|\tilde{\boldsymbol{W}}_r^{\mathrm{T}}\right\|^2+\frac{1-\delta}{2} b^{-\frac{1+\delta}{1-\delta}} \tag{6-53}$$

令 $\frac{1}{\mu_u}=\frac{1}{2} A_u^2+\frac{1}{2} g_u$， $\frac{1}{\mu_r}=\frac{1}{2} A_r^2+\frac{1}{2} g_r$，这里 g_u 和 g_r 为正常数，可得

$$\begin{aligned}
\dot{V}= & -(\gamma_1-0.5) \hat{u}_e{}^2-(\gamma_3-0.5) \hat{r}_e{}^2-(k_{\psi e1}-1) \psi_e{}^2-(k_{ze1}-1) z_e{}^2- \\
& \left(\beta_2-\frac{1}{2 m_{11}^2}\right) \theta^2-\left(\beta_4-\frac{1}{2 m_{33}^2}\right) \phi^2-\left(0.5 \vartheta_u-\frac{\delta+1}{2}\right) \tilde{\boldsymbol{W}}_u^{\mathrm{T}} \tilde{\boldsymbol{W}}_u- \\
& \left(0.5 \vartheta_r-\frac{\delta+1}{2}\right) \tilde{\boldsymbol{W}}_r^{\mathrm{T}} \tilde{\boldsymbol{W}}_r-0.5 g_u e_u^2-0.5 g_r e_r^2-\gamma_2\left|\hat{u}_e\right|^{\delta+1}- \\
& \gamma_4\left|\hat{r}_e\right|^{\delta+1}-k_{\psi e2}\left|\psi_e\right|^{\delta+1}-k_{ze2}\left|z_e\right|^{\delta+1}-\beta_1|\theta|^{\delta+1}-\beta_3|\phi|^{\delta+1}- \\
& \left\|\tilde{\boldsymbol{W}}_u^{\mathrm{T}}\right\|^{\delta+1}-\left\|\tilde{\boldsymbol{W}}_r^{\mathrm{T}}\right\|^{\delta+1}+0.5 \vartheta_u \boldsymbol{W}_U{}^2+0.5 \vartheta_r \boldsymbol{W}_R{}^2+1-\delta
\end{aligned} \tag{6-54}$$

类似式（6-52）和式（6-53），可以得到

$$0.5 g_u e_u^{\delta+1} \leqslant \frac{\delta+1}{4} g_u\left|e_u\right|^2+\frac{1-\delta}{4} g_u \tag{6-55}$$

$$0.5 g_r e_r^{\delta+1} \leqslant \frac{\delta+1}{4} g_r\left|e_r\right|^2+\frac{1-\delta}{4} g_r \tag{6-56}$$

令

$$\begin{aligned}
c_1=\min \{ & 2 \gamma_1-1,2 \gamma_3-1,2 k_{\psi e1}-2,2 k_{ze1}-2,\ 2 \beta_2-m_{11}^{-2}, \\
& 2 \beta_4-m_{33}^{-2}, \vartheta_u-\delta-1, \vartheta_r-\delta-1,0.5(1-\delta) g_u, 0.5(1-\delta) g_r\}
\end{aligned} \tag{6-57}$$

$$c_2=2^{\frac{\delta+1}{2}} \min \{\gamma_2, \gamma_4, k_{\psi e2}, k_{ze2}, \beta_1, \beta_3, \Xi^{\delta+1}, \Pi^{\delta+1}, 0.5 g_u, 0.5 g_r\} \tag{6-58}$$

$$d=0.5 \vartheta_u \boldsymbol{W}_U^2+0.5 \vartheta_r \boldsymbol{W}_R^2+(1-\delta) \frac{g_u+g_r+4}{4} \tag{6-59}$$

进一步，式（6-54）可写成

$$\dot{V} \leqslant-c_1 V-c_2 V^{\frac{\delta+1}{2}}+d \tag{6-60}$$

注 6.4 由于扰动观测器可以在线重构未知的外部扰动。文献[1,3]应用非线性扰动观测器解决外部扰动的重构问题，但必须要求有精确的船舶模型动态。文

献[10-11]将模型摄动与外部扰动视为复合不确定性，并采用扰动观测器对其进行重构。特别地，文献[10]要求横漂速度的一阶导数$\dot{v}$有界。在本工作中，$f_u(\boldsymbol{v})$和$f_r(\boldsymbol{v})$是未知的，这意味着文献[1,3,10,11]中提出的方案不能移植到本工作中。

注 6.5 与文献[1,3,10,11]中基于扰动观测器的方案相比，本章结合了自适应神经网络和扰动观测器技术各自的优点来重构船舶内部和外部不确定性。如式（6-15）和式（6-19）、式（6-20）所示，这项工作不需要准确的$f_u(\boldsymbol{v})$和$f_r(\boldsymbol{v})$，同时，复合扰动ω_u和ω_r可以在线重构。通过以上设计，本章不仅抛弃了文献[10]中的隐含假设，而且将扰动观测器的适用范围扩展到了具有多个不确定欠驱动船舶的控制问题。同时，本章实现了自适应神经网络和扰动观测器技术的协同工作，实现了欠驱动船舶所受多重不确定性的有限时间重构和补偿。

注 6.6 根据式（6-16）和式（6-31），如果$\boldsymbol{W}_u^{*\mathrm{T}}s(\boldsymbol{v})$和$\boldsymbol{W}_r^{*\mathrm{T}}s(\boldsymbol{v})$已知，即$\Gamma_u=\boldsymbol{W}_u^{*\mathrm{T}}s(\upsilon)-m_{11}\dot{\gamma}_u$、$\Gamma_r=\boldsymbol{W}_r^{*\mathrm{T}}s(\upsilon)-m_{33}\dot{\gamma}_r$已知。扰动观测器可以被构造为$\dot{\hat{\chi}}=u_\tau+\hat{d}+\Gamma$，这里$\dot{\chi}=u_\tau+d+\Gamma$。在这种情况下，控制律$\tau_u$和$\tau_r$可设计为$\hat{\tau}_u=-\Gamma_u-\gamma_1 m_{11}\hat{u}_e-\gamma_2 m_{11}\operatorname{sgn}^\delta(\hat{u}_e)-\hat{\omega}_u$和$\hat{\tau}_r=-\gamma_3 m_{33}\hat{r}_e-\gamma_4 m_{33}\operatorname{sgn}^\delta(\hat{r}_e)-\hat{\omega}_r-\Gamma_r$。这里，$\hat{\omega}_u$和$\hat{\omega}_r$可由扰动观测器（6-20）和（6-35）获得。由于$\boldsymbol{W}_u^{*\mathrm{T}}s(\boldsymbol{v})$和$\boldsymbol{W}_r^{*\mathrm{T}}s(\boldsymbol{v})$是未知的，所以无法建立引理 2.2 所示的扰动观测器。为此，采用$\hat{\boldsymbol{W}}_u^{\mathrm{T}}s(\boldsymbol{v})$和$\hat{\boldsymbol{W}}_r^{\mathrm{T}}s(\boldsymbol{v})$代替$\boldsymbol{W}_u^{*\mathrm{T}}s(\boldsymbol{v})$和$\boldsymbol{W}_r^{*\mathrm{T}}s(\boldsymbol{v})$。这样，自适应神经网络技术和扰动观测器技术就有机地结合起来了。从而成功地解决了基于神经网络的逼近器和扰动观测器在控制设计中不可调和的矛盾。

注 6.7 根据式(6-23)和式(6-38)，对于$\forall t\in[\iota_1,\iota_1+1)$和$\forall t\in[\iota_2,\iota_2+1)$，$\tau_u(t)$和$\tau_r(t)$处于保持阶段，即$\tau_u(t)$和$\tau_r(t)$是常数。也就是说，当没有违反触发协议时，执行器将控制命令保持在$t=t_{\iota_1}$或$t=t_{\iota_2}$，即，在保持阶段$\forall t\in[\iota_1,\iota_1+1)$和$\forall t\in[\iota_2,\iota_2+1)$，执行器不响应来自设计控制法则的控制命令。在这种情况下，执行器对控制命令$\hat{\tau}_u$和$\hat{\tau}_r$的响应频率大大减少。最终，抑制了执行器不必要的磨损。

定理 6.1 在假设 6.1～假设 6.4 成立的情况下，针对欠驱动船舶非线性运动数学模型，通过所设计的中间控制函数（6-8）和（6-9）、扰动估计器（6-19）和（6-20）与（6-34）和（6-35）、自适应律（6-22）和（6-37），以及带有事件触发协议（6-23）和（6-38）的控制律（6-21）和（6-36）。同时，通过选择适当的设

计参数k_{ze1}、k_{ze2}、$k_{\psi e1}$、$k_{\psi e2}$、β、β_1、β_2、β_3、β_4、δ、μ_u、μ_r、γ_1、γ_2、γ_3、γ_4，船舶轨迹跟踪误差在有限时间 T 内可以调节$\boldsymbol{\Omega}_V=\{z_e \in \mathbf{R} \mid \|z_e\| \leqslant \sqrt{2d/lc_1}\}$（$0<l<1$）。同时，闭环轨迹跟踪控制系统的所有信号均可以保证是一致最终有界的，且芝诺现象也可以避免。

证明：（1）欠驱动船舶跟踪控制系统中所有信号的有界性。

根据式（6-60），可得$\dot{V} \leqslant -c_1V+d$。然后，对其进行求解，可以得到

$$V(t) \leqslant d/c_1+[V(0)-d/c_1]e^{-c_1t} \tag{6-61}$$

式中，$V(0)$为$V(t)$的初始值。

由式（6-61）可得，$V(t)$是一致最终有界。进一步，根据式（6-41）可得，$\hat{u}_e$、$\hat{r}_e$、ψ_e、z_e、θ、ϕ、$\tilde{\boldsymbol{W}}_u$与$\tilde{\boldsymbol{W}}_r$也是有界的；另外，根据$\hat{u}_e$、$\hat{r}_e$、θ与ϕ的有界性，可以得到u_e、r_e、$\hat{\omega}_u$与$\hat{\omega}_r$均是有界的；根据ψ_e与z_e的有界性以及假设 6.2，船舶位置(x,y)与船舶首向角ψ均是有界的；进一步，根据假设 6.4，中间控制函数α_u与α_r也是有界的，那么，船舶前进速度u和首摇角速度r同样也是有界的；进而，控制律τ_u与τ_r也是有界的。因此，闭环系统的所有信号均是 UUB 的。

此外，考虑式（6-61）可得

$$\dot{V} \leqslant -lc_1V-(1-l)c_1V-c_2V^{\delta+1}+d \tag{6-62}$$

根据式（6-62），如果$V \geqslant \dfrac{d}{lc_1}$，可以得到$\dot{V} \leqslant -(1-l)c_1V-c_2V^{\delta+1}$。进一步，$V$在有限时间$T$内收敛于$\boldsymbol{\Omega}_V=\{V:V \leqslant d/lc_1\}$，并且调节$T$满足：

$$T \leqslant \frac{1}{(1-l)c_1}\ln\left(\frac{c_1V^{\frac{1-\delta}{2}}(0)+c_2}{c_2}\right) \tag{6-63}$$

进一步，根据式（6-42），有$\dfrac{1}{2}z_e^2 \leqslant V \leqslant \dfrac{2d}{lc_1}$成立，即

$$|z_e| \leqslant \sqrt{2d/lc_1} \tag{6-64}$$

（2）避免芝诺行为。

根据事件触发协议式（6-23）和式（6-38）。对于$\forall t \in [t_\iota, t_{\iota+1})$、$\tau_u$和$\tau_r$都是常数，这意味着$\dot{\tau}_u=0$和$\dot{\tau}_r=0$。

进一步，测量误差的微分，即

$$\frac{d\left|\rho_u\right|}{dt} \leqslant \left|\dot{\tau}_u - \dot{\hat{\tau}}_u\right| \leqslant \left|\dot{\hat{\tau}}_u\right| \tag{6-65}$$

$$\frac{d\left|\rho_r\right|}{dt} \leqslant \left|\dot{\tau}_r - \dot{\hat{\tau}}_r\right| \leqslant \left|\dot{\hat{\tau}}_r\right| \tag{6-66}$$

根据式（6-21）和式（6-36），可得

$$\dot{\hat{\tau}}_u = \frac{\partial \hat{\tau}_u}{\partial \hat{u}_e}\dot{\hat{u}}_e + \frac{\partial \hat{\tau}_u}{\partial \hat{\omega}_u}\dot{\hat{\omega}}_u + \frac{\partial \hat{\tau}_u}{\partial \hat{\boldsymbol{W}}_u}\dot{\hat{\boldsymbol{W}}}_u + \frac{\partial \hat{\tau}_u}{\partial \upsilon}\dot{\upsilon} + \frac{\partial \hat{\tau}_u}{\partial \dot{\gamma}_u}\ddot{\gamma}_u \tag{6-67}$$

$$\dot{\hat{\tau}}_r = \frac{\partial \hat{\tau}_r}{\partial \hat{r}_e}\dot{\hat{r}}_e + \frac{\partial \hat{\tau}_r}{\partial \hat{\omega}_r}\dot{\hat{\omega}}_r + \frac{\partial \hat{\tau}_r}{\partial \hat{\boldsymbol{W}}_r}\dot{\hat{\boldsymbol{W}}}_r + \frac{\partial \hat{\tau}_r}{\partial \upsilon}\dot{\upsilon} + \frac{\partial \hat{\tau}_r}{\partial \dot{\gamma}_r}\ddot{\gamma}_r \tag{6-68}$$

在本小节中，$\hat{u}_e$、$\hat{r}_e$、θ、ϕ、$\hat{\omega}_u$、$\hat{\omega}_r$、$\tilde{\boldsymbol{W}}_u$、$\tilde{\boldsymbol{W}}_r$、υ、$\dot{\gamma}_u$和$\dot{\gamma}_r$是有界的，这表明根据式（6-14）、式（6-20）、式（6-22）、式（6-24）和式（6-25）以及假设 6.4，$\dot{\hat{u}}_e$、$\dot{\hat{r}}_e$、$\dot{\hat{\omega}}_u$、$\dot{\hat{\boldsymbol{W}}}_u$、$\dot{\theta}$、$\dot{\upsilon}$和$\ddot{\gamma}_u$是有界且连续的。因此，$\left|\dot{\hat{\tau}}_u\right| \leqslant \bar{\tau}_u$。类似的，根据式（6-31）、式（6-35）、式（6-37）、式（6-29）和式（6-39）以及假设 6.4，$\dot{\hat{r}}_e$、$\dot{\hat{\omega}}_r$、$\dot{\hat{\boldsymbol{W}}}_r$、$\dot{\phi}$、$\ddot{\gamma}_r$的有界性及连续性也能被确定。因此，存在满足$\left|\dot{\hat{\tau}}_u\right| \leqslant \bar{\tau}_u$、$\left|\dot{\hat{\tau}}_r\right| \leqslant \bar{\tau}_r$的常数$\bar{\tau}_u$、$\bar{\tau}_r$。考虑到$\rho_u(\iota_1+1)=0$、$\rho_r(\iota_2+1)=0$、$\lim\limits_{t\to\iota_1+1}\min\{\left|\rho_u\right|\}=\bar{\rho}_u$和$\lim\limits_{t\to\iota_2+1}\min\{\left|\rho_r\right|\}=\bar{\rho}_\psi$，能得到$\sigma_{\iota_1}^{\tau_u}=t_{\iota_1+1}-t_{\iota_1}$和$\sigma_{\iota_2}^{\tau_r}=t_{\iota_2+1}-t_{\iota_2}$是有界的，即$\sigma_\iota^{\tau_u} \leqslant \bar{\sigma}_\iota^{\tau_u}$、$\sigma_\iota^{\tau_r} \leqslant \bar{\sigma}_\iota^{\tau_r}$。这意味着$\sigma_\iota^{\tau_u}$和$\sigma_\iota^{\tau_r}$存在下限$\bar{\sigma}_\iota^{\tau_u} \geqslant \dfrac{\bar{\sigma}_\iota^{\tau_u}}{\bar{\tau}_u}$和$\bar{\sigma}_\iota^{\tau_r} \geqslant \dfrac{\bar{\sigma}_\iota^{\tau_r}}{\bar{\tau}_r}$。因此，芝诺行为可以被有效避免。

上述分析证明了定理 6.1。

6.4 仿真验证

在仿真中，船舶的模型参数为$m_{11}=200$，$m_{22}=250$，$m_{33}=80$，$d_{11}=70$，$d_{22}=100$，$d_{23}=40$，$d_{32}=40$和$d_{33}=80$。参考轨迹$\boldsymbol{\eta}_d=[x_d, y_d]^{\mathrm{T}}$设置为$x_d=100\sin 0.02t$，$y_d=100\cos 0.02t$。设计参数选择如下$k_{ze1}=1$、$k_{ze2}=150$、$k_{\psi e1}=14$、

$k_{\psi e2}=180$、$\beta=5$、$\beta_1=0.1$、$\beta_2=0.2$、$\beta_3=0.2$、$\beta_4=0.05$、$\delta=0.6$、$\gamma_1=4$、$\gamma_2=0.0005$、$\gamma_3=8$和$\gamma_4=0.0001$。初始条件$[x(0),y(0),\psi(0)]^{\mathrm{T}}$设置为$[x(0),y(0),\psi(0)]^{\mathrm{T}}=[10,105,0]^{\mathrm{T}}$，其他设置为 0。外界扰动设置为$\boldsymbol{\tau}_w=[20(\sin 0.4t+\cos 0.3t),2(\sin 0.1t+\cos 0.4t),5(\sin 0.3t+\cos 0.2t)]^{\mathrm{T}}$。径向基函数神经网络（Radial Basis Function Neural Network，RBF-NN）基函数$f_u(\boldsymbol{\upsilon})$和$f_r(\boldsymbol{\upsilon})$的节点数$l$选择为$l=20$，其节点中心$\mu_i(i=1,\cdots,20)$均匀分布在$[-4,4]\times[-4,4]\times[-4,4]$上，所有 RBF-NN 基函数宽度$\omega_i(i=1,\cdots,20)$都设置为$\omega_i=2$。

在所提出的事件触发方案下的仿真结果如图 6.2～图 6.8 所示。图 6.2 显示平面内的跟踪控制性能，图 6.3 显示位置(x,y)的跟踪性能。图 6.2 和图 6.3 表明，提出的 ETC 方案迫使欠驱动船舶以满意的控制性能跟随参考轨迹x_d和y_d。轨迹跟踪误差x_e和y_e如图 6.4 所示，从图中可以看出，跟踪误差x_e和y_e是有界的，跟踪控制精度是合理和令人满意的。图 6.5 显示了控制输入τ_u和τ_r的曲线，这意味着控制律τ_u和τ_r是有界并且合理的，芝诺行为不会发生。$\hat{\boldsymbol{W}}_u$和$\hat{\boldsymbol{W}}_r$的范数如图 6.6 所示，这表明$\hat{\boldsymbol{W}}_u$和$\hat{\boldsymbol{W}}_r$是有界的。在图 6.7 中，$F_u=f_u+\tau_{wu}$和$F_r=f_r+\tau_{wr}$分别是纵向方向和偏航方向的复合不确定性。从图 6.7 可以发现，本章提出的基于事件触发的神经网络的扰动观测器(6-25)和(6-40)可以重构复合不确定性F_u和F_r。图 6.8 显示了事件触发时刻和时间，从中可以发现，事件触发协议(6-23)和(6-38)下的最大触发时刻分别约为 4s 和 1.5s。经统计，其在事件触发协议下的触发数分别为 2078 和 2258。以上仿真结果表明，闭环轨迹跟踪控制系统中的所有信号均是 UUB 的，芝诺行为也得以克服。从而证明了定理 6.1。

此外，为了证明所提出的控制方案在本工作中的优越性，将其与文献[1]中提出的无事件触发协议的控制方案和自适应神经网络控制方案进行了仿真比较。式（6-21）和式（6-36）给出了无事件触发协议的控制律，文献[1]中的控制律由下式给出：

$$\begin{cases}\tau_u=-k_{ue}S_u-\dfrac{1}{2}S_u\hat{\beta}_u\left\|\boldsymbol{s}(\upsilon)\right\|^2-m_{11}\dot{f}_{\alpha u}+\bar{z}_e\cos(\psi_e)\\ \tau_r=-k_{re}S_r-\dfrac{1}{2}S_r\hat{\beta}_r\left\|\boldsymbol{s}(\upsilon)\right\|^2-m_{33}\dot{f}_{\alpha r}+\psi_e\end{cases}\tag{6-69}$$

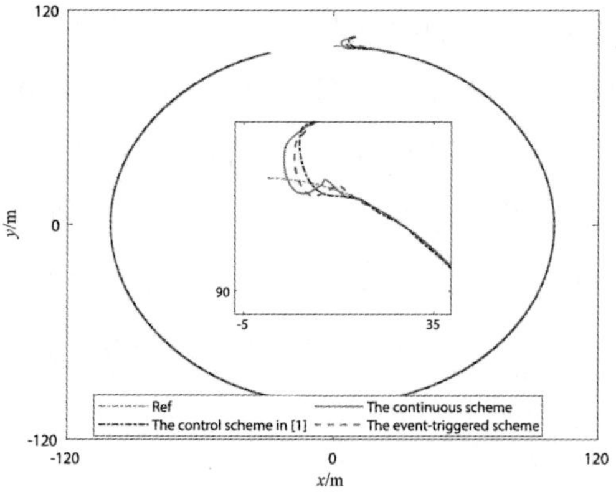

图 6.2　平面内的跟踪控制性能

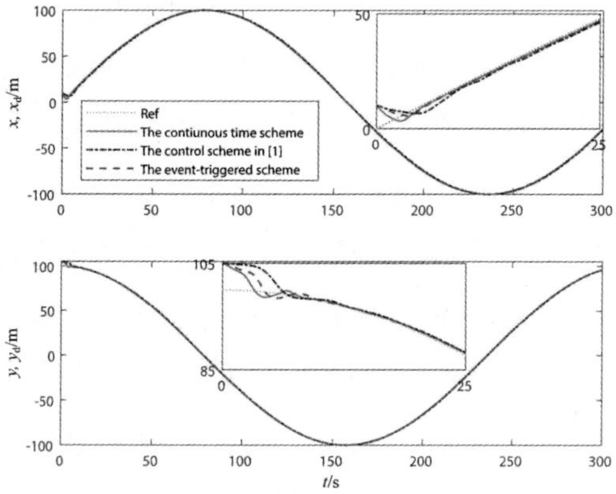

图 6.3　参考位置和实际位置

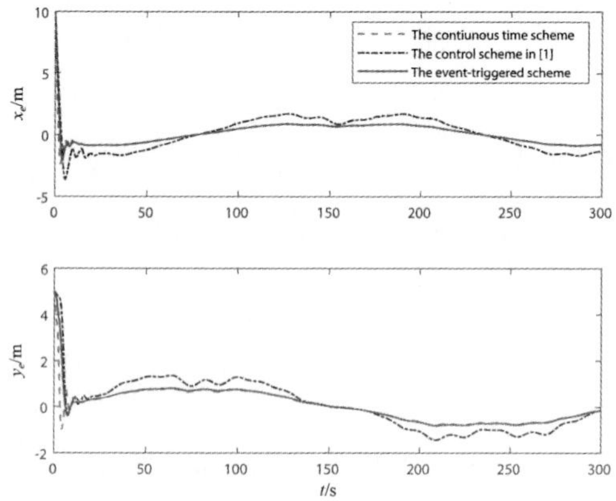

图 6.4　跟踪误差

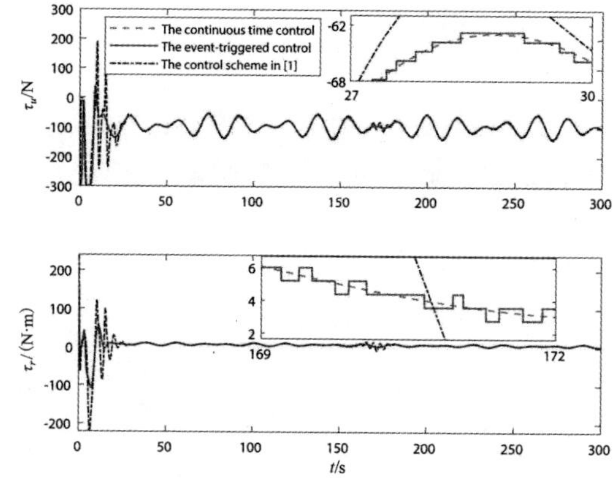

图 6.5 控制输入

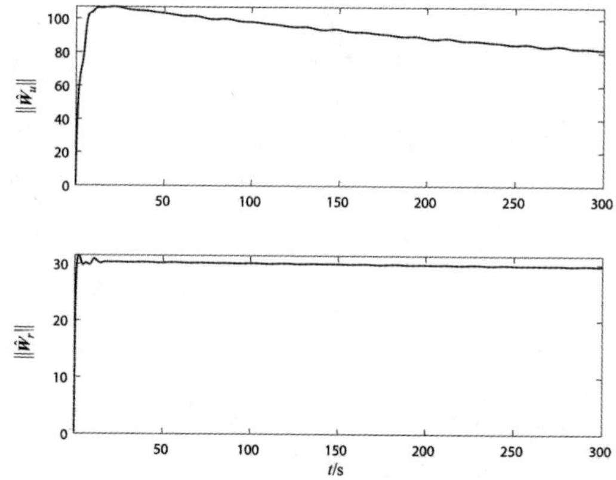

图 6.6 $\hat{\boldsymbol{W}}_u$ 和 $\hat{\boldsymbol{W}}_r$ 的范数

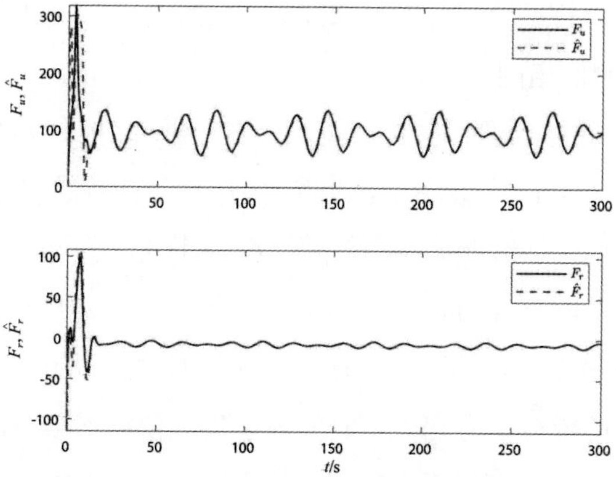

图 6.7 复合不确定的重构

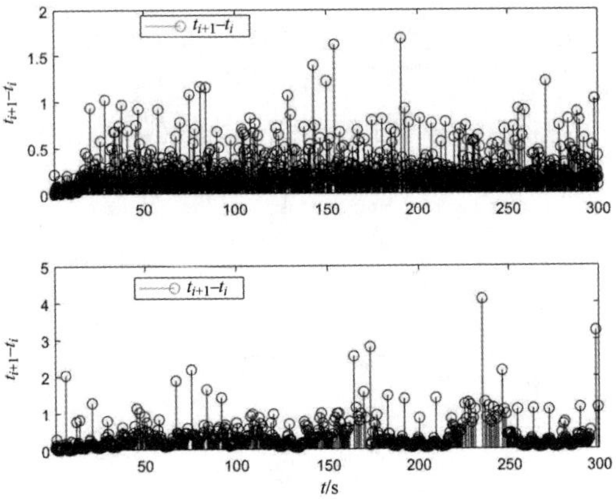

图 6.8 触发瞬间和触发时间

$$\begin{cases}\dot{\hat{\beta}}_u=-k_u\hat{\beta}_u+\dfrac{1}{2}\gamma_u u_e\left\|\boldsymbol{s}(\upsilon)\right\|^2\\ \dot{\hat{\beta}}_r=-k_r\hat{\beta}_r+\dfrac{1}{2}\gamma_r r_e\left\|\boldsymbol{s}(\upsilon)\right\|^2\end{cases}\tag{6-70}$$

式中，$\hat{\beta}_u$ 和 $\hat{\beta}_r$ 分别为 $\beta_u=\left\|\boldsymbol{W}_u\right\|^2$ 与 $\beta_r=\left\|\boldsymbol{W}_r\right\|^2$ 的估计值。$\overline{z}_e=\sqrt{(x-x_d)^2+(y-y_d)^2}$ 、$\psi_e=\psi_d-\psi$ 、$S_u=u-f_{\alpha u}$ 、$S_r=r-f_{\alpha r}$ 。这里，ψ_d 是参考角度，$f_{\alpha u}$ 、$f_{\alpha r}$ 是神经分流模型的状态，其输入是虚拟控制律 α_u 、α_r ，由下列方程给出：

$$\begin{cases}\alpha_u=\dfrac{k_{ze}z_e+\dot{x}_d\cos(\psi_d)+\dot{y}_d\sin(\psi_d)-v\sin(\psi_e)}{\cos(\psi_e)}\\ \alpha_r=k_{\psi e}\psi_e+\dot{\psi}_d\end{cases}\tag{6-71}$$

式（6-69）～式（6-71）中，k_{ue} 、k_{re} 、γ_u 、γ_r 、k_{ze} 和 $k_{\psi e}$ 是设计参数，其设定值与文献[5]中给出的值相同。

在文献[1]中设计的连续时间方案和自适应神经网络控制方案下的仿真结果如图 6.2～图 6.5 所示。图 6.2～图 6.4 表明两种方案下的跟踪控制性能，这意味着两种方案也可以迫使欠驱动的船舶跟随参考轨迹 x_d 和 y_d 。然而，相比之下，连续控制方案显示出最快的响应速度，而最慢的是文献[1]中提出的方案，这突出了有限时间控制的优势。与连续控制方案相比，由于事件触发协议（6-23）和（6-38）的影响，控制命令的部分信号在一定时间内丢失，使得连续时间策略优于事件触发控制方案。从图 6.4 还可以看出，本章提出的事件触发方案下的控制精度优于文献[1]中的方案。然而，在连续控制方案和事件触发方案下的控制精度几乎相同，这表明了事件触发控制方案的优势。从图 6.5 可以发现，与连续控制方案和文献[1]提出的方案相比，执行器对控制命令的响应大大降低。图 6.2～图 6.5 阐明了本章提出的事件触发控制方案在控制性能和执行器保护方面的优势。

6.5 结　论

本章讨论了欠驱动船舶在遭受动态不确定性和外界未知时变环境扰动影响下的轨迹跟踪控制问题。在控制设计中，采用自适应神经网络技术来逼近由动态不确定性引起的未知非线性部分，并设计有限时间扰动观测器来重构外部不确定性和近似误差。在视线法设计框架和逆推设计方法的基础上，结合事件触发控制方法，该方案不仅继承了自适应神经网络和扰动观测器，而且突破了扰动观测器和神经逼近器的局限性。

参考文献

[1] MU D D, WANG G F, FAN Y S. Tracking control of podded propulsion unmanned surface vehicle with unknown dynamics and disturbance under input saturation[J]. International Journal of Control, Automation and Systems, 2018, 16(4): 1905-1915.

[2] YANG Y, DU J, LIU H, et al. A Trajectory Tracking Robust Controller of Surface Vessels With Disturbance Uncertainties[J]. IEEE Transactions on Control Systems Technology, 2014, 22(4): 1511-1518.

[3] WANG H, WANG D, PENG Z, et al. Adaptive dynamic surface control for cooperative path following of underactuated marine surface vehicles via fast learning[J]. IET Control Theory and Applications, 2013, 11(15): 1888-1898.

[4] JIA Z, HU Z, ZHANG W. Adaptive output-feedback control with prescribed performance for trajectory tracking of underactuated surface vessels[J]. ISA

Transactions, 2019, 95: 18-12.

[5] GAO T, HUANG J, ZHOU Y, et al. Robust adaptive tracking control of an underactuated ship with guaranteed transient performance[J]. International Journal of Systems science, 2017, 48(2): 272-279.

[6] ZHU G, MA Y, LI Z, et al. Adaptive Neural Output Feedback Control for MSVs With Predefined Performance[J]. IEEE Transactions on Vehicular Technology, 2021, 70(4): 2994-3006.

[7] ZHU G, MA Y, LI Z, et al. Event-triggered adaptive neural fault-tolerant control of underactuated MSVs with input saturation[J]. IEEE Transactions on Intelligent Transportation Systems, 2021, 99: 1-13.

[8] ZHANG C, WANG C, WANG J, et al. Neuro-adaptive trajectory tracking control of underactuated autonomous surface vehicles with high-gain observer[J]. Applied Ocean Research, 2020, 97: 102051.

[9] ZHANG G, ZHANG X. Concise robust adaptive path-following control of underactuated ships using DSC and MLP[J]. IEEE Journal of Oceanic Engineering, 2013, 39(4): 685-694.

[10] VAN M. An enhanced tracking control of marine surface vessels based on adaptive integral sliding mode control and disturbance observer[J]. ISA Transactions, 2019, 90: 30-40.

[11] HU X, WEI X, KAO Y, et al. Robust synchronization for under-actuated vessels based on disturbance observer[J]. IEEE Transactions on Intelligent Transportation Systems, 2022, 23(6): 5470-5479.

[12] LIU Z. Adaptive extended state observer-based heading control for surface ships associated with sideslip compensation[J]. Applied Ocean Research, 2021, 110: 102605.

[13] DAS S, TALOLE S E. Robust Steering Autopilot Design for Marine Surface Vessels[J]. IEEE Journal of Oceanic Engineering, 2016, 41(4): 913-922.

[14] SUN T, ZHANG J, PAN Y. Active disturbance rejection control of surface

vessels using composite error updated extended state observer[J]. Asian Journal of Control, 2017, 19(5): 1802-1811.

[15] FU M, YU L, TUO Y. Extended state observer-based distributed formation control for autonomous surface vessels with uncertain disturbances[J]. International Journal of Robotics and Automation, 2018, 33(1): 53-61.

[16] BECHLIOULIS C P, ROVITHAKIS G A. Robust adaptive control of feedback linearizable MIMO nonlinear systems with prescribed performance[J]. IEEE Transactions on Automatic Control, 2008, 53(9): 2090-209.

第 7 章　基于事件触发复合学习欠驱动 MSV 有限时间跟踪控制

本章提出一种基于事件触发复合学习的有限时间控制方案，用于具有未知动态和未知时变扰动下的欠驱动水面船舶的轨迹跟踪控制。控制设计中，采用视线跟踪控制方法，解决水面船舶的欠驱动问题。应用神经网络逼近未知动态，采用串并联估计模型构造预测误差，融合预测误差和跟踪误差，构造神经网络权重值更新律。结合逼近信息，创建扰动观测器实现扰动估计。引入分数化功率技术，实现基于复合学习的 MSV 有限时间轨迹跟踪控制。

7.1　问题描述

假设 7.1　环境扰动 $d_j(j=u,v,r)$ 是未知有界且一阶可微的，即满足 $\left|d_j\right|\leqslant L$，$L\leqslant\infty$。

假设 7.2　参考轨迹 x_d，y_d 及其一阶、二阶导数有界。

控制目标：假设 7.1、假设 7.2 成立的前提下，针对由式（2-13）和式（2-14）描述的欠驱动船舶跟踪控制问题，设计一种基于事件触发的有限时间自适应神经网络控制律，以保证船舶位置误差和航向角误差能够在有限时间内收敛到零点附近。

7.2　控制设计

在大地坐标系下的位置误差可表示为

$$x_e=(x-x_d)\cos\psi+(y-y_d)\sin\psi \tag{7-1}$$

$$y_e=-(x-x_d)\sin\psi+(y-y_d)\cos\psi \tag{7-2}$$

根据水面船舶运动学及动力学模型以及式（7-1）、式（7-2），可得

$$\dot{x}_e = u + ry_e - \dot{x}_d\cos\psi - \dot{y}_d\sin\psi \tag{7-3}$$

$$\dot{y}_e = v - rx_e + \dot{x}_d\sin\psi - \dot{y}_d\cos\psi \tag{7-4}$$

位置误差 ρ_s 和航向角误差 θ 表示如下：

$$\rho_s = \rho_e - \rho_0 = \sqrt{x_e^2 + y_e^2} - \rho_0 \tag{7-5}$$

$$\theta = \arctan 2(y_e, x_e) \tag{7-6}$$

根据式（7-1）、式（7-2）、式（7-5）及式（7-6），有

$$x_e = \rho_e\cos\theta \tag{7-7}$$

$$y_e = \rho_e\sin\theta \tag{7-8}$$

式中，为避免稍后设计的虚拟控制律存在奇异性，一个正常数 ρ_0 被引入。

位置误差 ρ_s 关于时间的一阶导数表示为

$$\dot{\rho}_s = u\cos\theta + v\sin\theta + \cos\theta\zeta_1 + \sin\theta\zeta_2 \tag{7-9}$$

式中

$$\zeta_1 = -\dot{x}_d\cos\psi - \dot{y}_d\sin\psi \tag{7-10}$$

$$\zeta_2 = \dot{x}_d\sin\psi - \dot{y}_d\cos\psi \tag{7-11}$$

根据式（7-9），虚拟控制律被设计为

$$\alpha_u = \frac{1}{\cos\theta}[-k_{\rho 1}(\rho_e - \rho_0)^{\frac{1}{3}} - k_{\rho 2}(\rho_e - \rho_0) - v\sin\theta - \cos\theta\zeta_1 - \sin\theta\zeta_2] \tag{7-12}$$

式中 $k_{\rho 1}$ 和 $k_{\rho 2}$ 为大于 0 的设计参数。

因此，式（7-9）可被改写为

$$\dot{\rho}_s = -k_{\rho 1}\rho_s^{\frac{1}{3}} - k_{\rho 2}\rho_s + u_e\cos\theta \tag{7-13}$$

结合船舶动力学数学模型和虚拟控制律（7-12）可得

$$m_{11}\dot{u}_e = m_{22}vr - d_{11}u + \tau_u + \Delta f_u + d_u - m_{11}\dot{\alpha}_u \tag{7-14}$$

根据神经网络对未知函数的固有逼近特性可知，$m_{22}vr - d_{11}u + \Delta f_u = \omega_u^{\mathrm{T}}\psi_u + \xi_u$ 成立。此外，定义 $D_u = \xi_u + d_u$。式中，ξ_u 是神经网络的逼近误差，且其关于时间的一阶导数有界。

根据假设 7.1 可得

$$|D_u| \leqslant \chi_{u0},\ |\dot{D}_u| \leqslant \chi_u \tag{7-15}$$

式中，χ_{u0} 与 χ_u 均大于 0，且为未知的常数。

因此，纵向控制律可设计为如下形式：

$$\mu_u = -k_{u1}u_e^{\frac{1}{3}} - k_{u2}u_e - \hat{\omega}_u^{\mathrm{T}}\psi_u - \hat{D}_u + m_{11}\dot{\alpha}_u \tag{7-16}$$

式中，$\tilde{\omega}_u = \omega_u^* - \hat{\omega}_u$，$\tilde{D}_u = D_u - \hat{D}_u$。

定义预测误差为

$$z_u = u - \hat{u} \tag{7-17}$$

式中，$\dot{\hat{u}}$ 能从 SPEM 中构造得出，即

$$\dot{\hat{u}} = \frac{1}{m_{11}}\left(\hat{\omega}_u^{\mathrm{T}}\psi_u + \hat{D}_u + \tau_u + \phi_{u2}z_u + \phi_{u1}z_u^{\frac{1}{3}}\right) \tag{7-18}$$

式中，设计参数 ϕ_{u1} 和 ϕ_{u2} 大于 0。

由此可得，预测误差的一阶导数 $\dot{z}_u$ 为

$$\dot{z}_u = \frac{1}{m_{11}}\left(\tilde{\omega}_u^{\mathrm{T}}\psi_u + \tilde{D}_u - \phi_{u2}z_u - \phi_{u1}z_u^{\frac{1}{3}}\right) \tag{7-19}$$

设计权重更新律为

$$\dot{\hat{\omega}}_u = \gamma_u\left[(u_e + \gamma_{zu}z_u)\psi_u - \kappa_{u1}\hat{\omega}_u^{\frac{1}{3}} - \kappa_{u2}\hat{\omega}_u\right] \tag{7-20}$$

式中，设计参数 γ_{zu}、k_{u1} 和 k_{u2} 均大于 0。

结合逼近信息，构造如下形式非线性扰动观测器：

$$\hat{D}_u = m_{11}u - \sigma_u \tag{7-21}$$

$$\dot{\sigma}_u = \hat{\omega}_u^{\mathrm{T}}\psi_u + \hat{D}_u + \tau_u - (u_e + \gamma_{zu}z_u) \tag{7-22}$$

根据船舶动力学数学模型以及式（7-21）、式（7-22），并结合 $\tilde{D}_u$ 的定义式 $\tilde{D}_u = D_u - \hat{D}_u$，$\tilde{D}_u$ 关于时间的一阶导数表示如下：

$$\dot{\tilde{D}}_u = \dot{D}_u - (\tilde{\omega}_u^{\mathrm{T}}\psi_u + \tilde{D}_u) - u_e - \gamma_{zu}z_u \tag{7-23}$$

航向角误差 θ 关于时间的一阶导数表示为

$$\dot{\theta} = -r + \frac{1}{\rho_e}(-u\sin\theta + v\cos\theta - \sin\theta\zeta_1 + \cos\theta\zeta_2) \tag{7-24}$$

由式（7-24），设计虚拟控制律为

$$\alpha_r = k_{\theta 1}\theta^{\frac{1}{3}} + k_{\theta 2}\theta + \frac{1}{\rho_e}(-u\sin\theta + v\cos\theta - \sin\theta\zeta_1 + \cos\theta\zeta_2) \tag{7-25}$$

式中，设计参数$k_{\theta 1}$和$k_{\theta 2}$大于0。

注 7.1 式（7-25）中引入了正设计参数ρ_0，使得$\rho_e - \rho_0$能够保证收敛到零点附近，这也意味着ρ_e能够收敛到ρ_0附近。因此，可以有效避免α_r的奇异性。通过设置$k_{\theta 1} \gg k_{\rho 1}$，$k_{\theta 2} \gg k_{\rho 2}$，$\theta$能够比$\rho_e - \rho_0$更快地趋近于0，因此$\alpha_u$的奇异性是可以避免的。

因此，式（7-24）可改写为

$$\dot{\theta} = -r_e - k_{\theta 1}\theta^{\frac{1}{3}} - k_{\theta 2}\theta \tag{7-26}$$

结合船舶动力学数学模型及式（7-25）可以得到如下等式：

$$m_{33}\dot{r}_e = (m_{11} - m_{22})uv - d_{33}r + \tau_r + \Delta f_r + d_r - m_{33}\dot{\alpha}_r \tag{7-27}$$

根据神经网络固有的近似特性可得$(m_{11} - m_{22})uv - d_{33}r + \Delta f_r = \omega_r^{\mathrm{T}}\psi_r + \xi_r$，进而，定义$D_r = \xi_r + d_r$，$\xi_r$为神经网络的逼近误差，其关于时间的一阶导数是有界的。

根据假设7.1，可得

$$|D_r| \leqslant \chi_{r0}, \quad |\dot{D}_r| \leqslant \chi_r \tag{7-28}$$

式中，未知常数χ_{r0}和χ_r均大于0。

由此，艏摇方向的控制律可被设计为

$$\mu_r = -k_{r1}r_e^{\frac{1}{3}} - k_{r2}r_e - \hat{\omega}_r^{\mathrm{T}}\psi_r - \hat{D}_r + m_{33}\dot{\alpha}_r \tag{7-29}$$

式中，$\tilde{\omega}_r = \omega_r^* - \hat{\omega}_r, \tilde{D}_r = D_r - \hat{D}_r$。

定义预测误差为

$$z_r = r - \hat{r} \tag{7-30}$$

式中，$\dot{\hat{r}}$能从SPEM中构造得出，即

$$\dot{\hat{r}} = \frac{1}{m_{33}}\left(\hat{\omega}_r^{\mathrm{T}}\psi_r + \hat{D}_r + \tau_r + \phi_{r2}z_r + \phi_{r1}z_r^{\frac{1}{3}}\right) \tag{7-31}$$

式中，设计参数ϕ_{r1}和ϕ_{r2}大于0。

由此可得预测误差的一阶导数 $\dot{z}_r$ 为

$$\dot{z}_r = \frac{1}{m_{33}}\left(\tilde{\omega}_r^{\mathrm{T}}\psi_r + \tilde{D}_r - \phi_{r2}z_r - \phi_{r1}z_r^{\frac{1}{3}}\right) \tag{7-32}$$

权重更新律设计为

$$\dot{\hat{\omega}}_r = \gamma_r\left[(r_e + \gamma_{zr}z_r)\psi_r - \kappa_{r1}\hat{\omega}_r^{\frac{1}{3}} - \kappa_{r2}\hat{\omega}_r\right] \tag{7-33}$$

式中，设计参数 γ_{zr}， γ_{r1} 和 γ_{r2} 均大于 0。

结合逼近信息，非线性扰动观测器可被构造为如下形式：

$$\hat{D}_r = m_{33}r - \sigma_r \tag{7-34}$$

$$\dot{\sigma}_r = \hat{\omega}_r^{\mathrm{T}}\psi_r + \hat{D}_r + \tau_r - (r_e + \gamma_{zr}z_r) \tag{7-35}$$

根据船舶动力学数学模型以及式（7-34）、式（7-35），并结合 $\tilde{D}_u$ 的定义式 $\tilde{D}_r = D_r - \hat{D}_r$， $\tilde{D}_u$ 关于时间的一阶导数表示如下

$$\dot{\tilde{D}}_r = \dot{D}_r - (\tilde{\omega}_r^{\mathrm{T}}\psi_r + \tilde{D}_r) - (r_e + \gamma_{zr}z_r) \tag{7-36}$$

注 7.2 由式（7-20）、式（7-33）可知，复合神经网络权重更新律由跟踪误差和预测误差构成。通过 SPEM 引入的更多信息，使权重更新律能够逼近 MSV 的不确定性。因此，系统的跟踪性得到进一步提升。

注 7.3 与文献[2-3]中的预测误差构造方法相比，预测误差的设计引入了分数化的功率技术，实现了复合学习方案下的有限时间控制。

注 7.4 式（7-20）、式（7-33）中引入的 γ_{zu} 及 γ_{zr} 有效提高了自适应技术的学习能力。选择较大的 γ_{zu} 和 γ_{zr} 时， $\hat{\omega}_u$ 和 $\hat{\omega}_r$ 的变化主要由预测误差决定；选择较小的 γ_{zu} 和 γ_{zr} 时， $\hat{\omega}_u$ 和 $\hat{\omega}_r$ 的变化主要由跟踪误差决定。

注 7.5 结合对未知动态的逼近信息，构造了自适应神经扰动观测器以补偿外部环境扰动及神经网络的逼近误差。提出的控制方案确保了高精度跟踪性能及对未知信息的逼近性能。

注 7.6 通过一系列仿真试错，选择合适的设计参数 $k_{\rho1}$， $k_{\rho2}$， $k_{\theta1}$， $k_{\theta2}$， k_{u1}， k_{u2}， k_{r1}， k_{r2} 以保证系统稳定。更进一步，适当调节其他设计参数 γ_u， γ_{zu}， γ_r， γ_{zr}， κ_{u1}， κ_{u2}， κ_{r1}， κ_{r2}， ϕ_{u1}， ϕ_{u2}， ϕ_{r1}， ϕ_{r2} 以获得令人满意的控制性能。通过不同仿真案例验证了在 γ_{zu}， γ_{zr}， ϕ_{u1}， ϕ_{u2}， ϕ_{r1} 和 ϕ_{r2} 的范围内，水面船舶能

够实现更好的追踪精度。

注 7.7 非线性扰动观测器和神经网络之间有密切的信息交集。当复合不确定项能够被 $\hat{\omega}_u^{\mathrm{T}}\psi_u + \hat{D}_u$ 和 $\hat{\omega}_r^{\mathrm{T}}\psi_r + \hat{D}_r$ 完全补偿时，系统中不确定信息的辨识更加精确。复合神经网络与非线性扰动观测器得到有效结合。

为降低执行器的响应频率，本章引入了一种事件触发机制，触发协议设计如下：

$$\tau_g(t) = \mu_g(t_k), \quad \forall t \in [t_k^g, t_{k+1}^g) \tag{7-37}$$

$$t_{g,k+1} = \inf\{t > t_{g,k} | (\zeta_g(t) \geqslant 0)\} \tag{7-38}$$

式中，$e_g(t) = \mu_g(t) - \tau_g(t)(g = u, r)$ 为测量误差；$\zeta_u = \frac{1}{2}e_u^2 - \frac{1}{2}u_e^2$；$\zeta_r = \frac{1}{2}e_r^2 - \frac{1}{2}r_e^2$。

定理 7.1 在假设 7.1 和假设 7.2 下，考虑具有未知动态和时变扰动的水面船舶能够通过虚拟控制律（7-12）、（7-25），控制律（7-16）、（7-29），神经网络权重更新律（7-20）、（7-33），非线性扰动观测器（7-21）、（7-22）、（7-34）、（7-35）和事件触发机制（7-37）、（7-38），保证如下李雅普诺夫函数中的所有误差信号能在有限时间内收敛到零点附近。

证明： 选取李雅普诺夫函数：

$$\begin{aligned} V = &\frac{1}{2}\rho_s^2 + m_{11}u_e^2 + \frac{1}{\gamma_u}\tilde{\omega}_u^{\mathrm{T}}\tilde{\omega}_u + \tilde{D}_u^2 + m_{11}\gamma_{zu}z_u^2 + \theta^2 + \\ &m_{33}r_e^2 + \frac{1}{\gamma_r}\tilde{\omega}_r^{\mathrm{T}}\tilde{\omega}_r + \tilde{D}_r^2 + m_{33}\gamma_{zr}z_r^2 \end{aligned} \tag{7-39}$$

其关于时间的一阶导数为

$$\begin{aligned} \dot{V} = &\rho_s\dot{\rho}_s + m_{11}u_e\dot{u}_e + \frac{1}{\gamma_u}\tilde{\omega}_u^{\mathrm{T}}(-\dot{\hat{\omega}}_u) + \tilde{D}_u(-\dot{\hat{D}}_u) + m_{11}\gamma_{zu}z_u\dot{z}_u + \\ &\theta\dot{\theta} + m_{33}r_e\dot{r}_e + \frac{1}{\gamma_r}\tilde{\omega}_r^{\mathrm{T}}(-\dot{\hat{\omega}}_r) + \tilde{D}_r(-\dot{\hat{D}}_r) + m_{33}\gamma_{zr}z_r\dot{z}_r \end{aligned} \tag{7-40}$$

结合式（7-13）、式（7-26）及杨氏不等式可得

$$\begin{aligned} \rho_s\dot{\rho}_s &= -k_{\rho1}\rho_s^{\frac{4}{3}} - k_{\rho2}\rho_s^2 + u_e\rho_s\cos\theta \\ &\leqslant -k_{\rho1}\rho_s^{\frac{4}{3}} - \left(k_{\rho2} - \frac{1}{2}\right)\rho_s^2 + \frac{1}{2}u_e^2 \end{aligned} \tag{7-41}$$

$$\theta\dot{\theta} \leqslant -k_{\theta 1}\theta^{\frac{4}{3}} - \left(k_{\theta 2} - \frac{1}{2}\right)\theta^2 + \frac{1}{2}r_e^2 \tag{7-42}$$

根据式（7-16）、式（7-29）、式（7-37）和式（7-38）可得

$$m_{11}u_e\dot{u}_e = u_e(-k_{u1}u_e^{\frac{1}{3}} - k_{u2}u_e + \tilde{\omega}_u^{\mathrm{T}}\psi_u + \tilde{D}_u - e_u) \tag{7-43}$$

$$m_{33}r_e\dot{r}_e = r_e(-k_{r1}r_e^{\frac{1}{3}} - k_{r2}r_e + \tilde{\omega}_r^{\mathrm{T}}\psi_r + \tilde{D}_r - e_r) \tag{7-44}$$

根据式（7-20）及式（7-33）可得

$$-\frac{1}{\gamma_u}\tilde{\omega}_u^{\mathrm{T}}\dot{\hat{\omega}}_u = -\tilde{\omega}_u^{\mathrm{T}}[(u_e + \gamma_{zu}z_u)\psi_u - \kappa_{u1}\hat{\omega}_u^{\frac{1}{3}} - \kappa_{u2}\hat{\omega}_u] \tag{7-45}$$

$$-\frac{1}{\gamma_u}\tilde{\omega}_u^{\mathrm{T}}\dot{\hat{\omega}}_u = -\tilde{\omega}_u^{\mathrm{T}}[(u_e + \gamma_{zu}z_u)\psi_u - \kappa_{u1}\hat{\omega}_u^{\frac{1}{3}} - \kappa_{u2}\hat{\omega}_u] \tag{7-46}$$

结合式（7-23）、式（7-36）可得

$$\tilde{D}_u\dot{\tilde{D}}_u = \tilde{D}_u\dot{D}_u - \tilde{D}_u[\tilde{\omega}_u^{\mathrm{T}}\psi_u + \tilde{D}_u - (u_e + \gamma_{zu}z_u)] \tag{7-47}$$

$$\tilde{D}_r\dot{\tilde{D}}_r = \tilde{D}_r\dot{D}_r - \tilde{D}_r[\tilde{\omega}_r^{\mathrm{T}}\psi_r + \tilde{D}_r + (r_e + \gamma_{zr}z_r)] \tag{7-48}$$

结合式（7-19）、式（7-32）可得

$$m_{11}\gamma_{zu}z_u\dot{z}_u = \gamma_{zu}z_u(\tilde{\omega}_u^{\mathrm{T}}\psi_u + \tilde{D}_u - \phi_{u2}z_u - \phi_{u1}z_u^{\frac{1}{3}}) \tag{7-49}$$

$$m_{33}\gamma_{zr}z_r\dot{z}_r = \gamma_{zr}z_r(\tilde{\omega}_r^{\mathrm{T}}\psi_r + \tilde{D}_r - \phi_{r2}z_r - \phi_{r1}z_r^{\frac{1}{3}}) \tag{7-50}$$

式（7-40）可改写为

$$\begin{aligned}\dot{V} \leqslant & -k_{\rho 1}\rho_s^{\frac{4}{3}} - \left(k_{\rho 2} - \frac{1}{2}\right)\rho_s^2 - k_{u1}u_e^{\frac{4}{3}} - \left(k_{u2} - \frac{1}{2}\right)u_e^2 - \tilde{D}_u^2 - \\ & \gamma_{zu}\phi_{u1}z_u\frac{4}{3} - \gamma_{zu}\phi_{u2}z_u^2 + \kappa_{u1}\tilde{\omega}_u^{\mathrm{T}}\hat{\omega}_u^{\frac{1}{3}} + \kappa_{u2}\tilde{\omega}_u^{\mathrm{T}}\hat{\omega}_u + \tilde{D}_u\dot{D}_u - \tilde{D}_u\tilde{\omega}_u^{\mathrm{T}}\psi_u - \\ & k_{\theta 1}\theta^{\frac{4}{3}} - \left(k_{\theta 2} - \frac{1}{2}\right)\theta^2 - k_{r1}r_e^{\frac{4}{3}} - \left(k_{r2} - \frac{1}{2}\right)r_e^2 - \tilde{D}_r^2 - \gamma_{zr}\phi_{r1}z_r^{\frac{4}{3}} - \\ & \gamma_{zr}\phi_{r2}z_r^2 + \kappa_{r1}\tilde{\omega}_r^{\mathrm{T}}\hat{\omega}_r^{\frac{1}{3}} + \kappa_{r2}\tilde{\omega}_r^{\mathrm{T}}\hat{\omega}_r + \tilde{D}_r\dot{D}_r - \tilde{D}_r\tilde{\omega}_r^{\mathrm{T}}\psi_r + \frac{1}{2}e_u^2 - \\ & \frac{1}{2}u_e^2 + \frac{1}{2}e_r^2 - \frac{1}{2}r_e^2\end{aligned} \tag{7-51}$$

结合如下不等式：

$$\begin{aligned}\kappa_{g1}\tilde{\omega}_g^{\mathrm{T}}\hat{\omega}_g^p &= -\kappa_{g1}(-\tilde{\omega}_g)^{\mathrm{T}}(-\tilde{\omega}_g+\omega_g)^p \\ &\leqslant -\kappa_{g1}\frac{1-q}{1+p}(\tilde{\omega}_g^{\mathrm{T}}\tilde{\omega}_g)^{\frac{1+p}{2}}+\kappa_{g1}\frac{\varsigma}{1+p}\end{aligned} \tag{7-52}$$

$$\left(\frac{1}{4}\tilde{D}_g^2\right)^{\frac{2}{3}} \leqslant \frac{1}{3}e^{2\ln\frac{2}{3}}+\frac{1}{4}\tilde{D}_g^2 \tag{7-53}$$

$$-\tilde{D}_g\tilde{\omega}_g^{\mathrm{T}}\psi_g \leqslant \frac{1}{2}\zeta_g\tilde{D}_g^2\omega_{g2}^{22}+\frac{1}{2\zeta_g}\tilde{\omega}_g^{\mathrm{T}}\tilde{\omega}_g \tag{7-54}$$

$$\tilde{D}_g\dot{D}_g \leqslant \frac{1}{2}\tilde{D}_g^2+\frac{1}{2}\chi_g^2 \tag{7-55}$$

$$\tilde{\omega}_g^{\mathrm{T}}\hat{\omega}_g \leqslant -\frac{1}{2}\tilde{\omega}_g^{\mathrm{T}}\tilde{\omega}_g+\frac{1}{2}\left\|\omega_g^*\right\|^2 \tag{7-56}$$

式中，用户定义参数ζ_g，κ_{g1}，χ_g均大于0；$\left\|\psi_g\right\| \leqslant \varpi_g$，$\left|\dot{D}_g\right| \leqslant \chi_g$，$g=u,r$。

结合式（7-52）～式（7-56）及式（7-37）、式（7-38），式（7-40）可改写为

$$\begin{aligned}\dot{V} \leqslant{}& -k_{\rho1}\rho_s^{\frac{4}{3}}-\left(k_{\rho2}-\frac{1}{2}\right)\rho_s^2-k_{u1}u_e^{\frac{4}{3}}-(k_{u2}-1)u_e^2-\left(\frac{1}{4}\tilde{D}_u^2\right)^{\frac{2}{3}}- \\ & \left(\frac{1}{4}-\frac{1}{2}\zeta_u\varpi_u^2\right)\tilde{D}-\gamma_{zu}\phi_{u1}z_u^{\frac{4}{3}}-\gamma_{zu}\phi_{u2}z_u^2-\frac{3\kappa_{u1}(1-q)}{4}(\tilde{\omega}_u^{\mathrm{T}}\tilde{\omega}_u)^{\frac{2}{3}}- \\ & \left(\frac{\kappa_{u2}}{2}-\frac{1}{2\zeta_u}\right)\tilde{\omega}_u^{\mathrm{T}}\tilde{\omega}_u-k_{\theta1}\theta_e^{\frac{4}{3}}-\left(k_{\theta2}-\frac{1}{2}\right)\theta_e^2-k_{r1}r_e^{\frac{4}{3}}- \\ & (k_{r2}-1)r_e^2-\left(\frac{1}{4}\tilde{D}_r^2\right)^{\frac{2}{3}}-\left(\frac{1}{4}-\frac{1}{2}\zeta_r\varpi_r^2\right)\tilde{D}_r^2-\gamma_{zr}\phi_{r1}z_r^{\frac{4}{3}}- \\ & \gamma_{zr}\phi_{r2}z_r^2-\frac{3\kappa_{r1}(1-q)}{4}(\tilde{\omega}_r^{\mathrm{T}}\tilde{\omega}_r)^{\frac{2}{3}}-\left(\frac{\kappa_{r2}}{2}-\frac{1}{2\zeta_r}\right)\tilde{\omega}_r^{\mathrm{T}}\tilde{\omega}_r n+ \\ & \frac{\kappa_{r2}}{2}\left\|\omega_r^*\right\|^2+\frac{1}{2}\chi_r^2+\frac{3\kappa_{r1}5}{4}+\frac{\kappa_{u2}}{2}\left\|\omega_u^*\right\|^2+ \\ & \frac{1}{2}\chi_u^2+\frac{2}{3}e^{2\ln\frac{2}{3}}+\frac{3\kappa_{u15}}{4}\end{aligned} \tag{7-57}$$

$$\dot{V} \leqslant -aV-hV^{\frac{2}{3}}+b \tag{7-58}$$

根据式（7-58）可得

$$\dot{V} \leqslant -agV-a(1-g)V-hV^{\frac{2}{3}}+b \tag{7-59}$$

根据式（7-59），假设$V > \dfrac{b}{ag}$成立，则有

$$\dot{V} \leqslant -a(1-g)V - hV^{\frac{2}{3}} \tag{7-60}$$

根据引理 2.6，V 能够在有限时间内收敛到$\dfrac{b}{ag}$的邻域内，则有

$$T_v \leqslant \frac{3}{a(1-g)} \ln \frac{a(1-g)V^{\frac{1}{3}}(0) + h}{h} \tag{7-61}$$

以下将证明所提出的控制算法可避免芝诺行为。

存在$t^* > 0$使得$t_{k+1}^g - t_k^g > t^*$，由控制律$\tau_g(t)$产生的控制命令始终为常数。从测量误差$e_g(t) = \mu_g(t) - \tau_g(t)$，可以得到$\dfrac{d}{dt}\left|e_g(t)\right| = \operatorname{sgn}(e_g(t))\left|\dot{e}_g(t)\right| \leqslant \left|\dot{\mu}_g(t)\right|$。

根据式（7-17）、式（7-25）、式（7-32）可得，$\mu_g(t)$是可微函数，$\dot{\mu}_g(t)$是有界的，因此，$\left|\dot{\mu}_i(t)\right| \leqslant \partial_i, \exists \partial_i \in \mathbf{R}^+$。根据初始条件$e_i(t_k) = 0$，有$\lim\limits_{t \to t_{k+1}} \left|e_g(t)\right| = \hbar_g = \left|g_e(t)\right|$，从而容易得出$t^* \geqslant \hbar_g / \partial_g$。

7.3 仿真验证

为证明本章所提出控制方案的有效性和优越性，对水面船舶进行了数值仿真实验。仿真中，模型参数[1]描述如下：$m_{11} = 25.8\text{kg}$，$m_{22} = 33.8\text{kg}$，$m_{33} = 2.76\text{kg} \cdot \text{m}^2$；$d_{11} = 0.725\text{kg/s}$，$d_{22} = 0.89\text{kg/s}$，$d_{33} = -1.9\text{kg/m}^2\text{s}$。

本章提出的控制方案为τ_{etc-cl}，时间触发（采样间隔为 0.01）下的控制方案为$\tau_{time-cl}$，时间触发下不考虑预测误差的控制方案为$\tau_{time-nn}$。参考轨迹选取为$x_d = 4\sin(0.02\pi t)$，$y_d = 4\cos(0.02\pi t)$。

情形 1：未知动态设置为$[\Delta f_u, \Delta f_v, \Delta f_r]^{\mathrm{T}} = [(-0.2d_{11}|u|)u, (-0.2d_{22}|v|)v, (-0.2|r|)r]^{\mathrm{T}}$，外部环境扰动设置为

$$[d_u, d_v, d_r]^{\mathrm{T}} = \begin{bmatrix} 5\sin(0.2t - \pi/3) + 5\cos(0.2t - \pi/4) \\ 3\sin(0.2t - \pi/3) + 3\cos(0.2t - \pi/4) \\ 6\sin(0.2t - \pi/3) + 6\cos(0.2t - \pi/4) \end{bmatrix}$$

初始条件设置为

$$[x(0),y(0),\varphi(0),u(0),v(0),r(0)]=[1,3.5,-0.02\pi,0,0,0]$$

控制律的设计参数设计为 $\rho_0=0.2$，$k_{\rho1}=0.1$，$k_{\theta1}=1$，$k_{\rho2}=2$，$k_{\theta2}=5$，$k_{u1}=k_{r1}=0.12$，$k_{u2}=25$，$k_{r2}=15$，$\phi_{u1}=\phi_{r1}=0.2$，$\phi_{u2}=\phi_{r2}=10$，$\kappa_{u1}=\kappa_{r1}=0.00001$，$\kappa_{u2}=\kappa_{r2}=0.01$，$\gamma_{zu}=\gamma_{zr}=10$，$\gamma_u=5$，$\gamma_r=10$。三种控制方案的仿真结果如图 7.1 所示。此外，对欠驱动 MSV 在三种控制方案下的跟踪控制性能进行了定量分析。$IAE=\int_0^{100}|L|\,\mathrm{d}t$，$L=\rho_s$，$\theta$。IAE 表示跟踪误差的积分绝对值。$E_f=\max_{t\in[95\mathrm{s},100\mathrm{s}]}\{|L|\}$，$E_f$ 表示轨迹跟踪误差在最近 5s 内仿真的最终精度。ρ_s 和 θ 的性能指标见表 7.1。

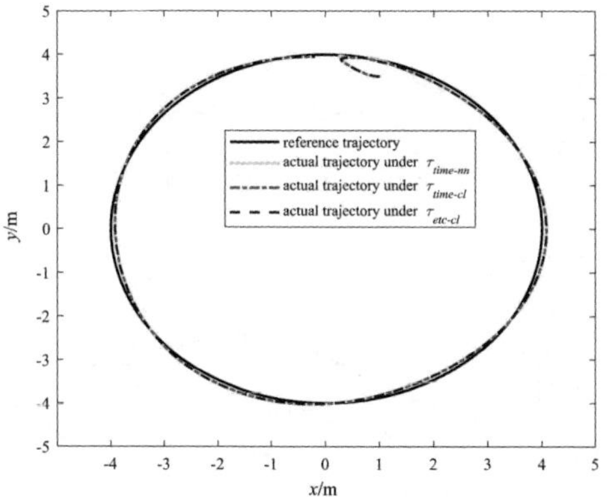

（a）MSV 的参考和实际轨迹

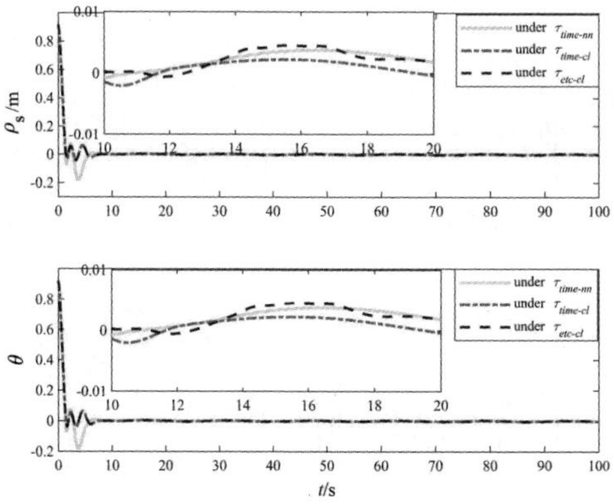

（b）跟踪位置误差和偏航角误差

图 7.1（一） 在情形 1 下 $\tau_{time-nn}$、$\tau_{time-cl}$ 和 τ_{etc-cl} 的模拟结果

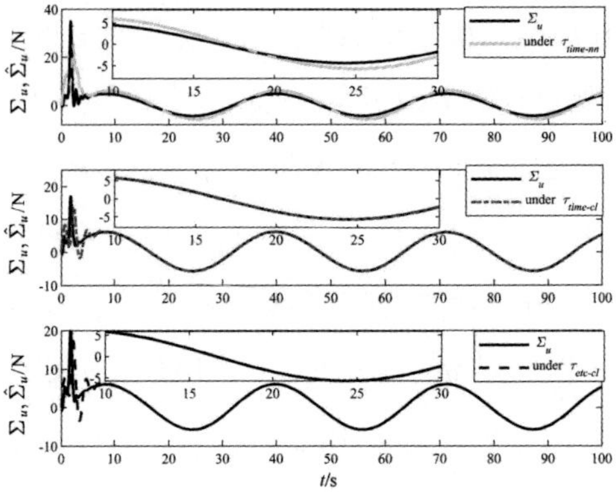

（c） $\sum_u$ 及其估计值

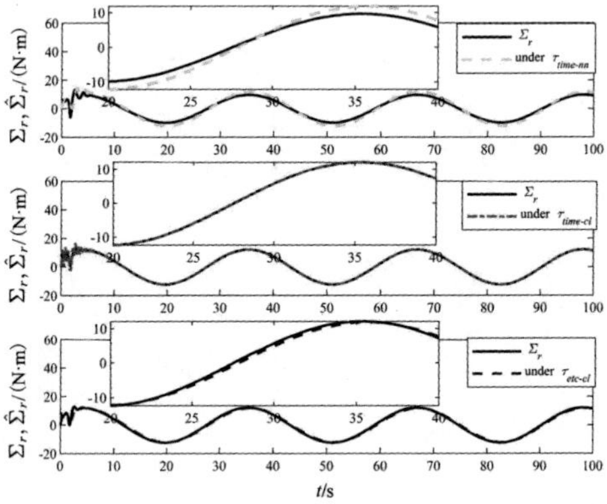

（d） $\sum_r$ 及其估计值

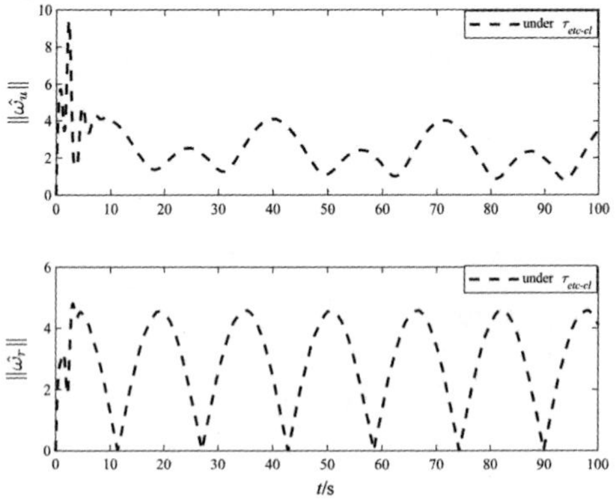

（e） $\|\hat{\omega}_u\|$，$\|\hat{\omega}_r\|$ 的参数估计 $\hat{\omega}_u$ 和 $\hat{\omega}_r$

图 7.1（二）　在情形 1 下 $\tau_{time-nn}$、$\tau_{time-cl}$ 和 τ_{etc-cl} 的模拟结果

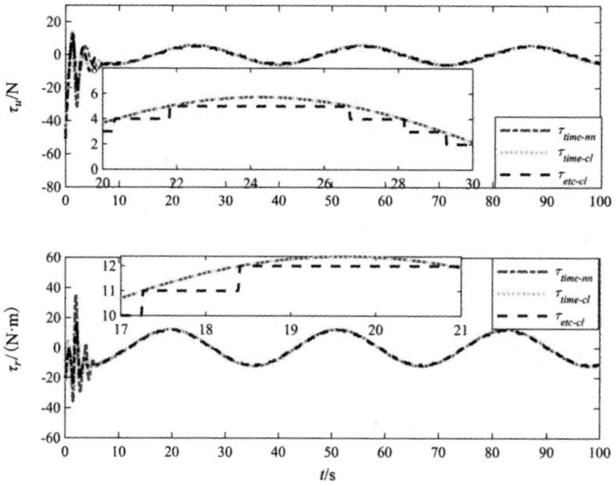

（f）控制信号 τ_u 和 τ_r

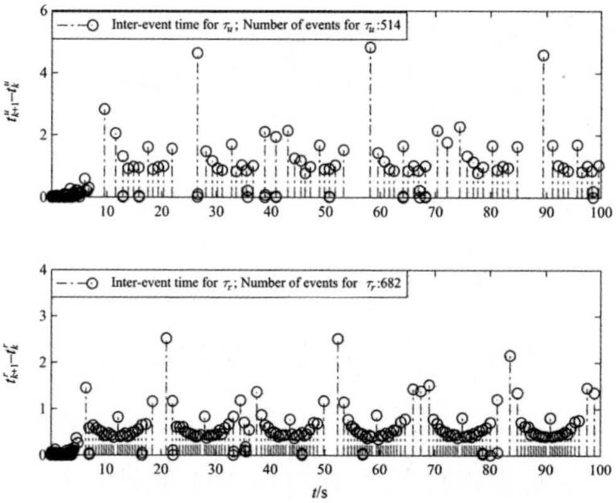

（g） τ_u 和 τ_r 的触发时刻、触发时间和事件数

图 7.1（三）　在情形 1 下 $\tau_{time-nn}$、 $\tau_{time-cl}$ 和 τ_{etc-cl} 的模拟结果

如图 7.1（a）所示，在三种控制方法下，MSV 都能实现对参考轨迹的跟踪。xy 平面的实际跟踪控制结果如图 7.1（b）所示。据表 7.1，在复合学习方案下，MSV 可以获得更高的跟踪性能，连续控制方案的跟踪控制精度略优于 ETC 方案。

表 7.1　情形 1 的控制性能比较

指标		稳定时间	IAE	E_f
ρ_s	$\tau_{time-nn}$	4.906	1.15	0.0041
	$\tau_{time-cl}$	1.287	0.9413	0.0018
	τ_{etc-cl}	1.721	1.076	0.0022

续表

指标		稳定时间	IAE	E_f
θ	$\tau_{time-nn}$	4.212	1.518	0.0037
	$\tau_{time-cl}$	3.076	0.5971	0.0017
	$\tau_{time-cl}$	3.143	0.887	0.0026

图 7.1（c）、（d）对未知信息的逼近进一步支持了这一结论。在复合学习下，它更加敏感。因此，复合学习可以对不确定信息做出更快、更灵敏的反应。2 范数权重的估计如图 7.1（e）所示被绑定。控制输入τ_u和τ_r如图 7.1（f）所示。从图 7.1（g）可以看出，所提出的 ETC 控制方案可以大大降低传输负载和执行速率，避免执行器的连续执行，从而降低了能耗。

情形 2：MSV 的未知动态提高到$1.1\Delta f_n$。系统初始状态与控制律设计参数与情形 1 相同，时变扰动选择为更大值，$[d_u,d_v,d_r]^{\mathrm{T}}=\begin{bmatrix}8\sin(0.2t-\pi/3)+8\cos(0.2t-\pi/4)\\5\sin(0.2t-\pi/3)+5\cos(0.2t-\pi/4)\\9\sin(0.2t-\pi/3)+9\cos(0.2t-\pi/4)\end{bmatrix}$，三种控制方案的仿真结果如图 7.2 所示。跟踪控制性能见表 7.2。很明显，所开发的跟踪控制方案与情形 1 的控制性能几乎相似，这意味着所开发的跟踪控制方案对未知动态和时变扰动具有良好的稳健性。这可以从图 7.2（a）、（b）及表 7.2 中表现出来。在三种控制方案下，MSV 都能跟踪目标轨迹，在复合学习控制方案下，MSV 能获得较高的控制性能。在$\tau_{time-cl}$下的跟踪控制性能略优于τ_{etc-cl}，图 7.2（c）、（d）进一步证实了这一结果。2 范数权重的估计如图 7.2（e）所示被绑定，可以得到与案例 1 相同的结论。控制输入τ_u和τ_r如图 7.2（f）所示。图 7.2（g）表明，提出的 ETC 控制方案大大降低了传输负担和执行速度。

表 7.2　情形 2 的控制性能比较

指标		稳定时间	IAE	E_f
ρ_s	$\tau_{time-nn}$	4.936	1.212	0.0223

续表

指标		稳定时间	IAE	E_f
ρ_s	$\tau_{time-cl}$	2.462	1.048	0.0043
	τ_{etc-cl}	2.481	2.258	0.0050
θ	$\tau_{time-nn}$	4.895	0.88	0.0099
	$\tau_{time-cl}$	3.487	0.7824	0.0001
	τ_{etc-cl}	3.502	0.76	0.0018

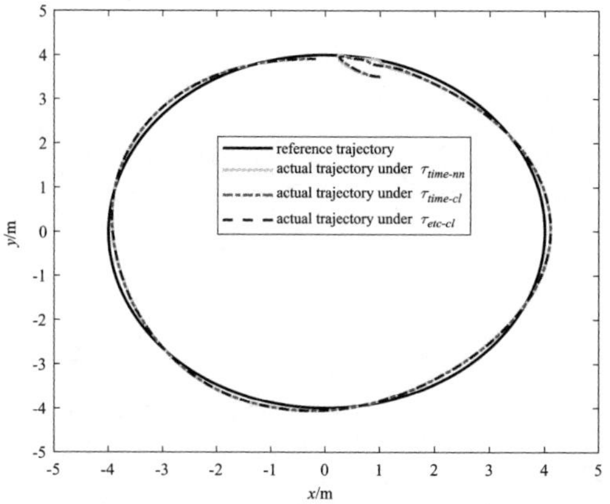

（a）MSV 的参考和实际轨迹

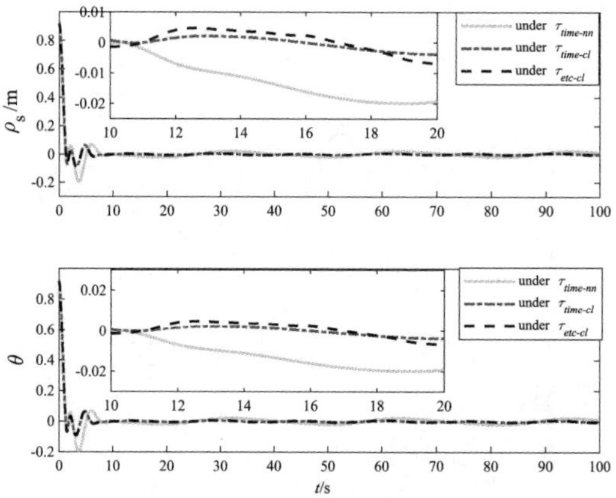

（b）跟踪位置误差和偏航角误差

图 7.2（一） 在情形 1 下 $\tau_{time-nn}$、$\tau_{time-cl}$ 和 τ_{etc-cl} 的模拟结果

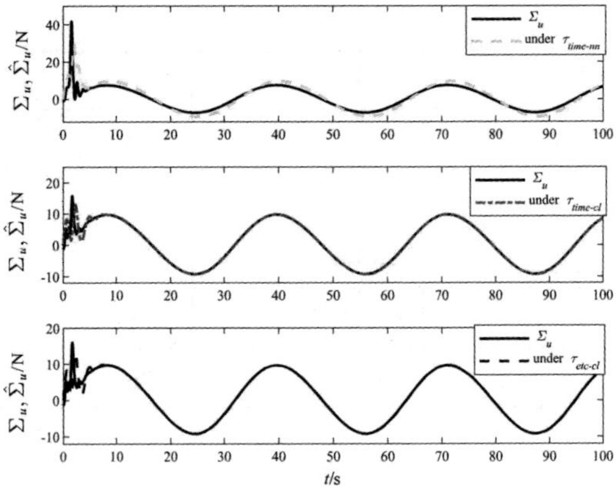

（c）$\sum_u$ 及其估计值

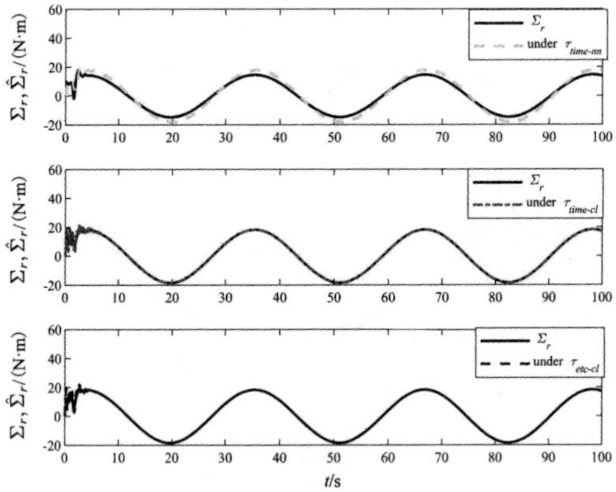

（d）$\sum_r$ 及其估计值

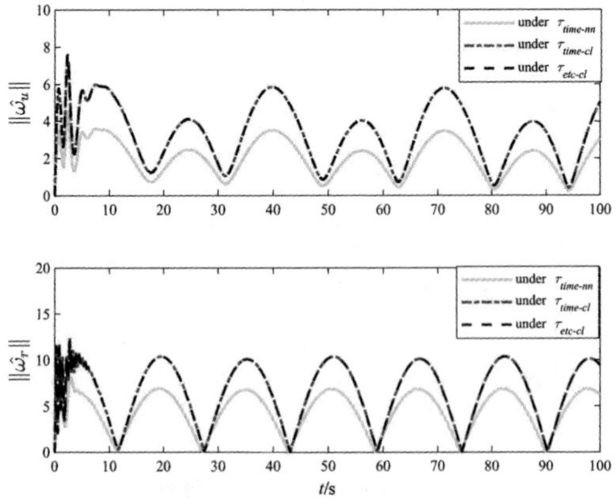

（e）$\|\hat{\omega}_u\|$，$\|\hat{\omega}_r\|$ 的参数估计 $\hat{\omega}_u$ 和 $\hat{\omega}_r$

图 7.2（二）　在情形 1 下 $\tau_{time-nn}$、$\tau_{time-cl}$ 和 τ_{etc-cl} 的模拟结果

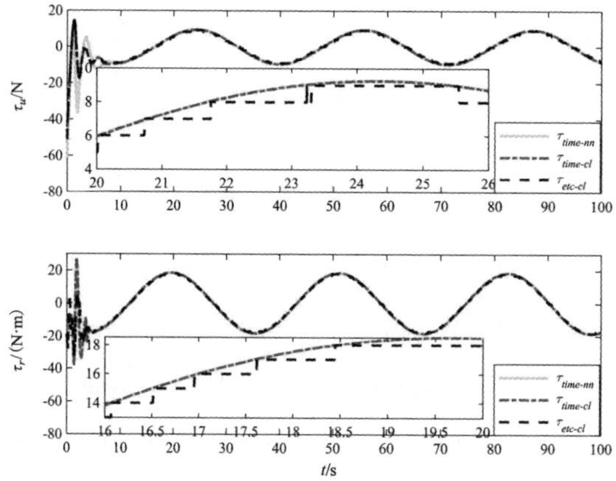

（f）控制信号 τ_u 和 τ_r

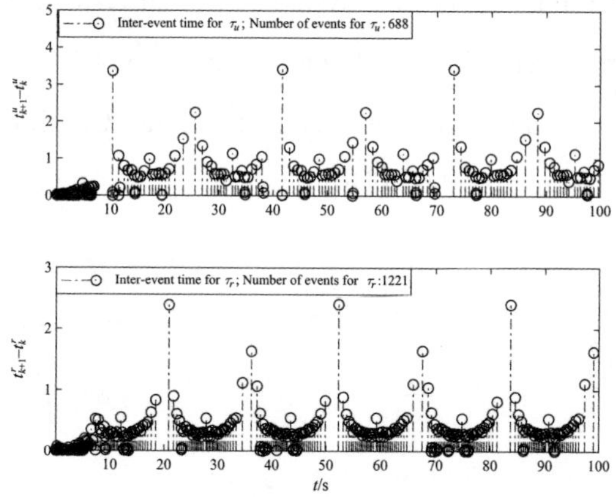

（g）τ_u 和 τ_r 的触发时刻、触发时间和事件数

图 7.2（三） 在情形 1 下 $\tau_{time-nn}$、$\tau_{time-cl}$ 和 τ_{etc-cl} 的模拟结果

7.4 结　论

针对欠驱动 MSVs 系统在未知动力学和时变扰动下，提出了一种事件触发复合学习有限时间轨迹跟踪控制方案。本章通过引入 LOS 方法解决 MSV 欠驱动问题，采用复合神经网络来逼近未知动力学，融合预测误差和跟踪误差设计复合神经网络权值更新算法。结合近似信息，建立扰动观测器估计未知扰动，巧妙地引入分数阶技术，实现了基于复合学习的 MSVs 的有限时间轨迹跟踪控制。采用 ETC

机构降低执行器的执行速度，用 Lyapunov 方法证明了 MSVs 轨迹跟踪闭环系统的稳定性。仿真结果验证了所提控制方案的有效性和优越性。

参 考 文 献

[1] GUO G, ZHANG P. Asymptotic Stabilization of USVs With Actuator Dead-Zones and Yaw Constraints Based on Fixed-Time Disturbance Observer[J]. IEEE Transactions on Vehicular Technology, 2020, 69(1): 302-316.

[2] XU B, SHI Z, YANG C, et al. Composite neural dynamic surface control of a class of uncertain nonlinear systems in strict-feedback form[J]. IEEE Transactions on Cybernetics, 2014, 44(12): 2626-2634.

[3] XU B, SUN F. Composite Intelligent Learning Control of Strict-Feedback Systems With Disturbance[J]. IEEE Transactions on Cybernetics, 2018, 48(2): 730-741.

第 8 章　基于单参数学习的欠驱动水面船舶有限时间跟踪控制

本章主要研究欠驱动水面船舶在输入饱和条件下受参数不确定性和外部扰动作用时的自适应有限时间跟踪控制问题。选择用高斯误差函数逼近输入饱和非线性模型，同时引入船位重定义方法，将欠驱动水面船舶的运动数学模型转化为标准的积分级联形式。将不确定参数和未知外部扰动合成的复合不确定向量转化为具有单个参数的线性参数化形式。根据自适应技术和反步法设计一种新的自适应有限时间跟踪控制律，并通过自适应律在线提供单个未知参数的估计值。

8.1　问 题 描 述

在工程实践中，由于水面船舶推进系统的物理限制，所设计的控制命令 $\tau_{u,\mathrm{c}}$ 和 $\tau_{\mathrm{r,c}}$ 受饱和约束影响，其表达式为

$$\tau_i = \begin{cases} \mathrm{sgn}(\tau_i, c)\tau_{i,\max}, & \left|\tau_{i,c}\right| > \tau_{i,\max} \\ \tau_{i,c}, & \left|\tau_{i,c}\right| \leqslant \tau_{i,\max} \end{cases} \tag{8-1}$$

式中，$\tau_{i,\max}$ 是控制力或力矩的最大值。

假设 8.1　模型参数 $m_{(\cdot)}$ 和 $d_{(\cdot)}$ 均未知。

假设 8.2　外部干扰 $\tau_{d,k}(k=u,v,r)$ 有界，即存在一个大于 0 的未知常数 $\sigma_{d,k}$ 满足 $|\tau_{d,k}|<\sigma_{d,k}$。

假设 8.3　参考轨迹 $\boldsymbol{\eta}_d=[x_d,y_d]^{\mathrm{T}}$ 及其一阶、二阶导数均有界。

假设 8.4　横漂速度 v 是无源有界的，即存在未知常数 B_0 使 $sup_{t\geqslant 0}|v(t)|\leqslant B_0$ 成立。

控制目标： 在假设 8.1～假设 8.4 下为欠驱动水面船舶一个路径跟踪控制律，使

得船舶能够使欠驱动水面船舶的实际轨迹追踪上期望轨迹$\boldsymbol{\eta}_d=[x_d,y_d]^{\mathrm{T}}$，并使跟踪误差收敛到紧集，确保欠驱动水面船舶控制系统中的所有信号都是有界的。

由（8-1）可知，$\tau_i(i=u,r)$是一个关于$\tau_{i,c}$的连续分段函数，具有非线性非光滑性。在这种情况下，不能直接使用反步设计方法。为克服这一障碍，应用以下平滑函数以近似τ_i：

$$\rho_i(\tau_{i,c})=\tau_{i,\max}\operatorname{erf}\left(\frac{\sqrt{\pi}\tau_{i,c}}{2\tau_{i,\max}}\right) \tag{8-2}$$

式中，$\operatorname{erf}(\cdot)$为高斯误差函数[1]，定义为$\operatorname{erf}(\zeta)=\int_0^{\zeta}e^{-t^2}\mathrm{d}t$。因此，$\tau_i(\tau_{i,c})$可改写为

$$\tau_i(\tau_{i,c})=\rho_i(\tau_{i,c})+e_i(\tau_{i,c}) \tag{8-3}$$

式中，$e_i(\tau_{i,c})$为近似误差，且满足$\left|e_i(\tau_{i,c})\right|=\left|\tau_i(\tau_{i,c})-e_i(\tau_{i,c})\right|\leqslant e_{i,m}$，其中$e_{i,m}$为大于0的常数。

根据中值定理，$\rho_i(\tau_{i,c})$可表示为

$$\rho_i(\tau_{i,c})=\rho_i(0)+\omega_i\tau_{i,c} \tag{8-4}$$

式中，$\omega_i=\exp\left(-\left(\frac{\sqrt{\pi}\varpi\tau_{i,c}}{2\tau_{i,\max}}\right)^2\right)$且$0<\omega<1$。故$\omega_i>\omega_{i,0}>0$。

结合式（8-3）、式（8-4）可得

$$\tau_i(\tau_{i,c})=\omega_i\tau_{i,c}+e_i(\tau_{i,c}) \tag{8-5}$$

式中，记$\omega_0=\min\{\omega_{i,0},i=u,r\}$，$\omega_0>0$为标量。

8.2 坐标变换

为有效解决欠驱动设计问题，本节引入文献[2]提出的“船位重定义方法”。对水面船舶实际位置$\boldsymbol{\eta}_{xy}=[x,y]^{\mathrm{T}}$进行如下坐标变换：

$$\begin{cases}x_1=x+l\cos(\psi)\\ y_1=y+l\sin(\psi)\end{cases} \tag{8-6}$$

式中，l 为位置常数，表示水面船舶在大地坐标系下的实际位置与重定义位置 $\boldsymbol{\eta}_{xy}=[x_1, y_1]^{\mathrm{T}}$ 之间的距离。在实际应用中，可以适当选择常数 l，使 $\boldsymbol{\eta}_{xy}$ 与船舶上的定位传感器位置相吻合。

注 8.1 综上可知，点 $\boldsymbol{\eta}_{xy}$ 受到作用在 O 点上的控制输入的间接驱动，特别是 O 点沿纵向的驱动力也会在 $\boldsymbol{\eta}_{xy}$ 点的纵向上产生一个驱动力。此外，在点 O 上绕艏摇轴的驱动力矩也会在点 $\boldsymbol{\eta}_{xy}$ 的艏摇方向上产生一个与 l 成正比的力矩。需要注意的是，根据式（8-6），常数 l 直接影响欠驱动水面船舶的实际跟踪精度，当 $l \to 0$ 时，$x_1 \to x$、$y_1 \to y$，说明常数 l 越小，欠驱动水面船舶的跟踪控制精度越高。

式（8-6）两边同时对时间求二次导，并结合欠驱动船舶运动学与动力学数学模型可得

$$\begin{cases} \ddot{x}_1 = \dot{u}\cos(\psi) - (\dot{v} + l\dot{r})\sin(\psi) - f_x(\boldsymbol{z}) \\ \ddot{y}_1 = \dot{u}\sin(\psi) + (\dot{v} + l\dot{r})\cos(\psi) + f_x(\boldsymbol{z}) \end{cases} \tag{8-7}$$

式中，$\boldsymbol{z}=[u,v,r,\psi]^{\mathrm{T}}$，且

$$f_x(\boldsymbol{z}) = ur\sin(\psi) + (vr + lr^2)\cos(\psi) \tag{8-8}$$

$$f_y(\boldsymbol{z}) = ur\cos(\psi) - (vr + lr^2)\sin(\psi) \tag{8-9}$$

进一步，式（8-7）结合欠驱动水面船舶动力学数学模型中的未知动态函数，$\ddot{x}_1$ 和 $\ddot{y}_1$ 可改写为

$$\begin{aligned} x_1 &= \{f_u(\boldsymbol{v})\cos(\psi) - [f_v(\boldsymbol{v}) + lf_r(\boldsymbol{v})]\sin(\psi)\} - f_x(\boldsymbol{z}) + \\ &\quad \frac{\cos(\psi)}{m_{11}}\tau_u - \frac{\sin(\psi)}{m_{33}}\tau_r + \frac{\tau_{d,u}}{m_{11}}\cos(\psi) - \left(\frac{\tau_{d,u}}{m_{11}} + \frac{l\tau_{d,r}}{m_{33}}\right)\sin(\psi) \\ &= F_x(\boldsymbol{z}) - f_x(\boldsymbol{z}) + \frac{\cos(\psi)}{m_{11}}\tau_u - \frac{l\sin(\psi)}{m_{33}} + d_x \end{aligned} \tag{8-10}$$

式中

$$F_x(\boldsymbol{z}) = f_u(\boldsymbol{v})\cos(\psi) - [f_v(\boldsymbol{v}) + lf_r(\boldsymbol{v})]\sin(\psi) \tag{8-11}$$

$$d_x = \frac{\tau_{d,u}}{m_{11}}\cos(\psi) - \left(\frac{\tau_{d,v}}{m_{11}} + \frac{l\tau_{d,r}}{m_{33}}\right)\sin(\psi) \tag{8-12}$$

以及

$$
\begin{aligned}
y_1 &= \{f_u(\boldsymbol{v})\sin(\psi) + [f_v(\boldsymbol{v}) + lf_r(\boldsymbol{v})]\cos(\psi)\} + f_y(\boldsymbol{z}) + \\
&\quad \frac{\sin(\psi)}{m_{11}}\tau_u + \frac{l\cos(\psi)}{m_{33}}\tau_r + \sin(\psi) + \left(\frac{\tau_{d,v}}{m_{11}} + \frac{l\tau_{d,r}}{m_{33}}\right)\cos(\psi) \\
&= F_y(\boldsymbol{z}) + f_y(\boldsymbol{z}) + \frac{\sin(\psi)}{m_{11}}\tau_u + \frac{l\cos(\psi)}{m_{33}}\tau_r + d_y
\end{aligned}
\tag{8-13}
$$

式中

$$F_y(\boldsymbol{z}) = f_u(\boldsymbol{v})\sin(\psi) + [f_v(\boldsymbol{v}) + lf_r(\boldsymbol{v})]\cos(\psi) \tag{8-14}$$

$$d_y = \frac{\tau_{d,u}}{m_{11}}\sin(\psi) + \left(\frac{\tau_{d,v}}{m_{11}} + \frac{l\tau_{d,r}}{m_{33}}\right)\cos(\psi) \tag{8-15}$$

结合式（8-10）、式（8-13）可得

$$\ddot{\boldsymbol{\eta}}_{xy} = \bar{\boldsymbol{J}}(\psi)\boldsymbol{G}_m\boldsymbol{\tau}_i + \boldsymbol{F}_{xy} + \boldsymbol{f}_{xy} + \boldsymbol{d}_{xy} \tag{8-16}$$

式中，$\boldsymbol{\tau}_i = [\tau_u, \tau_r]^{\mathrm{T}}$，$\boldsymbol{F}_{xy} = [F_x(z), F_y(z)]^{\mathrm{T}}$，$\boldsymbol{f}_{xy} = [-f_x(z), f_y(z)]^{\mathrm{T}}$，$\boldsymbol{d}_{xy} = [d_x, d_y]^{\mathrm{T}}$，$\boldsymbol{G}_m = \begin{pmatrix} m_{11}^{-1} & 0 \\ 0 & lm_{33}^{-1} \end{pmatrix}$ 且

$$\bar{\boldsymbol{J}}(\psi) = \begin{pmatrix} \cos(\psi) & -\sin(\psi) \\ \sin(\psi) & \cos(\psi) \end{pmatrix} \tag{8-17}$$

显然，$\| \boldsymbol{J}(\psi) \| = 1$；$\boldsymbol{G}_m$ 是一个正定矩阵。

令 $\chi_1 = \boldsymbol{\eta}_{xy}$，$\chi_2 = \dot{\boldsymbol{\eta}}_{xy}$，结合式（8-5）、式（8-16）可得

$$\begin{cases} \dot{\chi}_1 = \chi_2 \\ \dot{\chi}_2 = \bar{\boldsymbol{J}}(\psi)\boldsymbol{G}_m(\omega)\boldsymbol{\tau}_c + \boldsymbol{F}_{xy} + \boldsymbol{f}_{xy} + \boldsymbol{d}_e \end{cases} \tag{8-18}$$

式中，$\boldsymbol{\tau}_c = [\tau_{u,c}, \tau_{r,c}]^{\mathrm{T}}$，$\boldsymbol{G}_m(\omega) = \mathrm{diag}(\omega_\mu / m_{11}, l\omega_r / m_{33})$，$\boldsymbol{d}_e = \boldsymbol{d}_{xy} + \boldsymbol{J}(\Psi)\boldsymbol{G}_m\boldsymbol{e}(\tau_{k,c})$，$\boldsymbol{e}(\tau_{u,c}) = [e(\tau_{u,c}), e(\tau_{r,c})]^{\mathrm{T}}$。根据 $\omega_0 = \min\{\omega_{i,0}, i = u, r\}$ 及 $\boldsymbol{G}_m$ 的特性，存在一个未知常数 g 满足 $0 < g \leqslant \lambda_{\min}(\boldsymbol{G}_m(\omega))$。此外，从假设 8.2、假设 8.3 及 $\| \boldsymbol{e}_i(\tau_{i,c}) \| \leqslant e_{i,m}$ 中可得 $\| \boldsymbol{d}_e \| \leqslant \bar{d}$，式中 $\bar{d}$ 为未知常数。

注 8.2 根据式（8-18），欠驱动水面船舶的动力学及运动学数学模型通过坐标变换转化为标准积分级联形式。在 $l \neq 0$ 时，控制增益矩阵 $\boldsymbol{G}_m(\omega)$ 非奇异，微分方程（8-18）的相对维为 2；相反，当 $l = 0$ 时，$\boldsymbol{G}_m(\omega)$ 是奇异的，即没有一个合适定义的相对度。在这种情况下，式（8-18）描述的系统是不可控的。

注 8.3 文献[3-8]中对于欠驱动水面船舶的跟踪控制问题来说，基于 LOS 的控

制方案在控制设计中必须要求航向跟踪误差小于0.5π（本节可以忽略这一要求）。式（8-18）克服了 LOS 方法在处理欠驱动问题时的缺点，使整个控制设计更灵活。

注 8.4 由注 8.1 可知，坐标变换（8-6）不改变欠驱动水面船舶的控制任务，即只要 χ_1 跟踪上参考轨迹 $\chi_d = \eta_d$，同时保证追踪误差收敛于紧集，那么适当选择常数 l 就能够保证欠驱动水面船舶的实际跟踪误差收敛于紧集。

8.3 控制设计与稳定性分析

本节针对受未知环境扰动、参数不确定及输入饱和影响下的欠驱动水面船舶轨迹跟踪控制问题，借助坐标变换（8-6），结合参数自适应技术及反步设计方法，设计一个鲁棒自适应有限时间跟踪控制律。

8.3.1 控制律设计

在进行控制律设计之前，定义误差变量 $\boldsymbol{s}_1 \in \mathbf{R}^2$ 与 $\boldsymbol{s}_2 \in \mathbf{R}^2$ 如下

$$\boldsymbol{s}_1 = \chi_1 - \chi_d \tag{8-19}$$

$$\boldsymbol{s}_2 = \chi_2 - \boldsymbol{\alpha} \tag{8-20}$$

式中，$\boldsymbol{\alpha} \in \mathbf{R}^2$ 为将要设计的虚拟控制律。控制律设计分为以下两个步骤。

步骤 1： 求 $\boldsymbol{s}_1$ 的一阶导数并结合式（8-18）、式（8-19）可得

$$\dot{\boldsymbol{s}}_1 = \boldsymbol{s}_2 + \boldsymbol{\alpha} - \dot{\chi}_d \tag{8-21}$$

虚拟控制律 $\boldsymbol{\alpha}$ 设计如下：

$$\boldsymbol{\alpha} = -\boldsymbol{k}_{11}\boldsymbol{s}_1 - \boldsymbol{k}_{12}\frac{\boldsymbol{s}_1}{\sqrt{\|\boldsymbol{s}_1\|^2 + \delta^2}} + \dot{\chi}_d \tag{8-22}$$

式中，$\boldsymbol{k}_{1i} = \boldsymbol{k}_{1i}^{\mathrm{T}} \in \mathbf{R}^{2\times 2}(i = 1,2)$ 为正定矩阵；$\delta > 0$ 为待设计参数。

注 8.5 文献[9-10]为实现欠驱动水面船舶的有限时间轨迹跟踪控制，把位置误差 $x - x_d$ 和 $y - y_d$ 的分数幂函数引入虚拟控制律，但这可能会导致虚拟控制律求导时的奇异性。为此，Wu 和 Zhang 等人[9-10]引入一种额外动态来解决这一问题，却增加了系统的复杂性。出于相同目的，Jin[11]使用船舶位置误差的分段连续函数

来取代分数幂函数，显著增加了设计参数的数量。本节则引入$\dfrac{\boldsymbol{s}_1}{\sqrt{\|\boldsymbol{s}_1\|^2+\delta^2}}$项至虚拟控制律，避免可能出现的奇异性问题。

将式（8-22）代入式（8-21）可得

$$\dot{\boldsymbol{s}}_1=-\boldsymbol{k}_{11}\boldsymbol{s}_1-\boldsymbol{k}_{12}\frac{\boldsymbol{s}_1}{\sqrt{\|\boldsymbol{s}_1\|+\delta^2}}+\boldsymbol{s}_2 \tag{8-23}$$

步骤 2： 对$\boldsymbol{s}_2$求导，结合式（8-18）得

$$\dot{\boldsymbol{s}}_2=\bar{\boldsymbol{J}}(\psi)\boldsymbol{G}_m(\omega)\boldsymbol{\tau}_c+\boldsymbol{F}_{xy}+\boldsymbol{d}_e+\boldsymbol{\alpha} \tag{8-24}$$

根据式（8-19）、式（8-21）可得

$$\begin{aligned}\boldsymbol{\alpha}=&-[\boldsymbol{k}_{11}\boldsymbol{I}_{2\times2}+(\|\boldsymbol{s}_1\|^2+\delta^2)^{-\frac{3}{2}}\boldsymbol{k}_{12}((\|\boldsymbol{s}_1\|^2+\delta^2)\boldsymbol{I}_{2\times2}-\boldsymbol{s}^1\boldsymbol{s}_1^{\mathrm{T}})]\times\\&(\boldsymbol{s}_2+\boldsymbol{\alpha}-\dot{\boldsymbol{\chi}}_d)+\ddot{\boldsymbol{\chi}}_d\end{aligned} \tag{8-25}$$

令

$$\boldsymbol{L}(Z)=\boldsymbol{F}_{xy}+\boldsymbol{f}_{xy}+\boldsymbol{d}_e-\dot{\boldsymbol{\alpha}}+\boldsymbol{s}_1 \tag{8-26}$$

式中，$\boldsymbol{Z}=[\boldsymbol{v}^{\mathrm{T}},\boldsymbol{\alpha}^{\mathrm{T}},\boldsymbol{s}^{\mathrm{T}},\boldsymbol{\psi}]^{\mathrm{T}}$。

根据假设 8.1、假设 8.2，$\boldsymbol{F}_{xy}$和$\boldsymbol{d}_e$未知，即$\boldsymbol{L}(Z)$在控制设计中无法使用，因此，需对$\boldsymbol{L}(Z)$进行适当的变换。根据欠驱动水面船舶运动学及动力学数学模型及式（8-11）、式（8-14）可得

$$\boldsymbol{F}_x(z)=\boldsymbol{\theta}_1^{\mathrm{T}}\boldsymbol{\varphi}_1(v,\psi)-\boldsymbol{\theta}_2^{\mathrm{T}}\boldsymbol{\varphi}_2(v,\psi) \tag{8-27}$$

$$\boldsymbol{F}_y(z)=\boldsymbol{\theta}_1^{\mathrm{T}}\boldsymbol{\varphi}_1(v,\psi)-\boldsymbol{\theta}_2^{\mathrm{T}}\boldsymbol{\varphi}_2(v,\psi) \tag{8-28}$$

式中

$$\begin{cases}\boldsymbol{\varphi}_1(v,\ \psi)=[vr\ \cos(\psi),\ u\cos(\psi),\ u|u|\ \cos(\psi)]^{\mathrm{T}}\\\boldsymbol{\varphi}_2(v,\ \psi)=[ur\sin(\psi),\ v\sin(\psi),\ v|v|\sin(\psi),\ r\sin(\psi),\ |r|r\sin(\psi)]^{\mathrm{T}}\\\boldsymbol{\theta}_1=\left[\dfrac{m_{22}}{m_{11}},\ -\dfrac{d_{11}}{m_{11}},\ -\dfrac{d_u}{m_{11}}\right]^{\mathrm{T}}\\\boldsymbol{\theta}_2=-\left[\dfrac{l(m_{22}-m_{11})}{m_{33}}+\dfrac{1}{m_{22}},\ \dfrac{d_{22}}{m_{22}},\ \dfrac{d_v}{m_{22}},\ \dfrac{ld_{33}}{m_{33}},\ \dfrac{ld_r}{m_{33}}\right]^{\mathrm{T}}\end{cases} \tag{8-29}$$

根据式（8-27）～式（8-29），式（8-26）中的$\boldsymbol{F}_{xy}$可改写为

$$\boldsymbol{F}_{xy}=\boldsymbol{\theta}\boldsymbol{\zeta}(z) \tag{8-30}$$

式中，$\boldsymbol{\theta}=[\theta_1,-\theta_2;\theta_1,\theta_2]$，$\boldsymbol{\xi}(z)=[\varphi_1(v,\psi),\varphi_2(v,\psi)]^T$。

根据式（8-30）及$\|\boldsymbol{d}_e\|\leqslant d$，以下变换可作用于$\boldsymbol{L}(Z)$

$$\begin{aligned}\|\boldsymbol{L}(Z)\|&\leqslant\|\boldsymbol{F}_{xy}\|+\|\boldsymbol{f}_{xy}-\dot{\boldsymbol{\alpha}}+\boldsymbol{s}_1\|+\|\boldsymbol{d}_e\|\\&\leqslant\|\boldsymbol{\theta}\|\|\boldsymbol{\xi}(z)\|+\|\boldsymbol{f}_{xy}-\dot{\boldsymbol{\alpha}}+\boldsymbol{s}_1\|+\bar{d}\\&\leqslant\Theta\varsigma(Z)\end{aligned} \tag{8-31}$$

式中

$$\begin{cases}\Theta=\max\{\|\boldsymbol{\theta}\|,\bar{d},1\}\\ \varsigma(Z)=\|\boldsymbol{\xi}(z)\|+\|\boldsymbol{f}_{xy}-\dot{\boldsymbol{\alpha}}+\boldsymbol{s}_1\|+1\end{cases} \tag{8-32}$$

值得注意的是，未知参数Θ没有明确的物理意义，故Θ被称为“虚拟参数”。

为欠驱动水面船舶整体跟踪控制系统构造如下李雅普诺夫函数：

$$V^*=\frac{1}{2}\boldsymbol{s}_1^{\mathrm{T}}\boldsymbol{s}_1+\frac{1}{2}\boldsymbol{s}_2^{\mathrm{T}}\boldsymbol{s}_2 \tag{8-33}$$

求V^*关于时间的一阶导，并结合式（8-23）、式（8-24）、式（8-30）与式（8-31）可得

$$\begin{aligned}\dot{V}^*&=-\boldsymbol{s}_1^{\mathrm{T}}\boldsymbol{k}_{11}\boldsymbol{s}_1-\frac{\boldsymbol{s}_1^{\mathrm{T}}\boldsymbol{k}_{12}\boldsymbol{s}_1}{\sqrt{\|\boldsymbol{s}_1\|^2+\delta^2}}+\boldsymbol{s}_2^{\mathrm{T}}[\bar{\boldsymbol{J}}(\phi)\boldsymbol{G}_m(\omega)\boldsymbol{\tau}_c+\boldsymbol{L}(Z)]\\&\leqslant-\boldsymbol{s}_1^{\mathrm{T}}\boldsymbol{k}_{11}\boldsymbol{s}_1-\frac{\boldsymbol{s}_1^{\mathrm{T}}\boldsymbol{k}_{12}\boldsymbol{s}_1}{\sqrt{\|\boldsymbol{s}_1\|^2+\delta^2}}+\boldsymbol{s}_2^{\mathrm{T}}[\bar{\boldsymbol{J}}(\phi)\boldsymbol{G}_m(\omega)\boldsymbol{\tau}_c+\|\boldsymbol{s}_2\|\Theta\varsigma(Z)]\end{aligned} \tag{8-34}$$

设计如下跟踪控制律：

$$\boldsymbol{\tau}_c=\bar{\boldsymbol{J}}^{\mathrm{T}}(\psi)\boldsymbol{\beta} \tag{8-35}$$

$$\boldsymbol{\beta}=-\boldsymbol{k}_{21}\boldsymbol{s}_2-\frac{\boldsymbol{k}_{22}\boldsymbol{s}_2}{\sqrt{\|\boldsymbol{s}_2\|^2+\delta^2}}-c\hat{\Theta}\varsigma^2(Z)\boldsymbol{s}_2 \tag{8-36}$$

及其自适应律：

$$\dot{\hat{\Theta}}=c\varsigma^2(Z)\|\boldsymbol{s}_2\|^2-\iota\hat{\Theta} \tag{8-37}$$

式中，$\boldsymbol{k}_{21}\in\mathbf{R}^{2\times2}$和$\boldsymbol{k}_{22}\in\mathbf{R}^{2\times2}$为正定设计矩阵，$c>0$和$\iota>0$为设计参数。

注 8.6 文献[1,6,8,12-17]将神经网络/模糊近似器用于重构因不确定性引起的非线性未知项。在以上研究中，需要在线学习参数的数量取决于神经元节点或模糊

规则的数量，这导致沉重的计算负担。Gao 等人[3]、Ghommam 等人[18]和 Jia 等人[4]利用参数化分解技术，将由不确定参数引起的非线性未知项转化为具有多个未知参数的参数形式。这种情况下，需要大量的自适应调节器。在本文中，未知的复合不确定项 $\boldsymbol{L}(Z)$ 被转化为式（8-31）的形式。相比之下，本节设计的控制律（8-35）仅需要对单个参数进行在线学习。因此，本节实现了单参数学习方法。

进一步，考虑以下李雅普诺夫函数：

$$V = V^* + \frac{1}{2g}(\Theta - g\hat{\Theta})^2 \tag{8-38}$$

对 V 取关于时间的一阶导数，并结合式（8-34）～式（8-36）及 $\|\boldsymbol{J}(\phi)\|=1$ 可得

$$\begin{aligned}\dot{V} &\leqslant -\boldsymbol{s}_1^{\mathrm{T}}\boldsymbol{k}_{11}\boldsymbol{s}_1 - \frac{\boldsymbol{s}_1^{\mathrm{T}}\boldsymbol{k}_{12}\boldsymbol{s}_1}{\sqrt{\|\boldsymbol{s}_1\|^2+\delta^2}} + \boldsymbol{s}_2^{\mathrm{T}}\bar{\boldsymbol{J}}(\psi)\boldsymbol{G}_m(\omega)\boldsymbol{\tau}_c + \\ &\quad \|\boldsymbol{s}_2\|\Theta\varsigma(Z) - (\Theta - g\hat{\Theta})\dot{\hat{\Theta}} \\ &\leqslant -\boldsymbol{s}_1^{\mathrm{T}}\boldsymbol{k}_{11}\boldsymbol{s}_1 - \frac{\boldsymbol{s}_1^{\mathrm{T}}\boldsymbol{k}_{12}\boldsymbol{s}_1}{\sqrt{\|\boldsymbol{s}_1\|^2+\delta^2}} - g\lambda_{\min}(\boldsymbol{k}_{21})\boldsymbol{s}_2^{\mathrm{T}}\boldsymbol{s}_2 - \\ &\quad \frac{g\lambda_{\min}(\boldsymbol{k}_{22})\boldsymbol{s}_2^{\mathrm{T}}\boldsymbol{s}_2}{\sqrt{\|\boldsymbol{s}_2\|^2+\delta^2}} - cg\hat{\theta}\varsigma^2(Z)\boldsymbol{s}_2^{\mathrm{T}}\boldsymbol{s}_2 + \\ &\quad \|\boldsymbol{s}_2\|\Theta\varsigma(Z) - (\Theta - g\hat{\Theta})\dot{\hat{\Theta}}\end{aligned} \tag{8-39}$$

利用杨氏不等式，得

$$\|\boldsymbol{s}_2\|\Theta\varsigma(Z) \leqslant \Theta c\|\boldsymbol{s}_2\|^2\varsigma^2(Z) + \frac{\Theta}{4c} \tag{8-40}$$

将式（8-37）、式（8-40）代入式（8-39），可得

$$\begin{aligned}\dot{V} &\leqslant -\lambda_{\min}(\boldsymbol{k}_{11})\boldsymbol{s}_1^{\mathrm{T}}\boldsymbol{s}_1 - \frac{\lambda_{\min}(\boldsymbol{k}_{12})\boldsymbol{s}_1^{\mathrm{T}}\boldsymbol{s}_1}{\sqrt{\|\boldsymbol{s}_1\|^2+\delta^2}} - g\lambda_{\min}(\boldsymbol{k}_{21})\boldsymbol{s}_2^{\mathrm{T}}\boldsymbol{s}_2 - \\ &\quad \frac{\lambda_{\min}(\boldsymbol{k}_{22})\boldsymbol{s}_2^{\mathrm{T}}\boldsymbol{s}_2}{\sqrt{\|\boldsymbol{s}_2\|^2+\delta^2}} + \iota(\Theta - g\hat{\Theta})\hat{\Theta} + \frac{\Theta}{4c}\end{aligned} \tag{8-41}$$

利用杨氏不等式，以下关系成立：

$$(\Theta - g\hat{\Theta})\hat{\Theta} \leqslant -\frac{1}{2g}(\Theta - g\hat{\Theta})^2 + \frac{\Theta^2}{2g} \tag{8-42}$$

$$\frac{\iota}{2g}\left|\Theta - g\hat{\Theta}\right| \leqslant \frac{\iota}{4g}\left|\Theta - g\hat{\Theta}\right|^2 + \frac{\iota}{4g} \tag{8-43}$$

此外，在式（8-41）右侧加减$\frac{1}{2g}\left|\Theta - g\hat{\Theta}\right|$，并将式（8-42）、式（8-43）代入式（8-41），可得

$$\begin{aligned}\dot{V} \leqslant& -\lambda_{\min}(\boldsymbol{k}_{11})\boldsymbol{s}_1^{\mathrm{T}}\boldsymbol{s}_1 - \frac{\lambda_{\min}(\boldsymbol{k}_{12})\boldsymbol{s}_1^{\mathrm{T}}\boldsymbol{s}_1}{\sqrt{\|\boldsymbol{s}_1\|^2 + \delta^2}} - g\lambda_{\min}(\boldsymbol{k}_{21})\boldsymbol{s}_2^{\mathrm{T}}\boldsymbol{s}_2 - \frac{g\lambda_{\min}(\boldsymbol{k}_{22})\boldsymbol{s}_2^{\mathrm{T}}\boldsymbol{s}_2}{\sqrt{\|\boldsymbol{s}_2\|^2 + \delta^2}} - \\ & \frac{\iota}{2g}(\Theta - g\hat{\Theta})^2 - \frac{\iota}{2g}\left|\Theta - g\hat{\Theta}\right| + \frac{\iota}{2g}\left|\Theta - g\hat{\Theta}\right| + \frac{\iota\Theta^2}{2g} + \frac{\Theta}{4c} \\ \leqslant& -\lambda_{\min}(\boldsymbol{k}_{11})\boldsymbol{s}_1^{\mathrm{T}}\boldsymbol{s}_1 - \frac{\lambda_{\min}(\boldsymbol{k}_{12})\boldsymbol{s}_1^{\mathrm{T}}\boldsymbol{s}_1}{\sqrt{\|\boldsymbol{s}_1\|^2 + \delta^2}} - g\lambda_{\min}(\boldsymbol{k}_{21})\boldsymbol{s}_2^{\mathrm{T}}\boldsymbol{s}_2 - \frac{g\lambda_{\min}(\boldsymbol{k}_{22})\boldsymbol{s}_2^{\mathrm{T}}\boldsymbol{s}_2}{\sqrt{\|\boldsymbol{s}_2\|^2 + \delta^2}} - \\ & \frac{\iota}{4g}(\Theta - g\hat{\Theta})^2 - \frac{\iota}{2g}\left|\Theta - g\hat{\Theta}\right| + \frac{\iota\Theta^2}{2g} + \frac{\Theta}{4c} + \frac{\iota}{4g}\end{aligned} \tag{8-44}$$

得到

$$-\frac{\boldsymbol{s}_i^{\mathrm{T}}\boldsymbol{s}_j}{\sqrt{\|\boldsymbol{s}_j\|^2 + \delta^2}} < \delta - \|\boldsymbol{s}_j\|,\ j = 1,2 \tag{8-45}$$

将式（8-45）代入式（8-44），可得

$$\begin{aligned}\dot{V} \leqslant& -\lambda_{\min}(\boldsymbol{k}_{11})\boldsymbol{s}_1^{\mathrm{T}}\boldsymbol{s}_1 - \lambda_{\min}(\boldsymbol{k}_{12})\|\boldsymbol{s}_1\| - g\lambda_{\min}(\boldsymbol{k}_{21})\boldsymbol{s}_2^{\mathrm{T}}\boldsymbol{s}_2 - g\lambda_{\min}(\boldsymbol{k}_{22})\|\boldsymbol{s}_2\| - \\ & \frac{\iota}{4g}(\Theta - g\hat{\Theta})^2 - \frac{\iota}{2g}\left|\Theta - g\hat{\Theta}\right| + \frac{\iota\Theta^2}{2g} + \frac{\Theta}{4c} + \frac{\iota}{4g} + \\ & \delta[\lambda_{\min}(\boldsymbol{k}_{12}) + g\lambda_{\min}(\boldsymbol{k}_{22})] \\ \leqslant& -\varepsilon_1 V - \varepsilon_2 V^{\frac{1}{2}} + \vartheta\end{aligned} \tag{8-46}$$

式中，$\varepsilon_1 = \min\left\{2\lambda_{\min}(\boldsymbol{k}_{12}), 2g_{\min}(\boldsymbol{k}_{21}), \frac{\iota}{2}\right\}$，$\varepsilon_2 = \min\left\{\sqrt{2}\lambda_{\min}(\boldsymbol{k}_{12}), \sqrt{2}g_{\min}(\boldsymbol{k}_{21}), \frac{\sigma}{\sqrt{2g}}\right\}$，$\vartheta = \frac{\iota\Theta^2}{2g} + \frac{\Theta}{4c} + \frac{\iota}{4g} + \delta[\lambda_{\min}(\boldsymbol{k}_{12}) + g_{\min}(\boldsymbol{k}_{22})]$。

8.3.2 稳定性分析

定理 8.1 考虑欠驱动水面船舶受未知外部扰动、参数不确定和输入饱和的影响，利用虚拟控制律（8-22）、自适应律（8-37）及坐标变换（8-6）设计鲁棒自适应有限时间轨迹跟踪控制律（8-35），使得欠驱动水面船舶的实际轨迹$\boldsymbol{\eta}_{xy}=[x,y]^{\mathrm{T}}$能跟踪上参考轨迹$\boldsymbol{\eta}_d=[x_d,y_d]^{\mathrm{T}}$。跟踪误差$x-x_d$与$y-y_d$能够在有限时间内收敛到紧集，同时保证欠驱动水面船舶闭环跟踪控制系统中的所有信号均有界。

证明： 根据式（8-46）可得$\dot{V}\leqslant-\varepsilon_1V+\vartheta$，$\dot{V}$一致有界，根据式（8-38），$\boldsymbol{s}_1$、$\boldsymbol{s}_2$和$\Theta-\mathrm{g}\hat{\Theta}$也有界。进一步，从式（8-19）及假设 8.3 可得，式（8-22）中的χ_1和α均有界。根据χ_1，χ_2，τ_u和τ_r的有界性并结合假设 8.2～假设 8.4，可得前进速度u、横漂速度v及艏摇速度r均有界，且式（8-30）中的$\xi(Z)$同样有界。此外，由于$\boldsymbol{s}_1$、$\boldsymbol{s}_2$、$\hat{\Theta}$和$\xi(Z)$的有界性，式（8-35）中的$\tau_{k,c}$有界，即命令控制信号$\tau_{u,c}$和$\tau_{r,c}$有界。因此，在欠驱动水面船舶闭环跟踪控制系统中的所有信号均有界。

由式（8-46）可得

$$\dot{V}\leqslant-\iota\varepsilon_1V-(1-\iota)\varepsilon_1V-\varepsilon_2V^{\frac{1}{2}}+\vartheta \tag{8-47}$$

式中，$0<\iota<1$。从式（8-47）可得，若$V>\dfrac{\vartheta}{\iota\varepsilon_1}$，则有

$$\dot{V}\leqslant-(1-\iota)\varepsilon_1V-\varepsilon_2V^{\frac{1}{2}} \tag{8-48}$$

此外，根据定理 8.1，V能够收敛于集合$\Omega_V=\left\{V:V\leqslant\dfrac{\vartheta}{\iota\varepsilon_1}\right\}$，且收敛时间

$$T\leqslant\frac{4}{(1-\iota)\varepsilon_1}\ln\left(\frac{(1-\iota)\varepsilon_1V^{\frac{1}{2}}(0)+\varepsilon_2}{\varepsilon_2}\right) \tag{8-49}$$

式中，$V(0)$是V的初始值。此外，根据式（8-38）可知$\dfrac{1}{2}\boldsymbol{s}_1^{\mathrm{T}}\boldsymbol{s}_1\leqslant V\leqslant\dfrac{\vartheta}{\iota\chi_1}$对$\forall t\geqslant T$成立，即

$$\Omega_{s1}=\left\{\boldsymbol{s}_1\in\mathbf{R}^2\|\boldsymbol{s}_1\|\leqslant\sqrt{\frac{2\vartheta}{\iota\varepsilon_1}}\right\} \tag{8-50}$$

对于$\forall t\geqslant T$均成立。至此，定理 8.1 证毕。

注 8.7 根据定理 8.1，式(8-22)中的$\dfrac{s_1}{\sqrt{\|s_1\|^2+\delta^2}}$与式(8-36)中的$\dfrac{s_2}{\sqrt{\|s_2\|^2+\delta^2}}$是确保式（8-46）成立的关键，也是实现控制目标的关键。此外，根据式（8-46）、式（8-50）可得，当其他设计参数均确定时，δ 的值越小，紧集 Ω_{s1} 的范围就越小，这说明 δ 的值影响跟踪控制精度。另一方面，从函数$\dfrac{s_\iota^{\mathrm{T}} s_j}{\sqrt{\|s_j\|^2+\delta^2}}$的形式可知，当 $\delta=0$ 时，$\dfrac{s_\iota^{\mathrm{T}} s_j}{\sqrt{\|s_j\|^2+\delta^2}}=\dfrac{s_j}{\|s_j\|}$，类似于符号函数，这必然会导致控制性能不理想。因此，δ 的值可选较小的值，但不能无限小。

8.4 仿 真 验 证

在本节中，将通过仿真验证受输入饱和及不确定性干扰的欠驱动水面船舶所设计的鲁棒自适应有限时间跟踪控制方案的有效性。以 1:70 比例的 CyberShip II 缩尺模型船为例进行仿真实验。仿真中，运动数学模型的参数取自文献[19]；船舶推进系统提供的最大力与力矩分别为 $\tau_u=5\mathrm{N}$ 与 $\tau_r=3.5\mathrm{N\ m}$。

8.4.1 性能测试与对比研究

本小节中，为证明提出的自适应有限时间控制方案（AFTC）的有效性，在 CyberShip II 上进行了两种海洋扰动情况下的仿真。情况 1 外部干扰为 $\boldsymbol{\tau}_d=[\tau_{d,u},\tau_{d,v},\tau_{d,r}]^{\mathrm{T}}=0$；情况 2 外部干扰为 $\boldsymbol{\tau}_d=\boldsymbol{d}+\bar{\boldsymbol{\omega}}$，式中 $\dot{\bar{\boldsymbol{\omega}}}=-\boldsymbol{\Upsilon}^{-1}\bar{\boldsymbol{\omega}}+\boldsymbol{\Phi}\boldsymbol{\Xi}$ 为一阶马尔可夫过程，$\boldsymbol{\Xi}\in\mathbf{R}^3$ 为零均值高斯白噪声，$\boldsymbol{d}$ 被设为 $\boldsymbol{d}=\begin{bmatrix}0.6[\sin(0.02\pi t+\pi/4)+\cos(0.01\pi t)]\\0.4[\cos(0.02\pi t-\pi/8)-\sin(0.05\pi t)]\\0.4[\sin(0.01\pi t+\pi/3)+\cos(0.01\pi t)]\end{bmatrix}$。仿真中，期望轨迹 $\boldsymbol{\eta}_d=[x_d,y_d]^{\mathrm{T}}$ 为

$$\begin{cases}\dot{x}_d=0.4\cos(0.8\gamma)\\ \dot{y}_d=0.5\sin(0.8\gamma)\end{cases}\tag{8-51}$$

式中

$$\dot{\gamma}(t)=\begin{cases}0, & 0\leqslant t\leqslant 100\\ 0.03, & t>100\end{cases} \tag{8-52}$$

这两种情况下的设计参数与初始条件相同，式中参数设计如下 $\boldsymbol{k}_{11}=\text{diag}(0.3, 0.3)$，$\boldsymbol{k}_{12}=\text{diag}(0.15,0.15)$，$\boldsymbol{k}_{21}=\boldsymbol{k}_{22}=\text{diag}(1,0.5)$，$l=0.06$，$\delta=0.01$，$c=2$，$\iota=0.0001$，$\boldsymbol{\Upsilon}=\text{diag}(2,2,2)$ 和 $\boldsymbol{\Phi}=\text{diag}(1.5,1,1)$。初始条件选择为 $[x(0), y(0), \psi(0)]=[-1\text{m},-2\text{m},0.25\pi\text{rad}]$，$v(0)=0$，$\Theta(0)=0$。

自适应有限时间控制方案两种情况下的仿真结果分别用图 8.1 与图 8.2 中的虚线表示。此外，为定量评估所提控制方案的跟踪控制性能，表 8.1 中给出了跟踪误差 $\boldsymbol{\eta}-\boldsymbol{\eta}_d$ 与实际控制输入 $\boldsymbol{\tau}_u$ 和 $\boldsymbol{\tau}_r$ 的性能指标，IAE 与平均绝对 MIAC 用于评估跟踪控制中的稳态性能与能耗特性，IAE 与 MIAC 定义如下：

$$IAE=\int_0^{t_s}\left|\Im - \Im_d(t)\right|\mathrm{d}t,\quad \Im=x,y$$

$$MIAC=\frac{1}{t_s}\int_0^{t_s}\left|\tau_i(t)\right|\mathrm{d}t,\quad i=1,2$$

图 8.1（a）～（c）与表 8.1 表明欠驱动水面船舶的跟踪性能是令人满意的。图 8.1（d）表明实际控制信号 τ_u 和 τ_r 在饱和范围内且合理。图 8.1（e）表明欠驱动水面船舶的纵荡、横摇和艏摇速度是有界的。图 8.1（f）表明自适应参数 $\hat{\Theta}$ 有界。显然，图 8.2 所示的仿真结果表明，在情况 2 中，自适应有限时间控制方案仍显示出较好的控制性能。因此，这些仿真结果表明所提出的自适应有限时间控制方案对于欠驱动水面船舶在输入饱和下的轨迹跟踪是有效的，对参数不确定性和外部干扰的不确定性具有较强的鲁棒性。

此外，为证明本章提出控制方案的优越性，分别与 Mu 等人[6]和 Pliego 等人[20]提出的自适应神经网络控制（ANNC）方案和有限时间有界控制（FTBC）方案进行了仿真比较。ANNC 控制律为

$$\begin{cases}\boldsymbol{\tau}_{u,c}=-\boldsymbol{k}_{ue}(\boldsymbol{s}_u-\boldsymbol{e}_u)-\dfrac{1}{2}\boldsymbol{s}_u\hat{\beta}_u\left\|\boldsymbol{h}\right\|^2-\boldsymbol{m}_{11}\dot{\boldsymbol{f}}_{\alpha_u}+\boldsymbol{z}_e\cos(\psi_e)\\ \boldsymbol{\tau}_{r,c}=-\boldsymbol{k}_{re}(\boldsymbol{s}_r-\boldsymbol{e}_u)-\dfrac{1}{2}\boldsymbol{s}_r\hat{\beta}_r\left\|\boldsymbol{h}\right\|^2-\boldsymbol{m}_{33}\dot{\boldsymbol{f}}_{\alpha_r}+\boldsymbol{\psi}_e\end{cases} \tag{8-53}$$

式中，$\boldsymbol{h}$ 是神经网络径向基函数的基函数向量；$\hat{\beta}_i(i=u,r)$ 为 $\beta_i=\left\|\boldsymbol{W}_i\right\|^2$ 的估计值，

$\boldsymbol{W}_i$ 为神经网络径向基函数的理想权重向量，$\hat{\beta}_i(i=u,r)$ 由下式可得

$$\dot{\hat{\beta}}_i = -k_i\hat{\beta}_i + \frac{1}{2}\gamma_i i_e \|\boldsymbol{h}\|^2 \tag{8-54}$$

输入饱和的补偿动态 $\boldsymbol{e}_i$ 为

$$\dot{\boldsymbol{e}}_i = \begin{cases} -K_{e,i}\boldsymbol{e}_i - \dfrac{\left|\boldsymbol{s}_i(\boldsymbol{\tau}_i - \boldsymbol{\tau}_{i,c})\right| + 0.5(\boldsymbol{\tau}_i - \boldsymbol{\tau}_{i,c})^2}{\boldsymbol{e}_i^2} + (\boldsymbol{\tau}_i - \boldsymbol{\tau}_{i,c}), & \left|\boldsymbol{e}_i\right| > e_\varsigma (i=u,r) \\ 0, & \left|\boldsymbol{e}_i\right| \leqslant e_\varsigma \end{cases} \tag{8-55}$$

式中，$z_e = \sqrt{(x-x_d)^2 + (y-y_d)^2}$，$\psi_e = \psi_d - \psi$ 及 $s_i = i - f_{a_i}(i=u,r)$。ψ_d 是期望航向角，$\boldsymbol{f}_{\alpha_i}$ 为神经分流模型的状态，其输入由虚拟控制律 $\boldsymbol{\alpha}_i(i=u,r)$ 得到

$$\begin{cases} \boldsymbol{\alpha}_u = [\boldsymbol{k}_{ze}\boldsymbol{z}_e + \dot{\boldsymbol{x}}_d \cos(\psi_d) + \dot{\boldsymbol{y}}_d \sin(\psi_d) - \boldsymbol{v}\sin(\psi_e)] / \cos(\psi_e) \\ \boldsymbol{\alpha}_r = \boldsymbol{k}_{\psi e}\boldsymbol{\psi}_e + \dot{\boldsymbol{\psi}}_d \end{cases} \tag{8-56}$$

在式（8-53）～式（8-56）中，k_{ie}、k_i、γ_i、$K_{e,i}$、k_{ze}、$k_{\psi e}$ 和 e_ς 为设计参数，其值的设置与文献[6]中相同。

FTBC 控制律为

$$\begin{cases} \boldsymbol{\tau} = -\overline{\boldsymbol{J}}^{\mathrm{T}}(\psi)\boldsymbol{K}_4\mathbf{Tanh}(\boldsymbol{e}) \\ \boldsymbol{e} = \boldsymbol{s}_q + \boldsymbol{K}_2\boldsymbol{\varepsilon} \\ \boldsymbol{s}_q = \dot{\boldsymbol{s}}_1 + \boldsymbol{K}_1[\boldsymbol{s}_1]^{\varepsilon} \\ \dot{\boldsymbol{\varepsilon}} = \boldsymbol{K}_3\boldsymbol{s}_q + \mathrm{sign}(\boldsymbol{s}_q) \end{cases} \tag{8-57}$$

式中，$\mathrm{sign}(\boldsymbol{s}_q) = [\mathrm{sign}(s_{q,1}), \mathrm{sign}(s_{q,2})]^{\mathrm{T}}$，$[\boldsymbol{s}_1]^{\varepsilon} = [\mathrm{s}_{1,1}^{\varepsilon}, \mathrm{s}_{1,2}^{\varepsilon}]^{\mathrm{T}}$，$\varepsilon$ 和 K_i（$i=1,2,3,4$）为待设计参数。在式（8-57）中，$\boldsymbol{s}_1$ 为式（8-19）中定义的误差向量。根据 $\mathbf{tanh}(\bullet)$ 函数与 $\boldsymbol{J}^{\mathrm{T}}(\psi)$ 的性质，式（8-57）中的 $\boldsymbol{\tau}$ 明显有界。此外，有关参数调节的详细原则请参阅文献[20]。

注 8.8 从式（8-35）、式（8-53）与式（8-57）可知，与 ANNC 方法相比，AFTC 和 FTBC 结构更为简单。就计算负荷而言，FTBC 是最低的，因为其没有使用自适应技术，而 AFTC（8-35）中有一个未知参数需要在线更新，ANNC（8-53）中有两个参数需要在线更新。在控制设计中，AFTC 和 FTBC 方法不需要任何关于 MSV 模型参数的先验知识，但 m_{11} 和 m_{33} 必须精确已知。此外，由于 FTBC 方法是非自适应的，其对内部/外部不确定性不具有自适应性和鲁棒性。因此，AFTC

方法在工程实践中更具实用性。

ANNC 和 FTBC 方案下的仿真结果分别显示在情况 1 的图 8.1（a）～（e）和情况 2 的图 8.2（a）～（e）中，表 8.1 展示了性能指标的对比。从图 8.1（a）～（e）及表 8.1 可以明显看出，本节中提出的 AFTC 方法及 ANNC 和 FTBC 方法在情况 1 中表现出较好的控制性能。相比之下，从图 8.1（a）～（c）可得，所提方法的收敛速度要优于 ANNC 方法，FTBC 方法的收敛速度最快。由图 8.2（a）～（e）和表 8.1 可以看出，情况 2 中 ANNC 和 FTBC 方法的控制性能并不理想，尤其是在 ANNC 和 FTBC 方法下的瞬态性能明显下降。由图 8.2（d）可知，情况 2 中 ANNC 方法出现了严重的饱和，这表明本章的控制方案比文献[6]中的方法能够更有效地抑制输入饱和的影响。另外，由图 8.1（d）和图 8.2（d）可以看出，控制命令 τ_u 和 τ_r 超过了相应执行器的最大执行能力，且其变化率过高，难以被 MSV 的执行器执行。需要注意的是，情况 1 中，即使 FTBC 的控制性能是令人满意的，但执行器的输入饱和等物理限制在实际中仍会降低性能。另外，由表 8.1 可知，AFTC 方法下的 IAE 和 MIAC 指标均优于 ANNC 和 FTBC 方法。因此，仿真和对比研究进一步证明了所提出的跟踪控制方案在输入饱和条件下，对于受参数不确定和未知外界干扰的水面船舶跟踪控制问题的优越性。

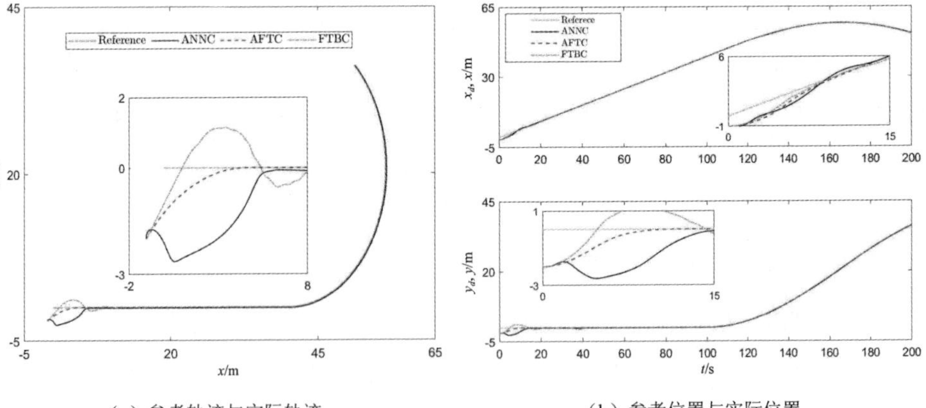

（a）参考轨迹与实际轨迹　　（b）参考位置与实际位置

图 8.1（一）　情况 1 下的仿真结果

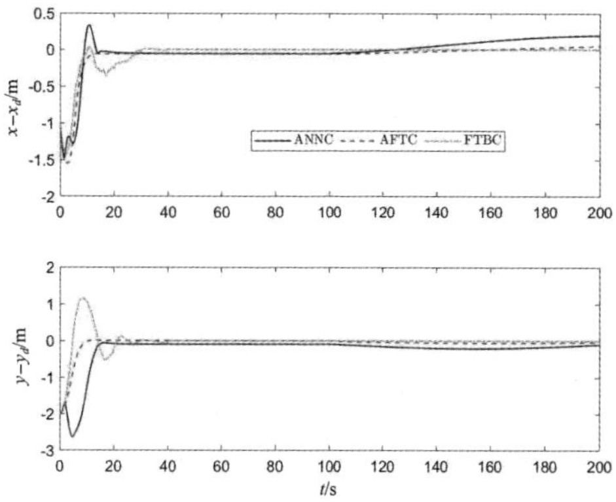

（c）跟踪误差

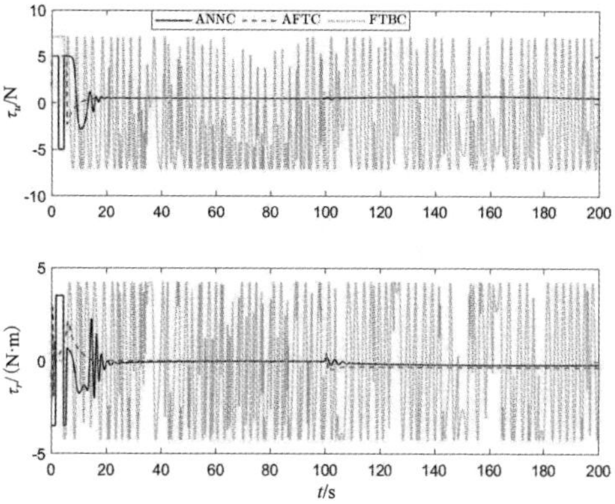

（d）控制输入

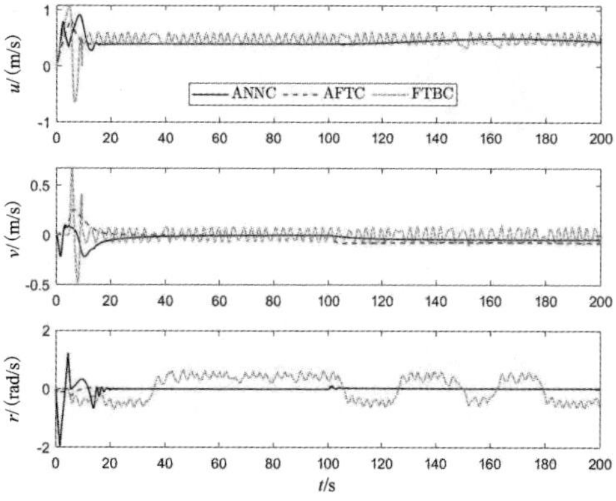

（e）水面船舶的速度

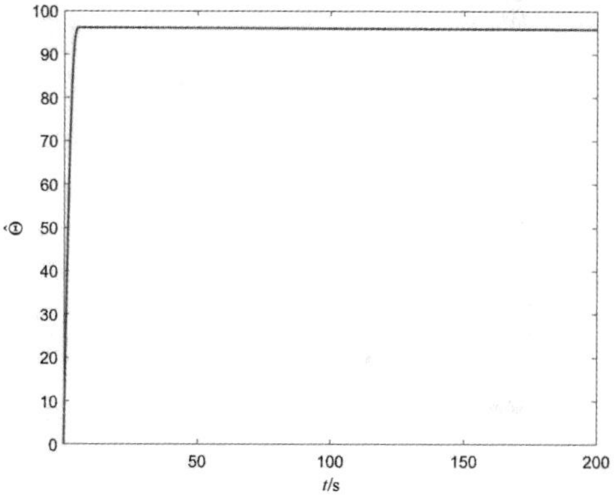

（f）自适应参数 $\hat{\Theta}$ 的变化

图 8.1（二）　情况 1 下的仿真结果

表 8.1　AFTC、ANNC 和 FTBC 方案的性能指标比较

指标	项目	AFTC		ANNC		FTBC	
		情况 1	情况 2	情况 1	情况 2	情况 1	情况 2
IAE	$x-x_d$	17.72	16.11	19.46	29.42	18.15	22.21
	$y-y_d$	14.41	14.3	21.98	43.96	17.02	42.94
MIAC	τ_u	0.7155	0.9135	0.8025	1.587	4.524	4.629
	τ_r	0.2348	0.5635	0.2581	1.126	2.637	2.701

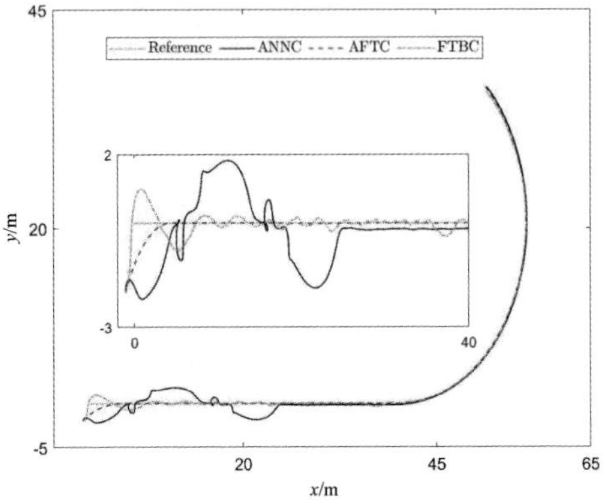

（a）参考轨迹和实际轨迹

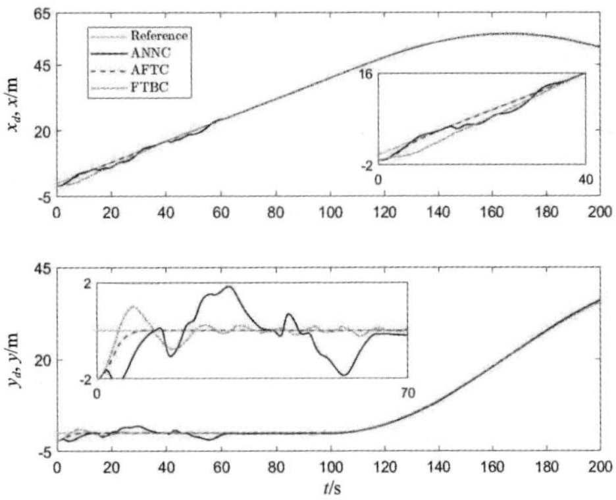

（b）参考位置和实际位置

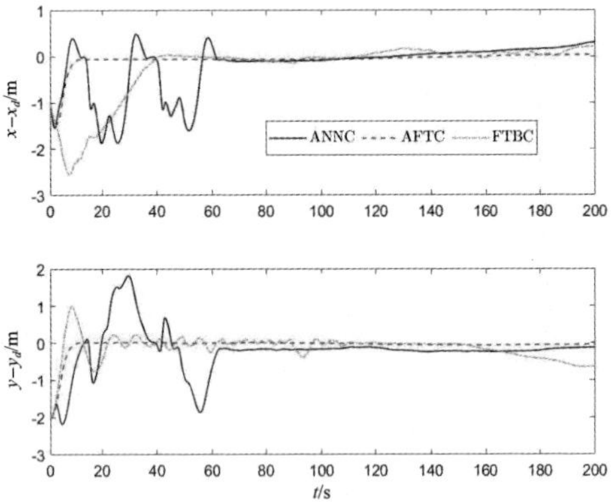

（c）跟踪误差

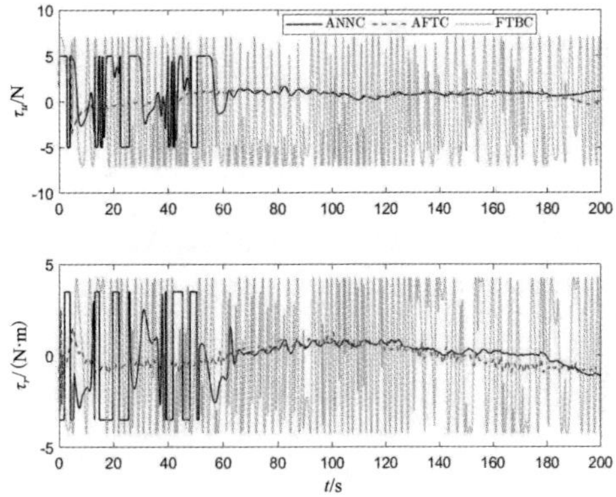

（d）控制输入

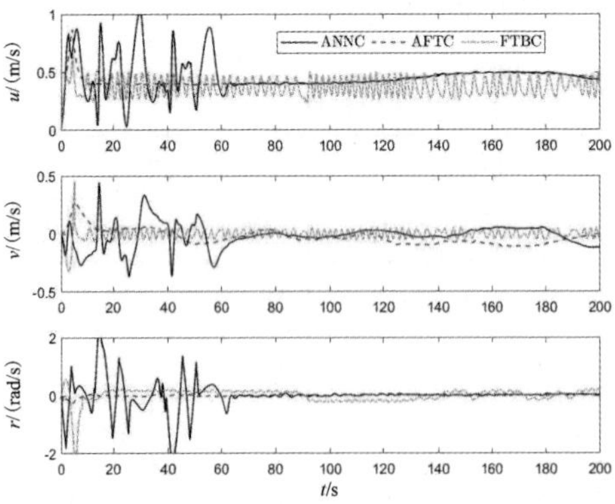

（e）船速 v

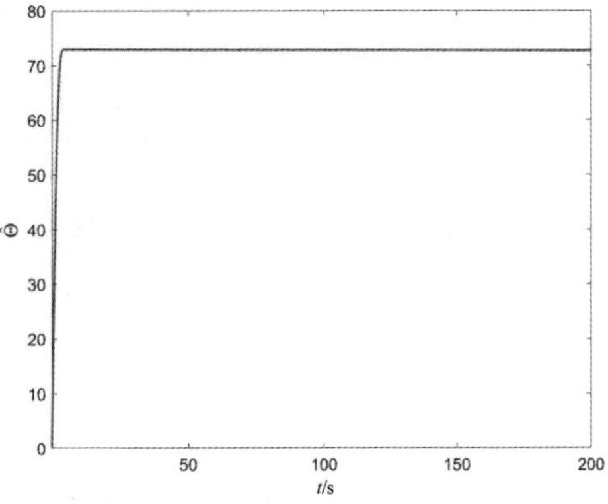

（f）Θ 估计值

图 8.2　方案 1 仿真图

8.4.2 鲁棒性测试

考虑到水面船舶模型参数受操纵条件和外界干扰的影响，模型存在时变扰动。故本小节考虑了具有时变扰动的模型参数，并通过仿真测试 AFTC 方法对不确定性的鲁棒性。表 8.2 列出了模型参数的时变扰动，外部扰动取$\boldsymbol{\tau}'_d=\boldsymbol{d}+\bar{\boldsymbol{\omega}}$，式中 $\boldsymbol{d}$ 和 $\bar{\boldsymbol{\omega}}$ 参见第 8.4.1 节。此外，参考轨迹$\boldsymbol{\eta}_d$ 也由式（8-51）生成。在三种不同的海洋扰动场景下进行模拟，即$\boldsymbol{\tau}_d=a\boldsymbol{\tau}'_d$，式中 $a=0$、1 或 1.5。

本章提出 AFTC 方法下的仿真结果和量化指标分别如图 8.3 和表 8.3 所示。图 8.3（a）～（d）分别为参考位置与实际位置、跟踪误差、跟踪误差的范数、控制输入。从图 8.3（a）可以看出，不同干扰水平下，即使模型参数存在时变扰动，所提出的 AFTC 方法也能保证控制性能。由图 8.3（b）～（c）和表 8.3 的 IAE 指标可以看出，当 $a=1.5$ 时，跟踪控制精度最好，文献[13,21]表明激励条件可以提高自适应控制性能和对不确定性的鲁棒性。但由图 8.2（d）和表 8.3 中的 MIAC 指标也可以发现，扰动水平越高，控制方案能耗越大，这是合理的，因为当 MSV 受到高水平扰动时，需要较大的控制输入$\boldsymbol{\tau}_i(i=u,r)$。因此，仿真结果表明，本章提出的 AFTC 方案对未知外部干扰不确定和时变扰动参数不确定性具有自适应能力和鲁棒性。

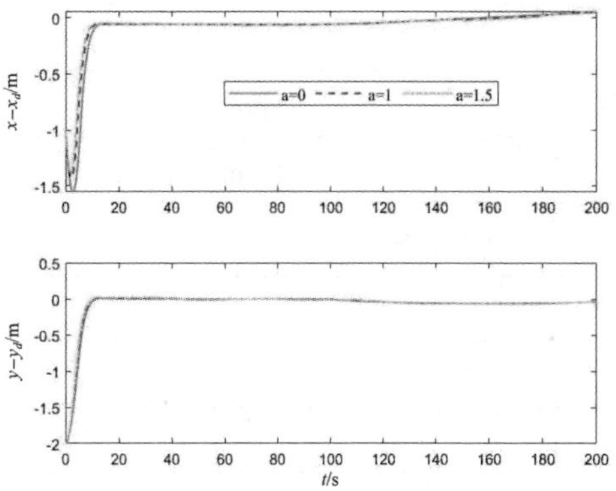

（a）参考位置与实际位置

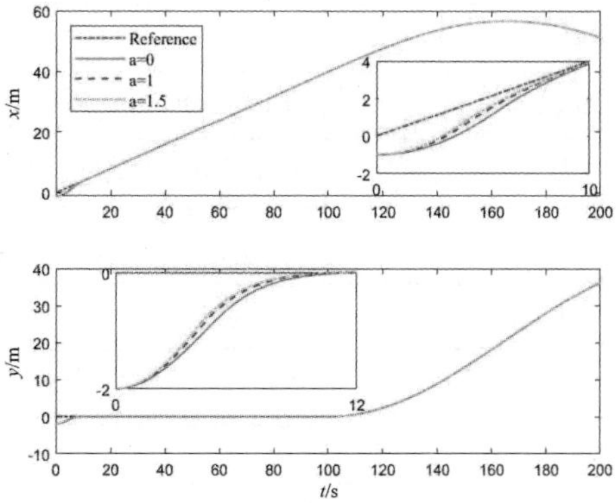

（b）跟踪误差

图 8.3（一） 在存在模型参数时变摄动时的仿真结果

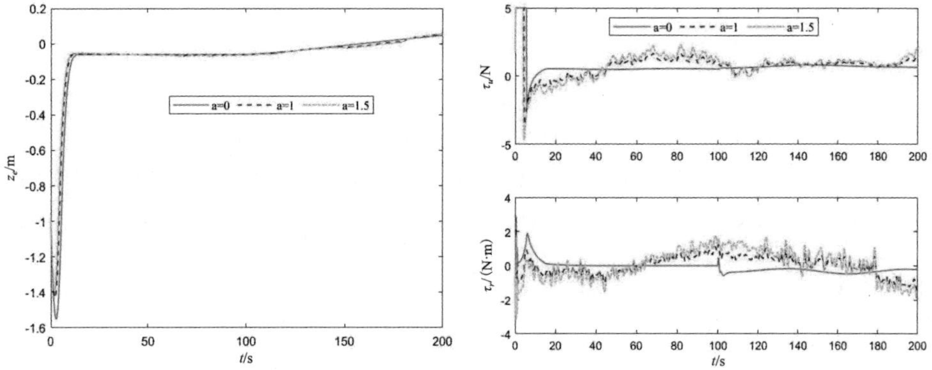

（c）跟踪误差的范数　　（d）控制输入

图 8.3（二）　在存在模型参数时变摄动时的仿真结果

表 8.2　模型参数的时变扰动

扰动参数	数值	单位
Δm_{11}	$0.1m_{11}\ \sin(0.01t)\cos(0.02t)$	kg
Δm_{22}	$0.1m_{22}\ \sin(0.1t)\cos(0.01t)$	kg
Δm_{33}	$0.1m_{33}\ \sin(0.01t)\cos(0.05t)$	kg
Δd_{11}	$0.1d_{11}\ \sin(0.1t)$	kg/s
Δd_{22}	$0.1d_{22}\ \sin(0.1t)$	kg/s
Δd_{33}	$0.1d_{22}\ \cos(0.1t)$	$kg/m^2·s$
Δd_u	$0.1d_u\ \sin(0.1t)$	kg/s
Δd_v	$0.1d_v\ \cos(0.1t)$	kg/m
Δd_r	$0.1d_r\ \sin(0.01t)\cos(0.1t)$	kg/m^2

表 8.3　三种干扰情况下的性能指标比较

指标	项目	$a=0$	$a=1$	$a=1.5$
IAE	$x-x_d$	17.89	16.23	15.79
	$y-y_d$	14.25	14.19	14.19
	z_e	25.09	23.49	23.1
MIAC	τ_u	0.732	0.934	1.113
	τ_r	0.218	0.467	0.734

8.5 结　论

本章提出了一种新的自适应有限时间跟踪控制方案，适用于输入饱和下具有参数不确定性和未知外部扰动的欠驱动水面船舶。理论分析表明，所提方案能确保欠驱动水面船舶的位置跟踪误差在原点附近的有限时间内收敛到一个小集合中，同时闭环跟踪控制中的所有信号是有界的。本方案可以消除横向函数方法所需的额外动态，克服基于 LOS 方法的限制。此外，因其只需要在线更新一个未知参数，所以计算负担较低。未来，只有在控制设计中可以获得欠驱动水面船舶的位置和航向信号时，本章所提出的控制方案才会扩展到更具挑战性的场景。

参考文献

[1] DENG Y, ZHANG X, IM N, et al. Event-triggered robust fuzzy path following control for underactuated ships with input saturation[J].Ocean Engineering, 2019,186: 113-122.

[2] JONATHAN R L, RANDAL W B, BRETT J Y. A decentralized approach to formation maneuvers[J]. IEEE Transactions Robotics and Automation, 2003, 19(6): 933-941.

[3] GAO T, HUANG J, ZHOU Y, et al. Robust adaptive tracking control of an underactuated ship with guaranteed transient performance[J]. International Journal of Systems Science, 2017, 48(2): 272-279.

[4] JIA Z, HU Z, ZHANG W. Adaptive output-feedback control with prescribed performance for trajectory tracking of underactuated surface vessels[J]. ISA Transactions, 2019, 95: 18-26.

[5] LIU Z. Practical backstepping control for underactuated ship path following associated with disturbances[J]. IET Intelligent Transport Systems, 2019, 13(5): 834-840.

[6] MU D, WANG G, FAN Y. Tracking control of podded propulsion unmanned surface vehicle with unknown dynamics and disturbance under input saturation[J]. International Journal of Control, Automation and Systems, 2018, 16(4): 1905-1915.

[7] PETTERSEN, K Y, LEFEBER E. Waypoint tracking control of ships[J]. IEEE Conference on Decision and Control, 2001, 940-945.

[8] ZHANG G, ZHANG X. Concise robust adaptive path-following control of underactuated ships using DSC and MLP[J]. IEEE Journal of Oceanic Engineering, 2014, 39(4): 685-694.

[9] WU Y, ZHANG Z, XIAO N.Global tracking controller for underactuated ship via switching design[J]. Journal of Dynamic Systems, Measurement, and Control, 2014, 136(5): 13-24.

[10] ZHANG G, DENG Y, ZHANG W. Robust neural path-following control for under-actuated ships with the DVS obstacles avoidance guidance[J]. Ocean Engineering, 2017, 143: 198-208.

[11] JIN X. Fault tolerant finite-time leader-follower formation control for autonomous surface vessels with LOS range and angle constraints[J].Automatica, 2016, 68: 228-236.

[12] CHEN L, CUI R, YANG C, et al. Adaptive neural network control of underactuated surface vessels with guaranteed transient performance: theory and experimental results[J]. IEEE Transactions on Industrial Electronics, 2019, 67(5): 4024-4035.

[13] DAI S, HE S, LIN H. Transverse function control with prescribed performance guarantees for underactuated marine surface vehicles[J]. International Journal of Robust Nonlinear Control, 2019, 29(5): 1577-1596.

[14] DAI S, HE S, WANG M, et al. Adaptive neural control of underactuated surface vessels with prescribed performance guarantees[J]. IEEE Transactions on Neural Networks and Learning Systems, 2019, 30(12): 3686-3698.

[15] HUANG J, WEN C, WANG W, et al. Global stable tracking control of underactuated ships with input saturation[J]. Systems and Control Letter, 2015, 85: 1-7.

[16] LIU Z. Practical backstepping control for underactuated ship path following associated with disturbances[J]. IET Intelligent Transport Systems, 2019, 13(5): 834-840.

[17] WAN L, ZENG J, LI Y, et al. Neural observer based path following control for underactuated unmanned surface vessels with input saturation and time-varying disturbance[J]. International Journal of Advanced Robotic Systems, 2019, 15: 1-17.

[18] GHOMMAM J, FERIK S E, SAAD M. Robust adaptive path-following control of underactuated marine vessel with off-track error constraint[J]. International Journal of Systems Science, 2018, 49(7): 1540-1558.

[19] FOSSEN T I. Handbook of marine craft hydrodynamics and motion control[M]. New York: Wiley, 2011.

[20] PLIEGO J J, ARTEAGA P, LOPEZ R M. Finite-time control for rigid robots with bounded input torques[J]. Control Engineering Practice, 2020, 102(1): 104556.

[21] IOANNOU P A, SUN J. Robust adaptive control[M]. New York: Prentice-Hall, 1995.

第 9 章　输入饱和下欠驱动船舶自适应神经容错跟踪控制

本章研究欠驱动水面船舶存在内部和外部不确定的跟踪控制问题。考虑到执行器会出现不必要的故障和输入饱和的事实，利用高斯误差函数的光滑性，引入了一种新的饱和函数来代替每个非光滑执行器的饱和非线性，结合船位重定义方法，将欠驱动水面船舶的运动学模型转化为标准的积分级联形式，从而使用向量设计方法来解决欠驱动水面船舶的控制问题。将神经网络技术和虚拟参数学习算法与向量设计方法相结合，引入事件触发机制，提出一种新的事件触发间接神经自适应容错控制方案。

9.1　问 题 描 述

本章考虑执行器失效故障及偏置故障，表示如下：

$$\tau_i^f = \varrho_i \tau_i + \sigma_i,\ \ i = u, r \tag{9-1}$$

式中，τ_i为实际控制输入，ϱ_i为失效故障，σ_i为偏置故障。

注 9.1　失效故障又称乘性故障，偏置故障又称加性故障。在本章中，$\varrho_i = 1$和$\sigma_i = 0$表示水面船舶执行器无故障；$0 < \varrho_i < 1$和$\sigma_i = 0$表示水面船舶存在执行器失效故障；$\varrho_i = 0$表示水面船舶执行器整体失效。本章不考虑$\varrho_i \neq 0$的情况，否则将导致欠驱动 MSV 不可控。

注 9.2　根据文献[1-5]，式（9-1）是关于水面船舶执行器故障的常见描述。失效故障表示在故障情况下执行器存在增益不确定，而偏置故障指在实际控制输入的通道中出现的故障。另外需注意的是，文献[3]只考虑失效故障ϱ_i，文献[4]只考虑偏置故障σ_i。在文献[2,5]中，虽然考虑失效故障和 LOE 故障两种类型故障，但需要故障模型中ϱ_i的先验知识。在本章控制设计中，ϱ_i和σ_i是未知的，对比之下，本工作更具有普遍性。

在工程实践中，由于水面船舶推进系统的物理限制，所设计的控制命令$\tau_{u,c}$和$\tau_{r,c}$受饱和约束的影响，其表达式为

$$\tau_i = \begin{cases} \mathrm{sgn}(\tau_i, c)\tau_{i,\max}, & |\tau_{i,c}| > \tau_{i,\max} \\ \tau_{i,c}, & |\tau_{i,c}| \leqslant \tau_{i,\max} \end{cases} \tag{9-2}$$

式中，$\tau_{i,\max}$是控制力或力矩的最大值。

假设 9.1 模型参数m_ι和非线性动态项$f_\iota(\boldsymbol{\upsilon})$是未知的。

假设 9.2 干扰$\tau_{d,\iota}$和偏置故障σ_i需满足$|\tau_{d,\iota}| \leqslant \bar{d}_l$和$\sigma_i \leqslant \bar{\sigma}_i$。

假设 9.3 欠驱动水面船舶的横漂速度$\boldsymbol{\upsilon}$是无源有界的。

假设 9.4 参考信号x_d和y_d，$\dot{x}_d$、$\dot{y}_d$、$\ddot{x}_d$和$\ddot{y}_d$是有界的。

控制目标：本章旨在针对受不确定性、执行器故障和输入饱和影响的欠驱动水面船舶跟踪控制问题，设计容错控制方案，并最终实现以下目标：

（1）由触发机制引起的芝诺行为得以避免。

（2）本章提出的控制策略可以解决输入饱和、执行器故障和不确定性等问题。

（3）欠驱动水面船舶闭环跟踪控制系统中的所有信号都能保证渐近一致有界，实际轨迹$\boldsymbol{\eta} = [x, y]^{\mathrm{T}}$能够跟踪上参考轨迹$\boldsymbol{\eta}_d = [x_d, y_d]^{\mathrm{T}}$。

9.2 坐标变换

本章控制对象是欠驱动水面船舶，在此情况下，根据文献[6]为第 2 章所描述的运动控制系统引入了一种不同的位置输出方法，以有效解决欠驱动系统的控制设计问题。基于此，本章将船位重定义方法引入水面船舶的运动控制问题，引入一个新变量$\bar{\boldsymbol{\eta}} = [\bar{x}, \bar{y}]^{\mathrm{T}}$，具体形式如下：

$$\begin{cases} \dot{\bar{x}} = x + \ell\cos(\psi) \\ \dot{\bar{y}} = y + \ell\sin(\psi) \end{cases} \tag{9-3}$$

式中，ℓ是一个大于 0 的常数，表示大地坐标系中水面船舶的实际位置$\boldsymbol{\eta}$与新定

义的位置$\bar{\boldsymbol{\eta}}$之间的距离。在实际应用中，可选择使$\bar{\boldsymbol{\eta}}$与 MSV 某一传感器的位置相吻合的常数ℓ。

注 9.3 文献[6]解决了一阶非完整独轮车的控制问题，得到独轮车的模型为

$$\begin{cases} \dot{x} = v\cos(\psi) \\ \dot{y} = v\sin(\psi) \\ \dot{\psi} = \omega \end{cases} \tag{9-4}$$

式中，v和ω是控制输入，$\boldsymbol{C}_v = [x, y]^{\mathrm{T}}$是独轮车在水平面上的位置，$\psi$是方向角。可以看出，该模型与第 2 章所描述的运动学模型相似，不同之处在于第 2 章中横漂速度v具有不受控的动力学特征。为解决非完整控制问题，文献[6]重新定义$\boldsymbol{C}_v$为$\boldsymbol{P}_v = \boldsymbol{C}_v + \ell[\cos(\psi), \sin(\psi)]^{\mathrm{T}}$。独轮车与欠驱动水面船舶运动学模型的相似性以及重新定义的位置$\boldsymbol{P}_v$建立坐标变换（9-3）。

注 9.4 如图 9.1 所示，$\bar{\eta}$点是由间接作用于点B上的控制输入驱动的。特别的，B点沿纵向的驱动力也会对$\bar{\eta}$点产生纵向驱动。此外，B点上绕偏航轴的作用力矩还会在$\bar{\eta}$点上产生一个与之成正比的偏航方向力矩ℓ。需注意的是，根据式(9-3)，该常数直接影响水面船舶的实际跟踪精度，当$\bar{x} \to x$，$\bar{y} \to y$时，$\ell \to 0$，说明常数ℓ越小，水面船舶的跟踪控制精度越高。

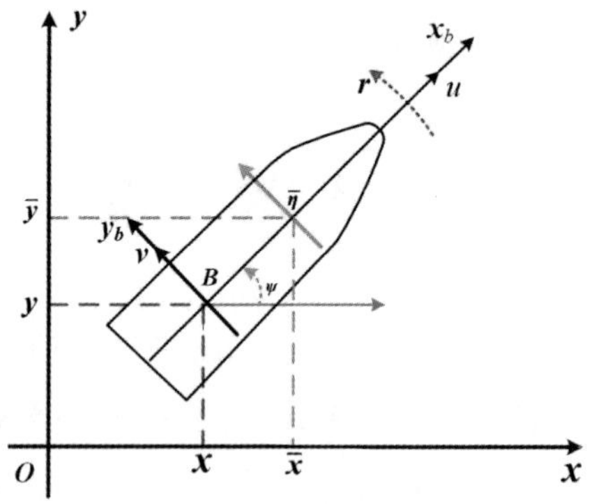

图 9.1 重新定义的 MSV 重心点

对式（9-3）两边同时求二阶导，并结合欠驱动水面船舶运动学及动力学数学模型可得

$$\ddot{\bar{\boldsymbol{\eta}}} = \boldsymbol{\beta}_{xy} + \boldsymbol{J}(\psi)\boldsymbol{\vartheta}_m(\varrho\boldsymbol{\tau} + \boldsymbol{\sigma}) + \boldsymbol{\tau}_d \tag{9-5}$$

式中，$\boldsymbol{\beta}_{xy}=[\beta_x(s),\beta_y(s)]^{\mathrm{T}}$，$\tilde{\boldsymbol{n}}=\operatorname{diag}(\tilde{n}_u,\tilde{n}_r)$，$\boldsymbol{\tau}=[\tau_u,\tau_r]^{\mathrm{T}}$，$\boldsymbol{\sigma}=[\sigma_u,\sigma_r]^{\mathrm{T}}$，$\boldsymbol{\vartheta}_m=\operatorname{diag}(m_u^{-1},\ \ell m_r^{-1})$，$\boldsymbol{J}(\psi)=\begin{bmatrix}\cos(\psi) & -\sin(\psi)\\ \sin(\psi) & \cos(\psi)\end{bmatrix}$ 及 $\boldsymbol{\tau}_d=[\tau_{d_x},\tau_{d_y}]^{\mathrm{T}}$。显然，$\boldsymbol{J}(\psi)\boldsymbol{J}^{\mathrm{T}}(\psi)=\boldsymbol{I}_2$ 和 $\boldsymbol{\vartheta}_m$ 是一个正定矩阵。另外，$\beta_x(s)$ 和 $\beta_y(s)$ 的详细表达式及式（9-5）的详细推理过程如下。

对式（9-3）两边求导，结合欠驱动水面船舶运动学及动力学模型得

$$\begin{cases}\ddot{x}=\dot{u}\cos(\psi)-(\dot{\upsilon}+\ell\dot{r})\sin(\psi)-f_x(\boldsymbol{s})\\ \ddot{y}=\dot{u}\cos(\psi)+(\dot{\upsilon}+\ell\dot{r})\cos(\psi)+f_y(\boldsymbol{s})\end{cases}\tag{9-6}$$

式中，$\boldsymbol{s}=[u,v,r,\psi]$，且

$$\begin{cases}f_x(s)=ur\sin(\psi)+(vr+\ell r^2)\cos(\psi)\\ f_y(s)=ur\cos(\psi)+(vr+\ell r^2)\sin(\psi)\end{cases}\tag{9-7}$$

结合欠驱动水面船舶运动学及动力学模型和式（9-6）可得

$$\ddot{x}=\beta_x(\boldsymbol{s})+\frac{\cos(\psi)}{m_u}\tau_u^f-\frac{\ell\sin(\psi)}{m_r}\tau_r^f+\tau_{d_x}\tag{9-8}$$

$$\ddot{y}=\beta_y(\boldsymbol{s})+\frac{\sin(\psi)}{m_u}\tau_u^f+\frac{\ell\cos(\psi)}{m_r}\tau_r^f+\tau_{d_y}\tag{9-9}$$

式中

$$\begin{cases}\beta_x(\boldsymbol{s})=f_u(\boldsymbol{\upsilon})\cos(\psi)-[f_\upsilon(\boldsymbol{\upsilon})+\ell f_r(\boldsymbol{\upsilon})\sin(\psi)-f_x(\boldsymbol{s})]\\ \beta_y(\boldsymbol{s})=f_u(\boldsymbol{\upsilon})\sin(\psi)+[f_\upsilon(\boldsymbol{\upsilon})+\ell f_r(\boldsymbol{\upsilon})\cos(\psi)+f_y(\boldsymbol{s})]\end{cases}\tag{9-10}$$

且

$$\begin{cases}\tau_{d_x}=\dfrac{\tau_{d,u}}{m_u}\cos(\psi)-\left(\dfrac{\tau_{d,\upsilon}}{m_u}+\dfrac{\ell\tau_{d,r}}{m_r}\right)\sin(\psi)\\ \tau_{d_y}=\dfrac{\tau_{d,u}}{m_u}\sin(\psi)+\left(\dfrac{\tau_{d,\upsilon}}{m_u}+\dfrac{\ell\tau_{d,r}}{m_r}\right)\cos(\psi)\end{cases}\tag{9-11}$$

结合式（9-1）和式（9-8）～式（9-10）可得式（9-5）。

由式（9-2）可知，实际控制信号 $\tau_i\ i=(u,r)$ 是关于 $\tau_{i,c}$ 的分段连续函数，具有非光滑非线性。这使得控制设计对于实际目标来说更加困难[7-8]。为此，利用高斯误差函数取代饱和非线性模型（9-2），可以描述为

$$\omega_i(\tau_{i,c}) = \tau_{i,\max}\mathcal{G}\left(\frac{\sqrt{\pi}\tau_{i,c}}{2\tau_{i,\max}}\right) \tag{9-12}$$

式中，$\mathcal{G}(\bullet)$为高斯误差函数，定义为$\mathcal{G}(J) = \frac{2}{\sqrt{\pi}}\int_0^J \exp^{-\iota^2}\,\mathrm{d}\iota$。另外，有

$$\tau_i = \omega_i(\tau_{i,c}) + \delta_i(\tau_{i,c}) \tag{9-13}$$

式中，$\delta_i(\tau_{i,c})$为近似误差，满足$\left|\delta_i(\tau_{i,c})\right| = \left|\tau_i - \omega_i\right| \leqslant \ae_i$，$\ae_i$是一个未知常数。

利用中值定理，$\omega_i(\tau_{i,c})$可表示为

$$\omega_i(\tau_{i,c}) = \omega_i(\breve{\tau}_{i,c}) + \mu_i(\tau_{i,c} - \breve{\tau}_{i,c}) \tag{9-14}$$

式中，$\mu_i = \exp[-(\sqrt{\pi}\tau_{i,c}^p / 2\tau_{i,\max})^2]$和$\tau_{i,c}^p = p\tau_{i,c} + (1-p)\breve{\tau}_{i,c}$，$0 < p < 1$。令$\breve{\tau}_{i,c} = 0$，可得

$$\tau_i = \mu_i\tau_{i,c} + \delta_i(\tau_{i,c}) \tag{9-15}$$

由μ_i的表达式可知，μ_i有界并满足$0 < \mu_i \leqslant 1$，对$\forall\tau_{i,c} \in \mathbf{R}$，即存在一个未知常数$\epsilon_i > 0$满足$\epsilon_i \leqslant \mu_i$。其中，$\epsilon_0 = \min\{\epsilon_\mu, \epsilon_r\}$，$\epsilon_0$是一个未知的正常数。

结合式（9-5）与式（9-15）可得

$$\ddot{\boldsymbol{\eta}} = \boldsymbol{\beta}_{xy} + \boldsymbol{J}(\psi)\boldsymbol{\vartheta}_m^{\varrho}(\boldsymbol{\mu})\boldsymbol{\tau}_{\mathrm{c}} + \boldsymbol{d} \tag{9-16}$$

式中，$\boldsymbol{\vartheta}_m^{\varrho}(\boldsymbol{\mu}) = \mathrm{diag}\left(\frac{\varrho_u\mu_u}{m_u}, \frac{\ell\varrho_r\mu_r}{m_r}\right)$，$\boldsymbol{\tau}_c = [\tau_{u,c}, \tau_{r,c}]^{\mathrm{T}}$，$\boldsymbol{d} = \boldsymbol{J}(\psi)\boldsymbol{\vartheta}_m(\boldsymbol{\varrho\delta} + \boldsymbol{\sigma}) + \boldsymbol{\tau}_d$，$\boldsymbol{\delta} = [\delta_u(\tau_{u,c}), \delta_r(\tau_{r,c})]^{\mathrm{T}}$。根据假设 9.1、假设 9.2 及$\boldsymbol{J}(\psi)\boldsymbol{J}^{\mathrm{T}}(\psi) = \boldsymbol{I}_2$，类干扰项$\boldsymbol{d}$以$\bar{d}$为界，即$\|\boldsymbol{d}\| \leqslant \bar{d}$。此外，由于$\left|\delta_i(\tau_{i,c})\right| \leqslant \ae_i$，$\|\boldsymbol{\delta}\| \leqslant \bar{\delta}$且$\bar{\delta} > 0$是一个标量。由于$\boldsymbol{\vartheta}_m$、$\boldsymbol{\varrho}$和$\boldsymbol{\mu}$的正定性质，存在一个未知常数$\Theta > 0$满足

$$\Theta \leqslant \lambda_{\min}[\boldsymbol{\vartheta}_m^{\varrho}(\boldsymbol{\mu})] \tag{9-17}$$

注 9.5 由式（9-16）可得，利用船位重定义方法将欠驱动水面船舶的数学运动模型转化为标准级联积分形式。此外，增益矩阵$\boldsymbol{\vartheta}_m^{\varrho}(\boldsymbol{\mu})$在$\ell = 0$时是奇异的，这意味着式（9-16）中描述的系统是不可控的。矩阵$\boldsymbol{\vartheta}_m^{\varrho}(\boldsymbol{\mu})$在$\ell \neq 0$时是非奇异的，且式（9-16）存在一个具有明确定义的相对度，能将无相对阶的欠驱动水面船舶动力学数学模型转化为相对维为 2 的动力学方程。

注 9.6 文献[9-12]为保证欠驱动水面船舶闭环跟踪控制系统的稳定性，隐含假设航向跟踪误差ψ小于 0.5π。文献[13-15]为实现向量设计，克服基于 LOS 方法的隐

含假设，在动力学部分的横漂速度中引入了一个额外动态。显然，隐含假设导致了基于 LOS 方法的保守性，而附加的动态不可避免地增加了欠驱动水面船舶控制系统的复杂性。根据式（9-16），本研究可完全摒弃隐含假设和附加动态，克服基于 LOS 方法和 AC 方法的缺点，使控制设计方法更加灵活。

注 9.7 根据注 9.4，由于采用坐标变换（9-3）未改变欠驱动水面船舶的跟踪控制任务，即只要 $\bar{\boldsymbol{\eta}}$ 能够跟踪上参考轨迹 $\boldsymbol{\eta}_d$，并确保跟踪误差 $\bar{\boldsymbol{\eta}}-\boldsymbol{\eta}_d$ 收敛到紧集 $\boldsymbol{\Omega}_{\bar{\eta}}$，实际跟踪误差 $\boldsymbol{\eta}-\boldsymbol{\eta}_d$ 因 $\|\bar{\boldsymbol{\eta}}\|\leqslant\|\boldsymbol{\eta}\|+\ell$ 也可以收敛到紧集 $\boldsymbol{\Omega}_{\eta}$。

注 9.8 对欠驱动船舶运动学及动力学模型两边取二阶导数，可得

$$\begin{cases}\ddot{x}=\dot{u}\cos(\psi)-\dot{\upsilon}\sin(\psi)-[u\sin(\psi)+\upsilon\cos(\psi)]r\\ \ddot{y}=\dot{u}\sin(\psi)+\dot{\upsilon}\cos(\psi)-[\upsilon\sin(\psi)-u\cos(\psi)]r\end{cases}\tag{9-18}$$

通过上述运算可以构造积分级联形式。然而，由欠驱动水面船舶运动学数学模型可知，控制变量 τ_r 未出现在该动力学方程中。这种情况下，控制设计中必须使用变量 r 作为虚拟控制变量，实际控制输入 τ_r 无法实现对欠驱动水面船舶的跟踪控制。显然，与本章提出的方法相比，这种操作将使整个设计过程复杂化。

9.3 控制设计与稳定性分析

本节针对受动态不确定性、外界干扰、执行器故障和输入饱和等因素影响的欠驱动水面船舶闭环跟踪控制系统，提出事件触发自适应神经容错控制方法，以确保所有信号最终一致有界。引入欠驱动水面船舶的船位重定义位置跟踪误差，结合间接神经网络的逼近方法和事件触发机制，为系统（9-16）设计了事件触发自适应神经容错控制律。

位置跟踪误差 $\boldsymbol{e}=[e_1,e_2]^{\mathrm{T}}$ 定义为

$$\boldsymbol{e}=\bar{\boldsymbol{\eta}}-\boldsymbol{\eta}_d\tag{9-19}$$

根据式（9-19），有 $\dot{\boldsymbol{e}}=\dot{\bar{\boldsymbol{\eta}}}-\dot{\boldsymbol{\eta}}_d$。重定义后的位置跟踪误差定义为

$$\boldsymbol{\chi}=\dot{\boldsymbol{e}}+\boldsymbol{\gamma}\boldsymbol{e}\tag{9-20}$$

式中，$\boldsymbol{\gamma}=\mathrm{diag}(\gamma_1,\gamma_2)$，$\gamma_\iota>0(\iota=1,2)$ 为待设计参数。对式（9-20）进行微分并结合式（9-16）得

$$\dot{\boldsymbol{\chi}} = \boldsymbol{\beta}_{xy} + \boldsymbol{J}(\psi)\boldsymbol{\vartheta}_m^{\varrho}(\boldsymbol{\mu})\boldsymbol{\tau}_c + \boldsymbol{d} + \gamma\dot{\boldsymbol{e}} - \ddot{\boldsymbol{\eta}}_d \tag{9-21}$$

根据假设 9.1，向量 $\boldsymbol{\beta}_{xy}$ 未知，不能直接用来设计解决欠驱动水面船舶跟踪控制问题的控制律。因此，采用径向基函数神经网络逼近技术重构未知项 $\boldsymbol{\beta}_{xy}$ 的 2 范数：

$$\left\|\boldsymbol{\beta}_{xy}\right\| = \boldsymbol{W}^{*\mathrm{T}}\boldsymbol{\phi}(\boldsymbol{s}) + \varepsilon^* \tag{9-22}$$

式中，$\boldsymbol{W}^* = [W_1^*,\cdots,W_l^*]^{\mathrm{T}}$ 是未知权重向量；$\boldsymbol{\phi}(\boldsymbol{s}) = \left[\phi(\boldsymbol{s})_1,\cdots,\phi(\boldsymbol{s})_l\right]^{\mathrm{T}}$ 是基函数向量；ε^* 是有界逼近误差。令

$$H(\boldsymbol{s}) = \boldsymbol{\beta}_{xy} + \boldsymbol{d} + \gamma\dot{\boldsymbol{e}} - \ddot{\boldsymbol{\eta}}_d \tag{9-23}$$

由式（9-22），对 $H(\boldsymbol{s})$ 进行如下变化：

$$\begin{aligned} \left\|H(\boldsymbol{s})\right\| &\leqslant \boldsymbol{W}^{*\mathrm{T}}\boldsymbol{\phi}(\boldsymbol{s}) + \varepsilon^* + \left\|\boldsymbol{d} - \ddot{\boldsymbol{\eta}}_d\right\| + \left\|\gamma\dot{\boldsymbol{e}}\right\| \\ &\leqslant \left\|\boldsymbol{W}^{*\mathrm{T}}\right\|\left\|\boldsymbol{\phi}(\boldsymbol{s})\right\| + \left|\varepsilon^*\right| + \left\|\boldsymbol{d} - \ddot{\boldsymbol{\eta}}_d\right\| + \left\|\gamma\dot{\boldsymbol{e}}\right\| \\ &\leqslant \Xi N(\boldsymbol{s}) \end{aligned} \tag{9-24}$$

式中，$\Xi = \max\left\{\left\|\boldsymbol{W}^{*\mathrm{T}}\right\|, \left|\varepsilon^*\right|, \left\|\boldsymbol{d} - \ddot{\boldsymbol{\eta}}_d\right\|, 1\right\}$ 是一个大于 0 的未知常数，$N(\boldsymbol{s}) = \left\|\boldsymbol{\phi}(\boldsymbol{s})\right\| + \left\|\boldsymbol{\gamma e}\right\| + 1$ 是一个标量函数，是可计算的。

注 9.9 根据式（9-23），$H(\boldsymbol{s})$ 项包括未知部分 $\boldsymbol{\beta}_{xy} + \boldsymbol{d}$ 和已知部分 $\gamma\dot{\boldsymbol{e}} - \ddot{\boldsymbol{\eta}}_d$，两者都具有明确的物理意义。式（9-24）中，$\Xi$ 没有明确物理意义，故称为虚拟参数。

注 9.10 由式（9-5）可知，$\boldsymbol{\beta}_{xy}$ 为二维向量，根据假设 9.1 知其是未知的，利用神经网络逼近技术可以在线重建。如果使用基于直接神经网络的近似方法重构 $\boldsymbol{\beta}_{xy}$，需要使用两个径向基函数神经网络结构。当采用该神经适应控制律时，需要在线更新 $2l$ 个参数，这会增加计算负担。为解决这个问题，本书采用了一种基于间接神经网络的逼近方法，见式（9-22），只使用一个径向基函数神经网络。与文献[12,15-20,22]中基于直接神经网络的逼近方法相比，基于间接神经网络的逼近方法可以减少计算量。

注 9.11 从式（9-24）中可知，$\ddot{\boldsymbol{\eta}}_d$ 是未知的，但一定存在。这意味着 $\ddot{\boldsymbol{x}}_d$ 和 $\ddot{\boldsymbol{y}}_d$ 无法获得，但必定有界。与文献[5,17-19,21,23-24]在控制设计中必须使用 $\ddot{\boldsymbol{x}}_d$ 和 $\ddot{\boldsymbol{y}}_d$ 相比，本文提出的跟踪控制方案更加实用。

结合式（9-21）～式（9-23）可得

$$\boldsymbol{\chi}^{\mathrm{T}}\dot{\boldsymbol{\chi}}=\boldsymbol{\chi}^{\mathrm{T}}\boldsymbol{H}(\boldsymbol{s})+\boldsymbol{\chi}^{\mathrm{T}}\boldsymbol{J}(\psi)\boldsymbol{\vartheta}_m^{\varrho}(\boldsymbol{\mu})\boldsymbol{\tau}_c\leqslant\|\boldsymbol{\chi}\|\Xi N(s)+\boldsymbol{\chi}^{\mathrm{T}}\boldsymbol{J}(\psi)\boldsymbol{\vartheta}_m^{\varrho}(\boldsymbol{\mu})\boldsymbol{\tau}_c \tag{9-25}$$

对于式（9-24）中的$\|\boldsymbol{\chi}\|\Xi N(\boldsymbol{s})$，使用引理 2.2 可得

$$\|\boldsymbol{\chi}\|\Xi N(\boldsymbol{s})\leqslant\Xi\boldsymbol{\chi}^{\boldsymbol{T}}\boldsymbol{\chi}N^2(\boldsymbol{s})+\frac{\Xi}{4} \tag{9-26}$$

将式（9-26）代入式（9-25）可得

$$\begin{aligned}\boldsymbol{\chi}^{\mathrm{T}}\dot{\boldsymbol{\chi}}&\leqslant\Xi\boldsymbol{\chi}^{\mathrm{T}}\boldsymbol{\chi}N^2(\boldsymbol{s})+\boldsymbol{\chi}^{\mathrm{T}}\boldsymbol{J}(\psi)\boldsymbol{\vartheta}_m^{\varrho}(\boldsymbol{\mu})\boldsymbol{\tau}_c+\frac{\Xi}{4}\\&=-\kappa\boldsymbol{\chi}^{\mathrm{T}}\boldsymbol{\chi}+\boldsymbol{\chi}^{\mathrm{T}}\boldsymbol{\alpha}+\boldsymbol{\chi}^{\mathrm{T}}\boldsymbol{J}(\psi)\boldsymbol{\vartheta}_m^{\varrho}(\boldsymbol{\mu})\boldsymbol{\tau}_c+\frac{\Xi}{4}+\tilde{\Xi}^{\mathrm{T}}\boldsymbol{\chi}^{\mathrm{T}}\boldsymbol{\chi}N^2(\boldsymbol{s})\end{aligned} \tag{9-27}$$

式中，κ 是待设计参数，$\boldsymbol{\alpha}=\kappa\boldsymbol{\chi}+\hat{\Xi}\boldsymbol{\chi}\boldsymbol{N}^2(s)$，$\hat{\Xi}$ 为Ξ 的估计值，估计误差$\tilde{\Xi}=\Xi-\hat{\Xi}$。

为欠驱动水面船舶的轨迹跟踪控制系统构造如下李雅普诺夫函数：

$$V=\frac{1}{2}\boldsymbol{\chi}^{\mathrm{T}}\boldsymbol{\chi}+\frac{1}{2b_{\Xi}}\tilde{\Xi}^2+\frac{\Theta}{2b_{\Theta}}\tilde{\theta}^2 \tag{9-28}$$

式中，$b_{\Xi}>0$ 且 $b_{\Theta}>0$ 为待设计参数，且 $\tilde{\theta}$ 是 θ 的估计误差，$\theta=\Theta^{-1}$。

求 V 关于时间的一阶导数并结合式（9-27）得到

$$\begin{aligned}\dot{V}\leqslant&-\kappa\boldsymbol{\chi}^{\mathrm{T}}\boldsymbol{\chi}+\boldsymbol{\chi}^{\mathrm{T}}\boldsymbol{\alpha}+\left(\boldsymbol{J}^{\mathrm{T}}(\psi)\boldsymbol{\chi}\right)^{\mathrm{T}}\boldsymbol{\vartheta}_m^{\varrho}(\boldsymbol{\mu})\boldsymbol{\tau}_c+\frac{\Xi}{4}+\\&\tilde{\Xi}^{\mathrm{T}}\boldsymbol{\chi}^{\mathrm{T}}\boldsymbol{\chi}N^2(s)-\frac{1}{b_{\Xi}}\tilde{\Xi}\dot{\hat{\Xi}}-\frac{\Theta}{b_{\Theta}}\tilde{\theta}\dot{\hat{\theta}}\end{aligned} \tag{9-29}$$

令

$$\bar{\boldsymbol{\alpha}}=-\frac{\hat{\theta}^2\boldsymbol{J}^{\mathrm{T}}(\psi)\boldsymbol{\chi}\boldsymbol{\alpha}^{\mathrm{T}}\boldsymbol{\alpha}}{\sqrt{\hat{\theta}^2\boldsymbol{\chi}^{\mathrm{T}}\boldsymbol{\chi}\boldsymbol{\alpha}^{\mathrm{T}}\boldsymbol{\alpha}+\varsigma^2}} \tag{9-30}$$

式中，ς 为待设计参数。

对式（9-29）的右侧加减$[\boldsymbol{J}^{\mathrm{T}}(\psi)\boldsymbol{\chi}]^{\mathrm{T}}\boldsymbol{\vartheta}_m^{\varrho}(\boldsymbol{\mu})\bar{\boldsymbol{\alpha}}$，得

$$\begin{aligned}\dot{V}\leqslant&-\kappa\boldsymbol{\chi}^{\mathrm{T}}\boldsymbol{\chi}+\boldsymbol{\chi}^{\mathrm{T}}\boldsymbol{\alpha}+[\boldsymbol{J}^{\mathrm{T}}(\psi)\boldsymbol{\chi}]^{\mathrm{T}}\boldsymbol{\vartheta}_m^{\varrho}(\boldsymbol{\mu})\bar{\boldsymbol{\alpha}}-\frac{\Theta}{b_{\Theta}}\tilde{\theta}\dot{\hat{\theta}}+\frac{\Xi}{4}+\\&[\boldsymbol{J}^{\mathrm{T}}(\psi)\boldsymbol{\chi}]^{\mathrm{T}}\boldsymbol{\vartheta}_m^{\rho}(\boldsymbol{\mu})\left(\boldsymbol{\tau}_c-\bar{\boldsymbol{\alpha}}\right)+\frac{\tilde{\Xi}}{\boldsymbol{b}_{\Xi}}[b_{\Xi}\boldsymbol{\chi}^{\mathrm{T}}\boldsymbol{\chi}N^2(\boldsymbol{s})-\dot{\hat{\Xi}}]\end{aligned} \tag{9-31}$$

结合引理 2.1 及$\boldsymbol{J}(\psi)\boldsymbol{J}^{\mathrm{T}}(\psi)=\boldsymbol{I}_{2\times2}$，式（9-31）中的$[\boldsymbol{J}^{\mathrm{T}}(\psi)\boldsymbol{\chi}]^{\mathrm{T}}\boldsymbol{\vartheta}_m^{\varrho}(\boldsymbol{\mu})\bar{\boldsymbol{\alpha}}$ 项可改写为

$$[\boldsymbol{J}^{\mathrm{T}}(\psi)\boldsymbol{\chi}]^{\mathrm{T}}\boldsymbol{\vartheta}_m^{\varrho}(\boldsymbol{\mu})\bar{\boldsymbol{\alpha}}\leqslant -\frac{\Theta\hat{\theta}^2\boldsymbol{\chi}^{\mathrm{T}}\boldsymbol{\chi}\boldsymbol{\alpha}^{\mathrm{T}}\boldsymbol{\alpha}}{\sqrt{\hat{\theta}^2\boldsymbol{\chi}^{\mathrm{T}}\boldsymbol{\chi}\boldsymbol{\alpha}^{\mathrm{T}}\boldsymbol{\alpha}+\varsigma^2}}\leqslant\Theta\varsigma-\Theta\hat{\theta}\boldsymbol{\chi}^{\mathrm{T}}\boldsymbol{\alpha} \tag{9-32}$$

注意到 $\theta\Theta=1$，即 $\boldsymbol{\chi}^{\mathrm{T}}\boldsymbol{\alpha}=\theta\Theta\boldsymbol{\chi}^{\mathrm{T}}\boldsymbol{\alpha}$，因此式（9-31）、式（9-32）可改写为

$$\begin{aligned}\dot{V}\leqslant&-\kappa\boldsymbol{\chi}^{\mathrm{T}}\boldsymbol{\chi}+(\boldsymbol{J}^{\mathrm{T}}(\psi)\boldsymbol{\chi})^{\mathrm{T}}\boldsymbol{\vartheta}_m^{\varrho}(\boldsymbol{\mu})\left(\boldsymbol{\tau}_c-\bar{\boldsymbol{\alpha}}\right)+\frac{\Xi}{4}+\Theta\varsigma-\\&\frac{\tilde{\Xi}}{b_{\Xi}}[\dot{\hat{\Xi}}-\boldsymbol{b}_{\Xi}\boldsymbol{\chi}^{\mathrm{T}}\boldsymbol{\chi}N^2(\boldsymbol{s})]-\frac{\Theta}{b_{\Theta}}\tilde{\theta}(\dot{\hat{\theta}}-b_{\Theta}\boldsymbol{\chi}^{\mathrm{T}}\boldsymbol{\alpha})\end{aligned} \tag{9-33}$$

设计如下控制律：

$$\breve{\boldsymbol{\tau}}_c(t)=\bar{\boldsymbol{\alpha}}-\boldsymbol{J}^{\mathrm{T}}(\psi)\boldsymbol{\chi}\bar{q}\tanh\left(\frac{\|\boldsymbol{\chi}\|^2\bar{q}}{\epsilon}\right) \tag{9-34}$$

及其自适应律：

$$\dot{\hat{\Xi}}=b_{\Xi}\boldsymbol{\chi}^{\mathrm{T}}\boldsymbol{\chi}N^2(\boldsymbol{s})-\gamma_{\Xi}\hat{\Xi},\ \ \hat{\Xi}(0)\geqslant 1 \tag{9-35}$$

$$\dot{\hat{\theta}}=b_{\Theta}\boldsymbol{\chi}^{\mathrm{T}}\boldsymbol{\alpha}-\gamma_{\Theta}\hat{\theta},\ \ \hat{\theta}(0)>0 \tag{9-36}$$

事件触发机制为

$$\begin{aligned}&\tau_{i,c}(t^i)=\breve{\tau}_{i,c}(t_f^i),\ \ \forall t\in[t_f^i,t_{f+1}^i)\\&t_{f+1}^i=\inf\{t\in R_{\geqslant 0}\left|\left(\left|z_{m,i}(t)\right|\geqslant q^i\right)\vee\left(\left|z_{m,i}(t)\right|\geqslant \underline{q}^i\wedge\left|e_i(t)\right|\geqslant q'^i\right)\right.\}\end{aligned} \tag{9-37}$$

式中，$\boldsymbol{z}_m(t)=[z_{m,\mu}(t),z_{m,r}(t)]^{\mathrm{T}}=\breve{\boldsymbol{\tau}}_c(t)-\boldsymbol{\tau}_c(t)$ 是测量误差；设计参数 ϵ 、γ_{Ξ}、γ_{Θ}、q'^i、q^i、$\bar{q}^i$ 和 $\underline{q}^i$ 均大于 0。设计常数 q^i 、$\bar{q}$ 和 $\underline{q}^i$ 满足 $\underline{q}^i\leqslant q^i\leqslant\bar{q}$，且 q'^i 独立，结合设计常数 $\bar{q}$，可以确定事件触发机制对欠驱动水面船舶轨迹跟踪性能的响应频率。

结合式（9-33）～式（9-37），并利用 $\boldsymbol{J}(\psi)\boldsymbol{J}^{\mathrm{T}}(\psi)=\boldsymbol{I}_2$ 与式（9-17）得

$$\begin{aligned}\dot{V}\leqslant&-\kappa\boldsymbol{\chi}^{\mathrm{T}}\boldsymbol{\chi}+\frac{\gamma_{\Xi}\tilde{\Xi}\hat{\Xi}}{b_{\Xi}}+\frac{\Theta\gamma_{\Theta}}{b_{\Theta}}\tilde{\theta}\hat{\theta}+\frac{\Xi}{4}+\Theta\varsigma-\\&[\boldsymbol{J}^{\mathrm{T}}(\psi)\boldsymbol{\chi}]^{\mathrm{T}}\boldsymbol{\vartheta}_m^{\varrho}(\boldsymbol{\mu})\left(\boldsymbol{J}^{\mathrm{T}}(\psi)\boldsymbol{\chi}\right)\bar{q}\tanh\left(\frac{\|\boldsymbol{\chi}\|^2\bar{q}}{\epsilon}\right)\\\leqslant&-\kappa\boldsymbol{\chi}^{\mathrm{T}}\boldsymbol{\chi}-\Theta\|\boldsymbol{\chi}\|^2\bar{q}\tanh\left(\frac{\|\boldsymbol{\chi}\|^2\bar{q}}{\epsilon}\right)+\frac{\gamma_{\Xi}\tilde{\Xi}\hat{\Xi}}{b_{\Xi}}+\frac{\Theta\gamma_{\Theta}}{b_{\Theta}}\tilde{\theta}\hat{\theta}+\frac{\Xi}{4}+\Theta\varsigma\end{aligned} \tag{9-38}$$

利用引理 2.2，有

$$\tilde{\Xi}\hat{\Xi}=\tilde{\Xi}(\Xi-\tilde{\Xi})\leqslant-\frac{1}{2}\tilde{\Xi}^2+\frac{1}{2}\Xi^2 \tag{9-39}$$

$$\tilde{\theta}\hat{\theta}=\tilde{\theta}(\theta-\tilde{\theta})\leqslant-\frac{1}{2}\tilde{\theta}^2+\frac{1}{2}\theta^2 \tag{9-40}$$

根据双曲正切函数 tanh(•) 的性质，可得

$$0\leqslant\|\boldsymbol{\chi}\|^2\bar{q}-\|\boldsymbol{\chi}\|^2\bar{q}\tanh\left(\frac{\|\boldsymbol{\chi}\|^2\bar{q}}{\epsilon}\right)\leqslant 0.2785\epsilon \tag{9-41}$$

将式（9-39）～式（9-41）代入式（9-38）得

$$\begin{aligned}\dot{V}\leqslant&-\kappa\boldsymbol{\chi}^{\mathrm{T}}\boldsymbol{\chi}-\Theta\|\boldsymbol{\chi}\|^2\bar{q}+0.2785\Theta\epsilon-\frac{\gamma_\Xi}{2b_\Xi}\tilde{\Xi}^2-\frac{\Theta\gamma_\Theta}{2b_\Theta}\tilde{\theta}^2+\\&\frac{\gamma_\Xi}{2b_\Xi}\Xi^2+\frac{\Theta\gamma_\Theta}{2b_\Theta}\theta^2+\frac{\Xi}{4}+\Theta\varsigma\leqslant-\nu V+\rho\end{aligned} \tag{9-42}$$

式中，$\varpi=\min\{k+\Theta\bar{q},\gamma_\Xi,\gamma_\Theta\}$，$\rho=0.2785\Theta\epsilon+\frac{\gamma_\Xi}{2b_\Xi}\Xi^2+\frac{\Theta\gamma_\Theta}{2b_\Theta}\theta^2+\frac{\Xi}{4}+\Theta\varsigma$。

注 9.12 与文献[20-22]中已有的事件触发机制相比，本节提出的触发机制（9-37）由内部触发和外部触发组成。当触发条件仅与控制律相关时，即 $|z_{m,i}(t)|\geqslant q_i$ 时，触发机制（9-37）简化为内部触发器，也称为主动触发器。当触发条件仅与水面船舶的跟踪控制性能有关时，即 $|z_{m,i}(t)|\geqslant \underline{q}^i\wedge|e_i(t)|\geqslant q'^i$，触发机制（9-37）是一个外部触发器，也称为被动触发器。因此，提出的触发机制（9-37）被视为内部触发器和外部触发器的结合。

注 9.13 与文献[20-22]中已有的事件触发算法相比，本节考虑了触发机制的响应。提出的算法与文献[20-22]中已有算法的区别主要体现在事件触发协议上。在文献[20-22]中，触发条件表述为 $t_{f+1}^i=\{t\in\mathbf{R}_{>0}\,\|z_{m,i}|>q_i\}$，在文献[21]中，触发条件表述为 $t_{f+1}^i=\{t\in\boldsymbol{R}_{>0}\,\|e_{m,i}|>q'^i\}$。在本节中，触发条件（9-38）使用控制误差 $|e_i(t)|\geqslant q'^i$ 来保证欠驱动水面船舶的跟踪控制性能，使用 $|z_{m,i}(t)|\geqslant\underline{q}^i$ 来避免芝诺行为。

定理 9.1 在容错控制律（9-34）、自适应控制律（9-35）、（9-36）和事件触发机制（9-37）条件下，在假设 9.1～假设 9.4 条件下，受输入饱和、执行器故障、未知扰动和不确定动态的欠驱动水面船舶闭环控制系统具有如下性质。

（1）欠驱动水面船舶的实际轨迹 $\boldsymbol{\eta}=[x,y]^{\mathrm{T}}$ 能够跟踪参考轨迹 $\boldsymbol{\eta}_d=[x,y]^{\mathrm{T}}$，其实际位置跟踪误差 $\boldsymbol{z}=\boldsymbol{\eta}-\boldsymbol{\eta}_d$ 收敛于一个小残差集 $\boldsymbol{\Omega}_z=\left\{\boldsymbol{z}\in\mathbf{R}^2 \middle| \|\boldsymbol{z}\|\leqslant\sqrt{\dfrac{2V(0)+\dfrac{2\rho}{\varpi}}{2\underline{\gamma}-1}+\ell}\right\}$，$V(0)$为 V 的初值。

（2）欠驱动水面船舶闭环控制系统中的所有信号都是有界的。

（3）可排除由事件触发机制引起的芝诺行为。

证明：定理 9.1 的详细证明如下。

解式（9-42），得

$$V(t)\leqslant\left(V(0)-\frac{\rho}{\varpi}\right)\exp(-\rho t)+\frac{\rho}{\varpi} \tag{9-43}$$

进一步，得到V是有界的，并且 $\lim\limits_{t\to\infty}V(t)=\dfrac{\rho}{\varpi}$，这意味着，根据式（9-28），$\boldsymbol{\chi}$、$\tilde{\Xi}$ 和 $\tilde{\theta}$ 均有界，即

$$\|\boldsymbol{\chi}\|\leqslant\sqrt{2\left(V(0)-\frac{\rho}{\varpi}\right)\exp(-\rho t)+\frac{2\rho}{\varpi}} \tag{9-44}$$

结合式（9-20），考虑李雅普诺夫函数为 $V_e=\dfrac{1}{2}\boldsymbol{e}^T\boldsymbol{e}$，并取 V_e 关于时间的一阶导数：

$$\dot{V}_e\leqslant-\left(\underline{\gamma}-\frac{1}{2}\right)\boldsymbol{e}^{\mathrm{T}}\boldsymbol{e}+\frac{1}{2}\boldsymbol{\chi}^{\mathrm{T}}\boldsymbol{\chi}=-(2\underline{\gamma}-1)V_e+\frac{1}{2}\boldsymbol{\chi}^{\mathrm{T}}\boldsymbol{\chi} \tag{9-45}$$

式中，$\underline{\boldsymbol{\gamma}}=\{\gamma_1,\gamma_2\}$。由于$\boldsymbol{\chi}$的有界性，根据式（9-44）、式（9-45）可得

$$V_e\leqslant\left(V_e(0)-\frac{\bar{S}}{b}\right)\exp(-bt)+\frac{\bar{S}}{b} \tag{9-46}$$

式中，$V_e(0)$ 是 V_e 的初始值，$b=2\underline{\gamma}-1$ 且 $\bar{S}=2V(0)+\dfrac{2\rho}{\varpi}$；又根据 $V_e=0.5\boldsymbol{e}^{\mathrm{T}}\boldsymbol{e}$，可得

$$\|\boldsymbol{e}\|\leqslant\sqrt{2\left(V_e(0)-\frac{\bar{S}}{b}\right)\exp(-bt)+\frac{\bar{S}}{b}} \tag{9-47}$$

从式（9-3）和式（9-19）中，可得 $\boldsymbol{e}=z+\ell[\cos(\psi),\sin(\psi)]^{\mathrm{T}}$，即 $\|\boldsymbol{z}\|\leqslant\|\boldsymbol{e}\|+\ell$，通过恰当设置待设计参数 $\boldsymbol{\gamma}$、k、b_{Ξ}、b_{Θ}、γ_{Ξ}、γ_{Θ}、ς 和 ϵ，实际的位置跟踪误差 z 能够收敛到紧集 $\boldsymbol{\Omega}_z$。此外，从 $\boldsymbol{\chi}$ 和 $\boldsymbol{e}$ 的有界性可得 $\dot{\boldsymbol{e}}$ 也是有界的。相应地，根据假设 9.4 和式（9-3）中可得 $\boldsymbol{\eta}$、ψ 和 $\dot{\boldsymbol{\eta}}$ 有界；根据假设 9.3 可得 $\boldsymbol{\upsilon}$ 也有界。由于 $\boldsymbol{\chi}$、$\tilde{\Xi}$ 和 $\tilde{\theta}$ 的有界性，易得 $\hat{\Xi}$ 和 $\hat{\theta}$ 有界，可进一步推断 $\bar{\alpha}$ 和 $\breve{\tau}_c$ 的有界性。此外，还可以推导 $\tau_c(t)$ 的有界性。因此，欠驱动水面船舶闭环控制系统中的所有信号都是有界的。

接下来，将证明本章提出的事件触发神经适应神经容错控制方案能够有效地排除控制命令的无穷传输，即排除所谓的芝诺行为。

在控制命令保持阶段，即 $t^i\in[t_f^i,t_{f+1}^i)$，由控制律 $\tau_{i,c}(t)$ 生成的控制命令始终为常数。

进一步，测量误差定义为 $\boldsymbol{z}_m(t)=\breve{\boldsymbol{\tau}}_c(t)-\boldsymbol{\tau}_c(t)$，并对 $\|\boldsymbol{z}_m\|$ 求导，得到

$$\frac{d\left|z_{m,i}\right|}{dt}=\operatorname{sgn}(z_{m,i})\left|\dot{z}_{m,i}\right|\leqslant\left|\dot{\breve{\tau}}_{c,i}\right| \tag{9-48}$$

在此，令 $\boldsymbol{\mathcal{U}}=[\mathcal{U}_u,\mathcal{U}_r]^{\mathrm{T}}=\boldsymbol{J}^{\mathrm{T}}(\psi)\boldsymbol{\chi}\bar{q}\tanh\left(\dfrac{\|\boldsymbol{\chi}\|^2\bar{q}}{\epsilon}\right)$ 和 $\bar{\boldsymbol{\alpha}}=[\bar{\alpha}_u,\bar{\alpha}_r]^{\mathrm{T}}$。

根据式（9-30）和式（9-34），有

$$\dot{\breve{\tau}}_{c,i}=\dot{\bar{\alpha}}_i+\dot{\mathcal{U}}_i \tag{9-49}$$

式中，$\dot{\bar{\alpha}}_i$ 和 $\dot{\mathcal{U}}_i$ 由下式得到：

$$\dot{\bar{\alpha}}_i=\frac{\partial\bar{\alpha}_i}{\partial\hat{\theta}}\dot{\hat{\theta}}+\frac{\partial\bar{\alpha}_i}{\partial\psi}r+\frac{\partial\bar{\alpha}_i}{\partial\chi_1}\dot{\chi}_1+\frac{\partial\bar{\alpha}_i}{\partial\chi_2}\dot{\chi}_2+\frac{\partial\bar{\alpha}_i}{\partial\hat{\Xi}}\dot{\hat{\Xi}}+\frac{\partial\boldsymbol{\alpha}}{\partial\boldsymbol{s}}\dot{\boldsymbol{s}} \tag{9-50}$$

$$\dot{\mathcal{U}}_{\mathrm{i}}=\frac{\partial\mathcal{U}_i}{\partial\psi}r+\frac{\partial\mathcal{U}_i}{\partial\chi_1}\dot{\chi}_1+\frac{\partial\mathcal{U}_i}{\partial\chi_2}\dot{\chi}_2 \tag{9-51}$$

由式（9-5）、式（9-22）、式（9-24）和式（9-50）、式（9-51）可知，$\dot{\breve{\tau}}_{c,i}$ 是关于变量 $\boldsymbol{\eta}$、ψ、$\boldsymbol{\eta}_d$、$\dot{\boldsymbol{\eta}}_d$、$\boldsymbol{\upsilon}$、$\hat{\Xi}$ 和 $\hat{\theta}$ 的函数。此外，因为光滑函数（9-12）取代了分段连续函数（9-2），所以实际的控制输入 $\boldsymbol{\tau}$ 是连续的，因此 $\dot{\boldsymbol{\upsilon}}$ 也是连续的，由此得出 $\dot{\breve{\tau}}_{c,i}$ 一定是连续的。由于闭环控制系统中所有信号的有界性已经被证明，所以 $\|\dot{\boldsymbol{\chi}}\|$ 以式（9-25）为界，$\dot{\boldsymbol{s}}$ 以式（9-2）为界，$\dot{\hat{\Xi}}$ 以式（9-35）为界，$\dot{\hat{\theta}}$ 以式（9-36）为界。此外，确定了 $\dot{\bar{\boldsymbol{\alpha}}}$ 的有界性，$\left\|\dot{\breve{\boldsymbol{\tau}}}_{c,i}\right\|$ 以 $\bar{\tau}_i$ 为界。根据 $z_{m,i}(t_f^i)=0$ 和

$\lim\limits_{t\to t_{f+1}^i}\min\{z_{m,i}(t)\}=\underline{q_i}$，可以得到$\forall f\in Z^+$，执行间区间$\delta t_f^i=t_{f+1}^i-t_f^i$的下界$t_i'$满足$\delta t_f^i\geqslant t_i'\geqslant \underline{q_i}/\overline{\tau}_i$，可以有效排除芝诺行为。

注 9.14 对于执行器失效问题，除文献[1-5]的研究外，还有一些有效的研究工作如文献[27-29]。在控制设计中考虑了乘性故障的工作[27,29]，在控制设计中考虑了加性故障的工作[28]。与加性故障相比，乘性故障对水面船舶的跟踪控制更具挑战性。此外，从工程实践的角度来看，水面船舶的加性和乘性故障都是可能存在的。与必须知道失效的上界和下界的工作[27]相比，本章工作克服了保守要求。与文献[29]中使用 Nussbaum 函数处理乘性故障相比，本章提出的方案更加直接和方便。

9.4 仿 真 验 证

在本节中，选用名为 CyberShip II 的缩尺模型船进行数值仿真实验，以验证本章提出的事件触发自适应神经容错控制方案在受不确定动态、外部干扰和执行器故障影响的欠驱动水面船舶输入饱和受限下的有效性。在仿真中，模型参数取自文献[30]，将 MSV 推进系统提供的最大力$\tau_{u,\max}$和力矩$\tau_{r,\max}$设为$\tau_{u,\max}=10\text{N}$，$\tau_{r,\max}=8.5\text{N}\cdot\text{m}$。

仿真中，参考轨迹$\boldsymbol{\eta_d}=[x_d,y_d]^{\mathrm{T}}$由如下动态方程得到：

$$\begin{cases}\dot{x}_d=0.4\cos(0.8K)\\ \dot{y}_d=0.5\sin(0.8K)\end{cases}\tag{9-52}$$

式中，$\dot{K}(t)=\begin{cases}0, & 0\leqslant t\leqslant 100\\ 0.03, & t>100\end{cases}$。外部的干扰$\boldsymbol{\tau}_{d\varpi}=[\tau_{d,u},\tau_{d,v},\tau_{d,r}]^{\mathrm{T}}=\boldsymbol{d}+\boldsymbol{\omega}$，$\boldsymbol{d}$为

$$\boldsymbol{d}=\begin{bmatrix}1.1[\sin(0.02\pi t+\pi/4)]+\cos(0.01\pi t)\\ 0.4[\cos(0.02\pi t-\pi/8)]-\sin(0.05\pi t)\\ 0.8[\sin(0.01\pi t+\pi/3)]+\cos(0.01\pi t)\end{bmatrix}\tag{9-53}$$

且$\boldsymbol{\omega}$由一阶马尔可夫过程$\dot{\boldsymbol{\omega}}=-\wedge\omega+\Gamma\Im$生成，其中$\Im\in\mathbf{R}^3$为零均值高斯白噪声。设计参数和初始状态的取值范围是无穷大的。$\boldsymbol{\varrho}$和$\boldsymbol{\sigma}$分别设置为

$$\begin{cases} \varrho_u = 0.6 + 0.4\exp(-0.2t) \\ \varrho_r = 0.8 + 0.2\exp(-0.1t) \end{cases} \tag{9-54}$$

$$\begin{cases} \sigma_u = 0.2 + 0.5\sin(0.1t) \\ \sigma_r = 0.2 + 0.6\cos(0.1t) \end{cases} \tag{9-55}$$

此外，为证明本章提出的欠驱动水面船舶容错控制方案在受动态不确定、外部干扰、输入饱和和执行器故障时的优越性，将所提出的事件触发控制方案与连续控制方案进行比较。在连续控制方案中，控制律为$\boldsymbol{\tau}_c = \bar{\boldsymbol{\alpha}}$，式中$\bar{\boldsymbol{\alpha}}$定义见式（9-30），自适应律见式（9-35）、式（9-36）。取设计参数和初始条件与设计的控制律相同，见表9.1。在此省略了连续控制方案稳定性的证明，可以参考所提出的事件触发控制方案的分析过程，与此类似。

表9.1 设计参数和初始状态

索引	参数	值
设计参数	$\boldsymbol{\gamma}$	diag([1,1])
	κ	6
	ℓ	0.06
	b_Ξ	2
	γ_Ξ	0.0001
	b_θ	0.2
	γ_θ	0.0001
	ς	0.05
	ϵ	0.1
	$\bar{q}$	1.2
	q_u, q_r	0.2,0.1
	$\underline{q}_u, \underline{q}_r$	0.1,0.05
	q'_u, q'_r	0.03,0.01
	$\boldsymbol{\Gamma}$	diag([1.5,1,1.2])
	$\boldsymbol{\Lambda}$	diag([0.5, 0.5, 0.5])
初始状态	$x(0)$，$y(0)$，$\psi(0)$	-1m,-2m,0°
	$\boldsymbol{\upsilon}(0)$	[0.5m/s，0.5m/s，-0.1rad/s]^{T}
	$\hat{\Xi}(0)$	1

续表

索引	参数	值
初始状态	$\hat{\theta}(0)$	0.02
	$\boldsymbol{\omega}(0)$	diag([0.5, 0.5, 0.5])

本章提出的事件触发控制方案和连续控制方案下的仿真结果如图 9.2～图 9.9 所示。为了定量分析欠驱动水面船舶在事件触发控制方案和连续控制方案下的跟踪控制性能，表 9.2 总结了实际位置误差$\boldsymbol{\eta}-\boldsymbol{\eta}_d$、滤波后的位置跟踪误差$\boldsymbol{\chi}$和实际控制输入$\boldsymbol{\tau}$的性能指标，用文献[7]中变量的积分绝对值来评价跟踪性能和能耗特性。

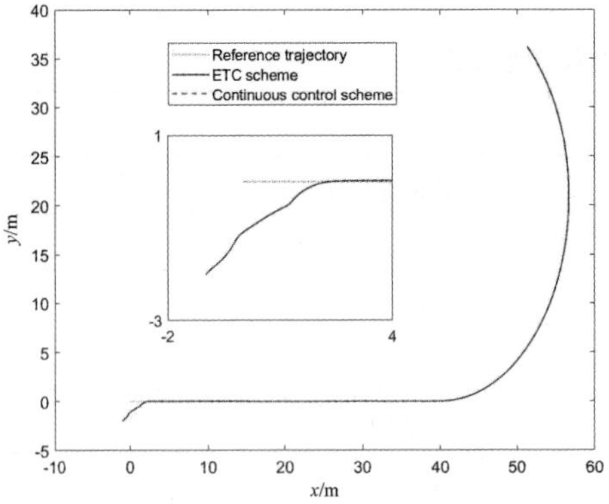

图 9.2　xy 平面上的参考和实际轨迹

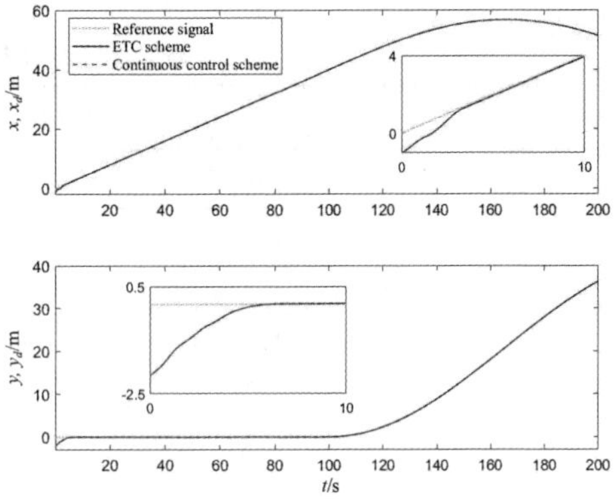

图 9.3　参考和实际位置

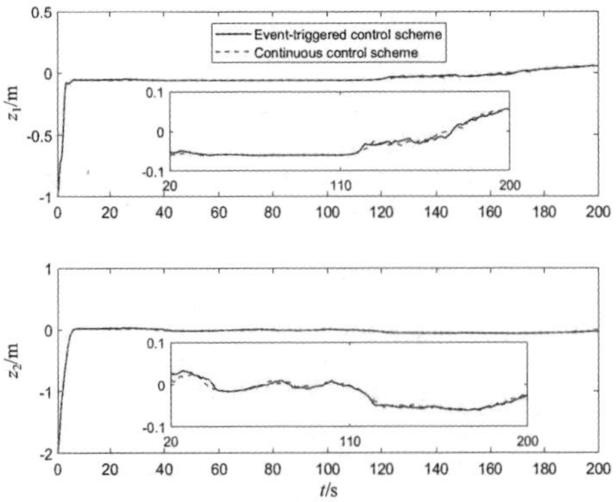

图 9.4　位置跟踪误差

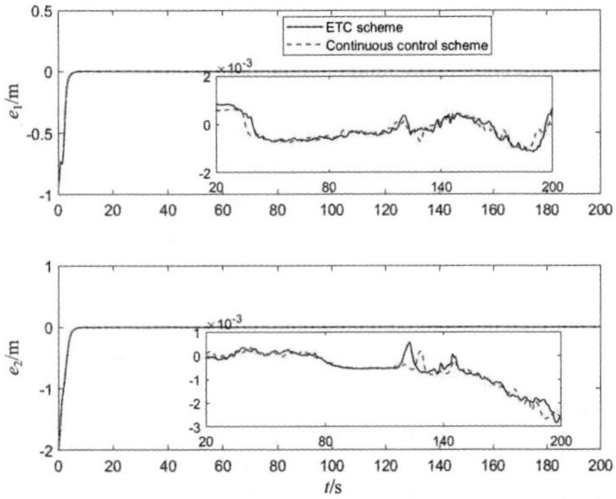

图 9.5　实际跟踪误差

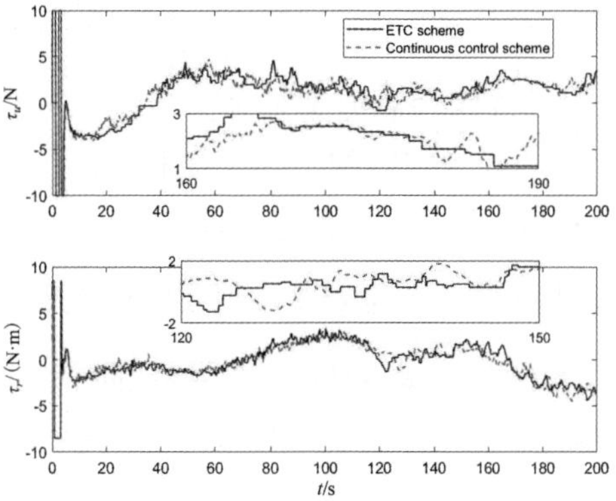

图 9.6 实际控制输入

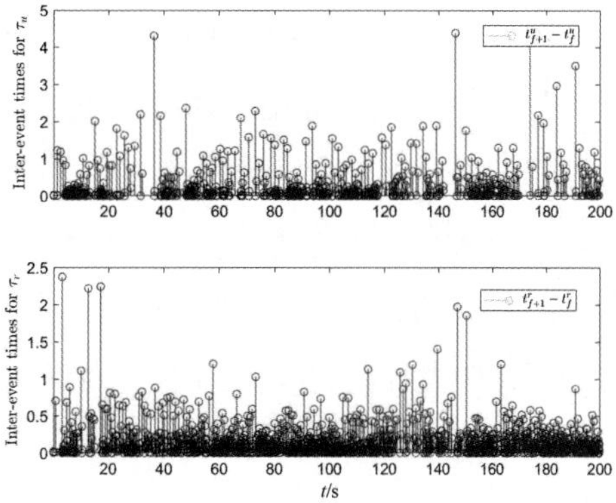

图 9.7 触发瞬间和触发时间

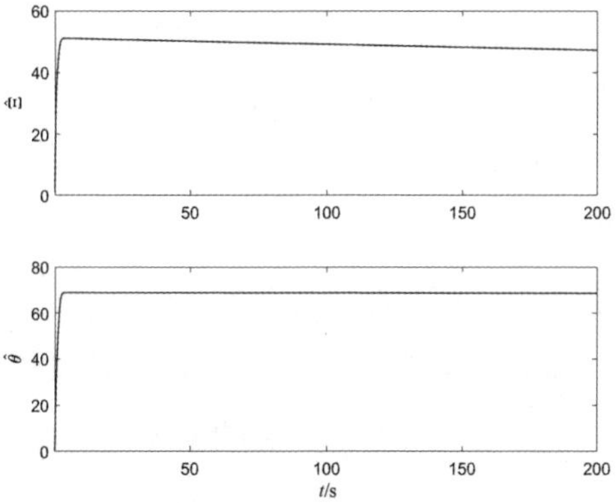

图 9.8 水面船舶的速度

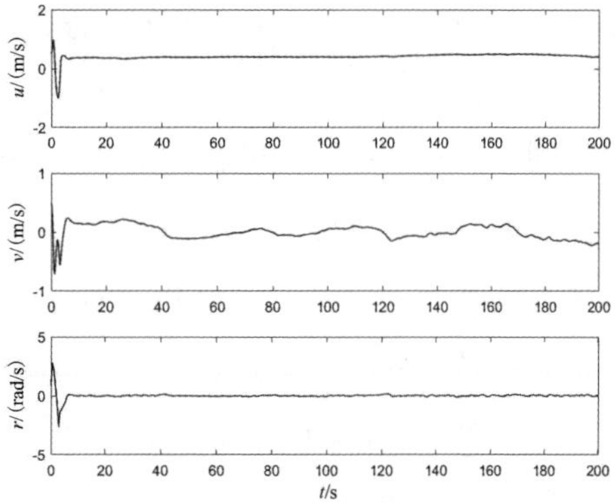

图 9.9 Ξ 和 θ 的估值

表 9.2 控制性能比较

索引	ETC 方案	连续控制方案
$x-x_d$	11.05	11.05
$y-y_d$	9.8	9.53
χ_1	1.507	1.487
χ_2	2.35	2.334
τ_u	428.2	423.1
τ_r	313.6	311.3
	事件触发数量	
τ_u/τ_r	283/439	40001

图 9.2、图 9.3 和表 9.2 表明，在动态不确定性、外部干扰、输入饱和及执行器故障的情况下提出的事件触发控制方案和连续控制方案能使欠驱动水面船舶按预期的性能跟踪参考轨迹 $\boldsymbol{\eta}_d$。图 9.3 和图 9.4 分别绘制了误差 $\boldsymbol{e}$ 和实际位置误差 $\boldsymbol{\eta}-\boldsymbol{\eta}_d$ 随时间变化曲线，表明两种容错控制方案下，$\boldsymbol{e}$ 和 $\boldsymbol{\eta}-\boldsymbol{\eta}_d$ 都是有界的。表 9.2 中 $\boldsymbol{\eta}-\boldsymbol{\eta}_d$ 和 $\boldsymbol{\eta}-\boldsymbol{\eta}_d$ 的性能指标表明连续控制方案的跟踪控制精度略优于提出的事件触发控制方案。图 9.5 为事件触发控制方案和连续控制方案下的控制力 τ_u 和力矩 τ_r 的持续时间曲线，可以看出这两种控制方案都能保证实际控制输入 $\boldsymbol{\tau}$ 在饱和极限内。由表 9.2 可知，事件触发控制方案的能耗略高于连续控制方案。然而在 200s 内，通道 τ_u 和通道 τ_r 的事件触发总次数分别为 289 和 442。与连续控制方案下 40001 次触发事件相比，提出的 ETC 方案大大减少了从控制器到执行器的命令传输数量。此外，图 9.6 给出了触发时刻和触发次数，从图中可以看出，短时间内，对 $\tau_i\ i=u,r$ 的控制命令并不是无限制传输的。由图 9.7 可知，欠驱动水面船舶的前进速度 u、横漂速度 υ 和偏航速度 r 是有界的。由图 9.8 可知，估计值 $\hat{\Xi}$ 和估计值 $\hat{\theta}$ 有界。这些结果证明了欠驱动水面船舶闭环跟踪控制系统中所有信号都是有界的，验证了定理 9.1。因此，本章的事件触发自适应神经容错控制方案对于受动态不确定性、外部干扰、输入饱和及执行器故障影响的欠驱动水面船舶跟踪是有效的。

9.5 结　　论

本章提出一种事件触发自适应神经容错控制方案来解决受动态不确定性、外部干扰、执行器故障和输入饱和影响的欠驱动水面船舶的跟踪问题。在控制设计中，引入高斯误差函数代替非光滑执行器饱和非线性模型。采用船位重定义方法，建立与水面船舶实际位置相关的坐标变换，解决欠驱动问题。在此基础上，结合神经网络技术、虚拟参数学习算法与矢量设计方法，引入事件触发机制，提出了一种新的基于事件触发的间接神经自适应容错控制方法。这种方法只涉及两个参数适应，减少了执行器的响应频率。与现有的事件触发控制方案相比，本章提出的事件触发控制方案考虑了触发机构的响应。理论分析表明，在该控制方案的作用下，整个闭环跟踪控制系统的所有信号都是有界的。

参考文献

[1] CHEN M, JIANG B, CUI R. Actuator fault-tolerant control of ocean surface vessels with input saturation[J]. International Journal of Robust and Nonlinear Control, 2016, 26(3): 542-564.

[2] ZHENG Z, SUN L, XIE L. Error-constrained LOS path following of a surface vessel with actuator saturation and faults[J]. IEEE Transactions on Systems, Man, and Cybernetics: Systems, 2018, 48(10): 1794-1805.

[3] PARK B S, YOO S J. Fault detection and accommodation of saturated actuators for underactuated surface vessels in the presence of nonlinear uncertainties[J]. Nonlinear Dyn, 2016, 85(2): 1067-1077.

[4] WANG Y L, HAN Q L. Network-based fault detection filter and controller coordinated design for unmanned surface vehicles in network environments[J]. IEEE Transactions Industrial Informatics, 2016, 12(5): 1753-1765.

[5] JIN X. Fault tolerant finite-time leader-follower formation control for autonomous surface vessels with LOS range and angle constraints[J]. Automatica, 2016, 68: 228-236.

[6] LAWTON J R T, BEARD R W, YOUNG B J. A decentralized approach to formation maneuvers[J]. IEEE Transactions Robotics and Automation, 2003, 19(6): 933-9413.

[7] ZHU G, DU J. Global robust adaptive trajectory tracking control for surface ships under input saturation[J]. IEEE Journal of Oceanic Engineering, 2020, 45(2): 442-450.

[8] DENG Y, ZHANG X, IM N, et al. Adaptive fuzzy tracking control for underactuated surface vessels with unmodeled dynamics and input saturation[J].

ISA Transactions, 2020, 103: 52-62.

[9] GHOMMAM J, FERIK S E, SAAD M. Robust adaptive path-following control of underactuated marine vessel with off-track error constraint[J]. International Journal of Systems Science, 2018, 49(7): 1540-1558.

[10] GHOMMAM J, IFTEKHAR L, SAAD M. Adaptive finite time pathfollowing control of underactuated surface vehicle with collision avoidance[J]. Journal of Dynamic Systems, Measurement and Control, 2019, 141(12): 121008-121020.

[11] ZHANG G, ZHANG X. Concise robust adaptive path-following control of underactuated ships using DSC and MLP[J]. IEEE Journal of Oceanic Engineering, 2014, 39(4): 685-694.

[12] YU Y, GUO C, YU H. Finite-time PLOS-based integral slidingmode adaptive neural path following for unmanned surface vessels with unknown dynamics and disturbances[J]. IEEE Transactions on Automation Science and Engineering, 2019, 16(4): 1500-1511.

[13] DO K D. Practical control of underactuated ships[J]. Ocean Engineering, 2010, 37(13): 1111-1119.

[14] ZHANG Q, ZHU G B, HU X, et al. Adaptive neural network auto-berthing control of marine ships[J]. Ocean Engineering, 2019, 177(10): 40-48.

[15] CHEN L, CUI R, YANG C, et al. Adaptive neural network control of underactuated surface vessels with guaranteed transient performance: Theory and experimental results[J]. IEEE Transactions on Industrial Electronics, 2020, 67(5): 4024-4035.

[16] MA Y, ZHU G, LI Z. Error-driven-based nonlinear feedback recursive design for adaptive NN trajectory tracking control of surface ships with input saturation[J]. IEEE Transactions on Intelligent Transportation Systems, 2019, 11(2): 17-28.

[17] DAI S L, HE S, WANG M, et al. Adaptive neural control of underactuated surface vessels with prescribed performance guarantees[J]. IEEE Transactions on Neural Networks and Learning Systems, 2019, 30(12): 3686-3698.

[18] PARK B S, KWON J W, KIM H. Neural network-based output feedback control for reference tracking of underactuated surface vessels[J]. Automatica, 2017, 77: 353-359.

[19] SHOJAEI K. Neural adaptive robust control of underactuated marine surface vehicles with input saturation[J]. Applied Ocean Research, 2015, 53: 267-278.

[20] LI M, LI T, GAO X, et al. Adaptive NN event-triggered control for path following of underactuated vessels with finite-time convergence[J]. Neurocomputing, 2020, 379: 203-213.

[21] DENG Y, ZHANG X, IM N, et al. Model based event-triggered tracking control of underactuated surface vessels with minimum learning parameters[J]. IEEE Transactions on Neural Networks and Learning Systems, 2019, 31(10): 4001-4014.

[22] PENG Z, JIANG Y, WANG J. Event-triggered dynamic surface control of an underactuated autonomous surface vehicle for target enclosing[J]. IEEE Transactions on Industrial Electronics, 2021, 68(4): 3402-3412.

[23] LEFEBER E, PETTERSEN K Y, NIJMEIJER H. Tracking control of an underactuated ship[J]. IEEE Transactions on Control Systems Technology, 2003, 11(1): 52-61.

[24] GHOMMAM J, MNIF F, DERBEL N. Global stabilization and tracking control of underactuated surface vessels[J]. IET Control Theory and Applications, 2010, 4(1): 71-88.

[25] JIA Z, HU Z, ZHANG W. Adaptive output-feedback control with prescribed performance for trajectory tracking of underactuated surface vessels[J]. ISA Transactions. 2019, 95: 18-26.

[26] HUANG J, WEN C, WANG W, et al. Global stable tracking control of underactuated ships with input saturation[J]. Systems and Control Letters, 2015, 85: 1-7.

[27] SHEN H, DAI M, LUO Y, et al. Fault-tolerant fuzzy control for semi-Markov

jump nonlinear systems subject to incomplete SMK and actuator failures[J]. IEEE Transactions on Fuzzy Systems, 2021, 29(10): 3043-3053.

[28] ZAHAF A, BOUOUDEN S, CHADLI M, et al. Robust fault tolerant optimal predictive control of hybrid actuators with time varying delay for industrial robot arm[J]. Asian Journal of Control, 2020, 24(1): 1-15.

[29] YIN S, GAO H, QIU J, et al. Adaptive fault-tolerant control for nonlinear system with unknown control directions based on fuzzy approximation[J]. IEEE Transactions on Systems, Man, and Cybernetics: Systems, 2017, 47(8): 1909-1918.

[30] GUO G, ZHANG P. Asymptotic stabilization of USVs with actuator dead-zones and yaw constraints based on fixed-time disturbance observer[J]. IEEE Transactions on Vehicular Technology, 2020, 69(1): 302-316.